差別表現の
法的規制

排除社会へのプレリュードとしての
ヘイト・スピーチ

金 尚均 著
Kim Sangyun

法律文化社

はしがき

　20世紀に生まれた者にとって21世紀はまさに「未来」として心のなかで描かれていたのではなかろうか。物も人も発展し，すばらしい社会が成立した輝かしい世紀になると思われてきた。20世紀並びそれ以前の未解決の出来事と決別できる大きな転換期として考えられてきたのではなかろうか。かつての歴史の遺物である差別は解決され，人間同士が当然に相互に尊重し合う社会が創られると期待していた。もちろん，このことは私が日本社会が全体として右肩上がりの成長期時代に生まれたことから，「世の中はよくなっていくもの」と勝手に考えていたことに基因するのかも知れない。そう思えば，私一人だけの願望だったかも知れないが，21世紀への期待は，私にとって人間と社会に対する期待であった。この期待の全てが幻想だったのではない。医学，技術，経済，社会の諸制度の側面などにおいて，多くの分野・領域で進歩し，社会は発展してきた。そのような認識を持っていた矢先，「キムチ臭い」，「日本に住ませてやってんねや」，「端の方歩いとったらええんや」，「ゴキブリ○○人」，と面前で吐きかけられたとき，朝鮮に対する植民地支配に由来する朝鮮人蔑視の差別表現が21世紀のこの日本で亡霊のように——もしかしたら常に人々の意識のどこかで根づいていたのかも知れない——私の面前で蘇ってきた。当時，この社会は多くの点でよい意味で変わってきたのであるが，ひょっとすれば，差別問題にしっかりと向かい合ってこなかったのではないか，と愕然としたことが今も記憶に残っている。「ゴキブリ○○人」という言葉の発する真のメッセージは何だろうか。多くの人は，自宅のキッチンなどでゴキブリを見つけたらどうするだろうか。好意的に思う人はほとんどいないだろう。おそらく多くの人は新聞紙か殺虫剤を使って殺すだろう。ヘイト・スピーチは単に「不快」な言葉ではすまされない。ヘイト・スピーチは，同じく（潜在的又は自覚的に）差別思想

をもつ者に対して「あなたは一人じゃない。あなたの考えは間違っていない」とのメッセージを送ると同時に，社会一般に対して差別と排除を推奨・扇動する。これにより，差別と排除を社会に向けて推奨し，標的となった集団とその構成員に対する不当な扱いについて沈黙する社会を作り上げようとする。ヘイト・スピーチが蔓延し，そこでは発せられる表現内容が社会において是認ないし諦観されるのであれば，差別は「不当」ではなくなり，正当化されることになる。その意味でヘイト・スピーチは，差別，排除そして暴力へのプロセスの看過できない・無視できない重大な端緒なのである。このような差別表現が発せられるのは発言者が属する社会の側の問題であることにちがいないが，——「ヘイト・スピーチは許せない。日本人として恥ずかしい」と言われることもあるものの——問題を解決するのは標的となっている当事者しかいない。ここに私がヘイト・スピーチをテーマにして言及する理由がある。

　特に，近年，特定の集団に向けられた表現活動が，しばしば人通りの多い道路や繁華街の一角でそしてインターネット上で，公然と不特定多数の人々に聞こえるような態様で行われるようになった。街宣活動やデモなどの機会に，「殺せ，殺せ，○○人！！」，「日本から出て行け，出て行け，ゴキブリ○○人」，「日本から出て行かなければ，南京大虐殺のつぎは鶴橋大虐殺をするぞ」などと，公然と，多数人が大声で，攻撃的，脅迫的若しくは侮辱的又は反復的な態様で，誹謗若しくは中傷又は社会的排除若しくは暴力を扇動する言葉を発している。このような表現行為がまさに日本で問題になっているヘイト・スピーチである。誤解を恐れずにいうと，ヘイト・スピーチは，——おそらく従来の日本の憲法学界などが念頭に置いてきた——陰湿にこっそりと行われるような差別落書きなどの差別的表現と区別しなければならない。そうしなければ，なぜ，今，ヘイト・スピーチが社会において取り組まざるを得ないのか，しかもこれを論じなければいけないのかを想像できないのではなかろうか。

　第二次世界大戦前・戦中を知る世代が亡くなっていくことで過去と現在の関連が薄れつつあり，一方で，危険社会・リスク社会における典型的な社会心理として，未来に対する展望の不確かさや社会の治安に対する不安がつきまとい，他方では，自分たちの清廉さや美しさが強調される社会のなかで，不確かさ，不安そして美しさという相矛盾し融合しあえない概念が同居するといった

様相を呈しており，社会におけるアイデンティティの不一致が生じているように思える。この矛盾を，自らの痛みを伴うことなく，いわば「心の穴」を埋めるものとして，特権を持っていることに無自覚・無意識な人々（マジョリティ）によってヘイト・スピーチが発せられる。その犠牲の対象は，社会の「敵」とみなされて，それゆえ常に攻撃してもかまわないとされた集団・人々である。

　今日の日本では，歴史的認識の再評価並びに戦後民主主義の再評価が進められている。これは，一言でいえば，日本戦前とこれの反省の上に成り立っている戦後システムへの批判であり，修正である。たとえば，これは日本の戦争責任並び植民地支配責任に対する首相の認識とその発言にあらわれている。このような政府の認識は，メディアをはじめとする様々なところで，政府の認識とは異なる意見を表明することを躊躇させている。このことは，政府の認識とは異なる集会や展示会への部屋の貸し出しの許否などにも現れている。これは政治的中立性を前提にして許否の判断が行われるという形式を呈しているが，ここでは政府の認識を「空気を読む」かのように理解して，これから逸脱するものを会館使用の趣旨に反するとして拒否する。このことはまさに本来の表現の自由の権利の趣旨に反する。

　逆に人種差別発言・ヘイト・スピーチは野放しにされてきた。

　社会における格差の拡大，歴史認識の修正，国際関係における南北朝鮮および中国との関係の悪化のなかで，これらにルーツをもつ人々への攻撃は「敵」に対する攻撃と認識され，正当化される。民主主義に不可欠な権利のはずの表現の自由という権利が，民主主義を否定するために謳歌される。これにより，政府の認識と軌を一にする表現が保障され，マイノリティは社会から排除され，本来，武器なき者の武器としての表現の自由の権利は押しつぶされていく。

　ヘイト・スピーチ規制を促進する社会的・理論的運動は，表現の自由の規制のベクトルとして働くのではなく，社会の民主主義の充実化のベクトルとして作用すると理解することで，ヘイト・スピーチ規制は，社会における表現の自由の保障の弱化を食い止めることになる。

　なお，その際，制度運用の形骸化・保守化と一つの法的規制の波及効果とを混在して論じるべきではない。

本書は，2012年から17年までに書いた論文に修正並び加筆したものである。これは，社会にとってまた私にとって，ヘイト・スピーチの問題を取り組まざるを得なくなった・看過できなくなったきっかけとなる実際の事件を具体例として示しながら，ヘイト・スピーチに対する法的規制の是非，規制根拠並び規制態様について検討することを目的としている。

　なお，2016年，「本邦外出身者に対する不当な差別的言動の解消に向けた取組の推進に関する法律」（ヘイト・スピーチ解消法）が国会で成立した。本法は日本で初めての反人種差別法といえる。本法では，適法に居住する本邦外出身者を保護対象としているが，ヘイト・スピーチによる攻撃対象は何も本法で示された人々だけでないというのは論を待たない。また，本法の企図する①相談体制の整備，②教育そして③啓蒙の充実だけではヘイト・スピーチへの対応として十分とは言い難い。何よりも，ヘイト・スピーチは属性を理由とする将来の差別的取扱いそして犯罪への端緒にすぎないことを忘れてはならない。ここに，本書はヘイト・スピーチ解消法の改正と，さらには——人種差別撤廃条約，女子差別撤廃条約，難民の地位に関する条約，障害者権利条約等に照らして——包括的な人種等を理由とする差別撤廃のための施策推進法の制定も意図していることも示しておく。

　読者のみなさんのご意見をいただけば幸甚である。

　本書の公刊には，2017年度龍谷大学出版助成金の交付を受けている。厚くお礼を申し上げたい。

　　2017年11月

　　　　　　　　　　　　　　　　　　　　　　　　　　金　尚均

目　次

はしがき

初出一覧

第1章　名誉毀損罪と侮辱罪の間隙
　　　──人の肌の色，出自，民族等の属性に対する誹謗・中傷について

Ⅰ　問　　題 ……………………………………………………………001

Ⅱ　京都地裁平23年4月21日判決（第一審）及び
　　大阪高裁平23年10月28日判決（控訴審）…………………………002
　　1　事案の概要
　　2　事案に関する刑事判決

Ⅲ　名誉の保護について ………………………………………………005
　　1　名誉保護と表現の自由
　　2　特定個人の名誉の保護

Ⅳ　事実の摘示について ………………………………………………008
　　1　刑230条の「事実」とは？
　　2　集団に向けられた侮辱的表現と名誉保護

Ⅴ　特定の属性を有する人々に向けられた侮辱的表現 ……………011
　　1　属性を理由とする侮辱的表現の問題性
　　2　ヘイト・スピーチと名誉の保護
　　3　なぜヘイト・スピーチが発せられるのか？

Ⅵ　ヘイト・スピーチの社会侵害性 …………………………………015
　　1　ヘイト・スピーチに対する日本政府の態度
　　2　ヘイト・スピーチに対するドイツの対応
　　3　ドイツ刑法の民衆扇動罪（ドイツ刑130条）
　　4　ヘイト・スピーチの侵害性

Ⅶ　小　　括 ……………………………………………………………022

v

第2章　刑法における名誉保護犯の処罰範囲
――ヘイト・スピーチに対する刑事規制の可能性

I　問　題 ……………………………………………………………………027

   1　検討課題
   2　名誉保護法制の射程範囲

II　名誉毀損罪と侮辱罪における客体の範囲 ……………………………029

   1　名誉の一身専属性
   2　集団の名誉について
   3　統一的意思をもたない集団の名誉
   4　ドイツ刑法における集団侮辱

III　名誉保護犯における法益に関連する射程範囲 ………………………036

   1　集団に対する侮辱的表現の侵害の中身
   2　ドイツにおける集団に対する侮辱的表現への対応
   3　規制対象となる表現行為

IV　平等保護としてのヘイト・スピーチ規制 ……………………………040

   1　基本的人権としての表現の自由とヘイト・スピーチ
   2　社会的平等の侵害
   3　民主政を自壊させるものとしてのヘイト・スピーチ

V　集団に対する侮辱的表現の規制のあり方 ……………………………048

   1　同じ人間であることの否定そして対等な社会の構成として生きることの否定
   2　平川宗信の提案
   3　人間の尊厳，社会的平等そして民主政

第3章　刑法及び民法における名誉毀損の攻撃客体について
――人種差別撤廃条約の「人種差別」概念に係る
ヘイト・スピーチと名誉毀損

I　問　題 ……………………………………………………………………055

   1　名誉保護法制における「人」の範囲
   2　集団に向けられた侮辱的表現は無害か？

II　属性に対する攻撃への人種差別撤廃条約の適用の可能性 …………059

   1　憲法98条2項と条約
   2　条約の間接適用について
   3　差別表現が「人種差別」に該当するとした事案
   4　本事案の意義と課題

III　人種差別と名誉毀損の交錯と相違 ……………………………………068

   1　名誉保護法制の「人」の射程範囲

vi

目　次

    2　名誉の保護とヘイト・スピーチの相違
    3　ヘイト・スピーチの侵害性に即した法的対応の必要性
    4　ヘイトクライムの前段階としてのヘイト・スピーチ

第4章　ヘイト・スピーチ規制における「明白かつ現在の危険」
——刑法からの視点

  Ⅰ　問　　題 ··· 081
    1　処罰に対するヘイト・スピーチ
    2　民主政の保障のためのヘイト・スピーチ規制
    3　合憲的ヘイト・スピーチ規制のための検討課題

  Ⅱ　「明白かつ現在の危険」の基準とは？ ····················· 089
    1　合憲性を担保するための「明白かつ現在の危険」という基準
    2　「明白かつ現在の危険」の基準の限界づけ
    3　「明白かつ現在の危険」の基準とヘイト・スピーチ規制立法

  Ⅲ　合憲限定解釈のための危険判断の基準としての
    「明白かつ現在の危険」 ··· 097
    1　可罰的ヘイト・スピーチと危険判断
    2　東京高裁昭62年3月16日判決について
    3　「明白かつ現在の危険」の基準と危険判断の具体化・客観化

  Ⅳ　問題解決の試みの例としての適性犯概念 ·················· 107
    1　適性犯概念
    2　刑罰法規における危険の限定

  Ⅴ　小　　括 ··· 111
    1　ヘイト・スピーチに関する規制範囲
    2　ヘイト・スピーチ規制における危険の限定

第5章　ヘイト・スピーチの定義

  Ⅰ　ヘイト・スピーチの定義 ······································· 126
    1　ヘイト・スピーチの態様
    2　ヘイト・スピーチの類型
    3　ヘイト・スピーチ固有の害悪
    4　「不快」規制としてのヘイト・スピーチ規制？

  Ⅱ　検討課題 ··· 134
    公然のヘイト・スピーチ

  Ⅲ　名誉毀損，脅迫，強要の保護法益と保護対象 ············ 136
    1　ヘイト・スピーチとは？

vii

2　各国のヘイト・スピーチ立法制と行為態様
3　脅迫について
4　扇動について
5　侮辱について
6　人間の尊厳と平等侵害に関する脅迫，侮辱そして扇動の意義

Ⅳ　最狭義のヘイト・スピーチとしての民族虐殺の扇動 ……………………… 150

Ⅴ　小　　括 ………………………………………………………………………………… 151

第6章　ヘイト・スピーチとしての歴史的事実の否定と再肯定表現に対する法的規制

Ⅰ　問　　題 ……………………………………………………………………………………… 160
　　歴史的事実の否定の問題性

Ⅱ　歴史的事実の否定，再肯定表現に対する規制の保護法益 ……………… 163
　　1　ドイツにおける歴史的事実の否定並び賛美に対する規制
　　2　歴史的事実の否定並び賛美に対する規制の保護法益
　　3　集合的記憶の保護のための歴史的事実の否定並び賛美に対する規制
　　4　公共の平穏保護のための歴史的事実の否定並び賛美に対する規制
　　5　未解決の疑問

Ⅲ　人間の尊厳の侵害としての歴史的事実の否定 ……………………………… 181
　　1　スイスにおける歴史的事実の否定並び賛美に対する規制
　　2　不快感とタブー規制
　　3　歴史的事実の否定並び賛美に対する規制の意義の検討

第7章　人種差別表現規制の法益としての人間の尊厳

Ⅰ　問　　題 …………………………………………………………………………………… 195
　　1　保護法益について
　　2　名誉について

Ⅱ　人間の尊厳 ……………………………………………………………………………… 197
　　1　人間の尊厳について
　　2　諸権利を持つ権利としての人間の尊厳

Ⅲ　個人の尊重の定義 …………………………………………………………………… 200
　　1　個人の尊重について
　　2　人間の尊厳と個人の尊重

Ⅳ　小　　括 ………………………………………………………………………………… 207

目　次

第8章　人種差別表現と法の下の平等

Ⅰ　問　　題 ··· 212
　　1　ある会話
　　2　ヘイト・スピーチ規制における保護法益

Ⅱ　法の下の平等の意義 ·· 216
　　1　個人の尊重
　　2　法の下の平等の評価
　　3　「個人の尊重」の射程

Ⅲ　ヘイト・スピーチとの関係における法の下の平等 ··············· 220
　　1　ヘイト・スピーチの主体と客体そして平等
　　2　平等侵害の独自性

Ⅳ　小　　括 ··· 224
　　1　平等侵害としてのヘイト・スピーチ
　　2　人間の尊厳の否定と平等の侵害としてのヘイト・スピーチ

終　章　人種差別表現と個人的連関
――特定（諸）個人に向けられたヘイト・スピーチについて

Ⅰ　問　　題 ··· 229
　　1　日本におけるヘイト・スピーチ
　　2　ヘイト・スピーチ解消法の制定
　　3　ヘイト・スピーチ解消法制定後のヘイト・スピーチ規制

Ⅱ　ヘイト・スピーチ規制の保護対象 ···································· 236

Ⅲ　人種差別表現に対する現行法による対応 ··························· 239
　　1　平川宗信による人種差別表現に対する立法提案
　　2　ヘイト・スピーチが惹起する害悪

Ⅳ　（諸）個人に向けられたヘイト・スピーチ ························ 248
　　1　理念法の下でのヘイト・スピーチに対する制裁の可能性
　　2　処罰範囲の限定の試み

Ⅴ　ヘイト・スピーチに対する立法提案 ································· 254

ix

初出一覧

第1章

「名誉毀損罪と侮辱罪の間隙――人の肌の色，出自，民族等の属性に対する誹謗・中傷について」立命館法学345・346号（2012年）

第2章

「刑法における名誉保護犯の処罰範囲――ヘイト・スピーチに対する刑事規制の可能性」龍谷法学46巻3号（2014年）

第3章

「刑法及び民法における名誉毀損の攻撃客体について――人種差別撤廃条約の「人種差別」概念に係るヘイト・スピーチと名誉毀損」龍谷法学47巻1号（2014年）

第4章

「ヘイト・スピーチ規制における『明白かつ現在の危険』――刑法からの視点」龍谷政策学論集4巻2号（2015年）

第5章

「ヘイト・スピーチの定義」龍谷法学48巻1号（2015年）

第6章

「ヘイト・スピーチとしての歴史的事実の否定，再肯定表現に対する法的規制」龍谷法学48巻2号（2015年）

第7章

「人種差別表現規制の法益としての人間の尊厳」『浅田和茂先生古稀祝賀論文集　上巻』（成文堂，2016年）

第8章

「人種差別表現と法の下の平等」内田博文先生古稀祝賀論文集『刑事法と歴史的価値とその交錯』（法律文化社，2016年）

終　章

「人種差別表現と個人的連関――特定（諸）個人に向けられたヘイト・スピーチについて」龍谷法学49巻4号（2017年）

第1章

名誉毀損罪と侮辱罪の間隙
―― 人の肌の色，出自，民族等の属性に対する誹謗・中傷について

Ⅰ　問　　題

　刑法の名誉毀損罪（刑230条）並びに侮辱罪（刑231条）は，法益として（個）人の名誉を保護している。それは特定個人の名誉を対象としている。通説的見解によれば，両罪は，事実の摘示が犯罪構成要件に規定されているか否かのみに相違があるだけで，個人の社会的評価を低下させることに処罰根拠を求めることでは共通する。これら特定個人の名誉を毀損する罪に関して，刑罰の重さの観点からすると，事実を摘示して他人の名誉を毀損する名誉毀損罪の法定刑に比して，侮辱罪のそれは明らかに軽い。名誉毀損罪が「三年以下の懲役若しくは禁錮又は五十万円以下の罰金」の刑罰であるのに対して，侮辱罪は，「拘留又は科料」の刑罰である。前者の刑罰の下限は後者の上限よりも重い（刑法9条）。名誉毀損罪が個人の人格権から明らかになる名誉を深く毀損するのに対して，侮辱罪は，行為者の表現のなかに事実の摘示がないことを理由に，単に悪質な悪口として位置づけられる可能性がある。上記のように刑罰の重さからすると，両罪には，当該表現行為が与える社会的侵害性の軽重においても明確な相違があると想定されてしかるべきである。名誉毀損罪では，他人の社会的評価を低下させる，つまり外部的名誉を毀損するのに際して，単なる悪質な悪口を超えて，具体的な事実を示すことによって法益を毀損することにその社会侵害性の重大さをみてとることができる。つまり，事実の摘示という要件には侮辱罪に比してより重大な違法性を想定できると考えるのが理屈に合う。それでは，このより重大な違法性を基礎づける摘示されるべき事実とはいかなる表現をさすのであろうか。また，この事実は，誰に対して向けられた場合に名

001

誉毀損罪の予定する構成要件該当性を有するのであろうか。誰に対して向けられるべきかという問題には，どのような表現が投げかけられた場合に，誰に向けられたと評価すべきかという問題を随伴している。たとえば，「ここにいるおまえたちは，○○人だから，天性の犯罪者だ」，と1人から20人の国籍の異なる人々に宛てて表現した場合，「おまえたちは，○○人だから」という部分が事実の摘示にあたる可能性がある。そこで「○○人は，天性の犯罪者だ」，「○○人は，人間じゃないから約束できない」，と街宣活動などで表現した場合には，同じく人に関する事実の摘示があったと評価することはできないのであろうか。それとも，後者の場合，「○○人」という表現は，「大阪人」，「阪神ファン」などの教科書事例と同じく，具体的な事実の摘示の前提となる特定の個人には当たらないことを理由に，名誉毀損罪又は侮辱罪の保護範囲からも外れてしまうのであろうか。これに関連して，表現が民族や出自などの特定の属性を有する集団に向けられる場合，両罪の保護範囲から外れてしまうのであろうか。

　以上の問題について，主として以下の判例をもとに検討したい。

II　京都地裁平23年4月21日判決（第一審）及び 大阪高裁平23年10月28日判決（控訴審）

1　事案の概要

　2009年11月中旬頃，インターネットサイト「You Tube」において，被告人らが，京都にある朝鮮学校が，当学園に併存している児童公園に無断で私物を設置するなど，不法に公園を占拠している，これに対していずれの日かに当校に訪れるといった予告をする旨の映像データをアップロードして，これをインターネット上で不特定多数の人々に一般に閲覧できる状態に置いた。その後，被告人A，B，C及びDの4名は，他の構成員らと共謀の上，同年12月4日午後1時ころから約46分間にわたって，学校法人a学園が設置する朝鮮学校南側路上及びa橋公園において，被告人ら11名が集合し，日本国旗や「Z会」及び「S会」などと書かれた各のぼり旗を掲げ，同校児童並び学校関係者（計，約170名）が現在する同校前で，同校校長らに向かってこもごも怒声を張り上げ，拡声器を用いるなどして，「日本人を拉致したc傘下，朝鮮学校，こんなもんは学校でない。」「都市公園法，京都市公園条例に違反して50年あまり，朝

鮮学校はサッカーゴール，朝礼台，スピーカーなどなどなどのものを不法に設置している。こんなことは許すことできない。」「北朝鮮のスパイ養成機関，朝鮮学校を日本から叩き出せ。」「門を開けてくれて，設置したもんを運び届けたら我々は帰るんだよ。そもそもこの学校の土地も不法占拠なんですよ。」「戦争中，男手がいないところ，女の人レイプして虐殺して奪ったのがこの土地。」「ろくでなしの朝鮮学校を日本から叩き出せ。なめとったらあかんぞ。叩き出せ。」「わしらはね，今までの団体のように甘くないぞ。」「早く門を開けろ。」「戦後。焼け野原になった日本人につけ込んで，民族学校，民族教育闘争ですか。こういった形で，至る所で土地の収奪が行われている。」「日本から出て行け。何が子供じゃ，こんなもん，お前，スパイの子供やないか。」「朝鮮ヤクザ。」「不法占拠したとこやないかここは。」「お前らがな，日本人ぶち殺してここの土地奪ったんやないか。」「約束というものは人間同士がするものなんですよ。人間と朝鮮人では約束は成立しません。」などと怒号し，同公園内に置かれていた朝礼台を校門前に移動させて門扉に打ち当て，同公園内に置かれていたサッカーゴールを倒すなどした。また，被告人Cは，同日午後1時過ぎころ，前記a橋公園内において，前記学校法人a学園が所有管理するスピーカー及びコントロールパネルをつなぐ配線コードをニッパーで切断して損壊した。[2) 3)]

2　事案に関する刑事判決

（第一審） 本件刑事裁判につき，第一審は次のように判示した。

　「政治的目的を有することの一事をもって公然と人を侮辱する行為がすべて許されることになるわけではない」「その行為は，a学校の校門前において，被告人ら11名が集合し，約46分間にわたって拡声器を使うなどして被害者らに対する侮蔑的な言辞を大音量で怒号した上，被害者らの所有物を移動させてその引取りを執拗に要求するなどの実力行使に及んで喧噪を生じさせたものであり，許容される余地のない態様のものである。」「本件器物損壊行為を正当な政治的表現とみる余地はなく，また，関係証拠によっても，配線コードの切断が公園利用者の危険除去のために緊急に必要であったことはうかがわれない。[4)]」

（控訴審） 本件に関して被告人の一人が控訴したのに対して，控訴審は次のよう

に判示した。

　控訴趣意の論旨に対して,「〔1〕政治的意見を表明する言論に対して侮辱罪という極めて曖昧な外縁の刑罰法規を適用することは,表現の自由に対する萎縮効果を生み,その存立を危うくするから,適用することが違憲・違法というべきである,〔2〕侮辱罪の対象は,自然人又は法人に限られるのであって,法人格のない本件学校は被害者たりえないし,本件学校法人が被害者である以上は,被害者とする必要性もなく,本件学校に対する侮辱罪も成立したとするのは法文の解釈を誤っている,〔3〕「約束というものは人間同士がするものなんですよ。人間と朝鮮人では約束は成立しません」といった言論は,Dに対する誹謗ではなく,朝鮮人という集団を誹謗するものであるところ,集団に対する誹謗ないし侮辱は侮辱罪の対象とはならないから,法文の解釈を誤っているとして,原判決には,判決に影響を及ぼすことが明らかな法令適用の誤りがある,というのである。しかし,〔1〕については,憲法21条1項に定める表現の自由に当たる行為であっても無制限に許容されるものではなく,公共の福祉や他の人権との抵触による合理的な制限を受けるものであるところ,判示事実にあるような内容を,平日の昼間の時間帯に学校に向けて拡声器を用いて叫ぶことはおよそ許容されるような行為ではないのであって,本件について侮辱罪を適用することが憲法違反となるとはいえない。〔2〕については,侮辱罪の保護法益は社会的名誉と解されるところ,これは,自然人に特有のものではなく,自然人の集団にも,その集団の性格によっては個人と別に帰属するものであるところ(なお,集団が名誉の帰属的主体たり得るかはその社会的実態から判断すべきであって,法人格の存否が決定的な要素に当たるとは解されない。),学校については,長年の教育,文化,芸術活動を通じて社会から一定の評価を受け,このような活動,評価に対し,現に在校する生徒,教職員のみならず,卒業生等も強い関心を持つものであるから,侮辱罪の保護法益たる名誉の帰属主体となる集団に当たるというべきであるし,また,複数の学校を運営する学校法人や公共団体等については,特に法人格を付与され,独自に社会経済活動を営み,所属する個々の学校活動はその一部を構成するに過ぎないのであるから,学校法人と学校に名誉が個別に帰属し得る場合があるというべきで,本件学校とこれを含む複数の学校を運営している本件学校法人とが同時に侮辱罪の被害者とな

ることは法益侵害の二重評価となるものではない。〔3〕については，本件の侮辱行為は一連のものとして解すべきところ，本件学校の前で，本件学校や運営主体である本件学校法人のありようについてする批判する中での発言であるから，特に朝鮮人との範疇について発言したと解されず，所論は前提を欠く。」[5)][6)]

Ⅲ　名誉の保護について

1　名誉保護と表現の自由

　以下問題とするのは，上記判例で示された被告人らの表現行為が事実の摘示を犯罪構成要件とする名誉毀損罪ではなく，単なる悪質な悪口に対する侮辱罪の対象として扱われているところにある[7)]。本件が侮辱罪として起訴され，そして有罪判決が下された背景としてどのような理由があげられるのであろうか。被告人らの表現行為は，それ自体としては真実であるが公共の利益を増進するものではないからなのか，当該表現の真実性の有無においてきわめて不明確だからなのか[8)]，それとも当該表現が事実の摘示のない単なる誹謗中傷にすぎないからであろうか。他面，被告人らの表現行為には，社会的並び歴史的文脈のなかで構築され，意味づけされた否定的な内容が含まれている。このような表現に対しては，従来より学校教育などの社会的啓蒙を通じてその悪質さ・深刻さが知られるに至っており，それが，人が同じ人である他者を人とみなさない，同等に扱わないという本質的問題を含んでいることから，そのような表現の防止が社会的課題になってきた[9)]。このような表現が人の人格権から導出される名誉を毀損することは明らかであり，表現行為が一定の文脈をもって一定の状況の下で行われた場合，名誉毀損罪と同じく評価されるべき実態が存在し，そこに社会侵害性をみいだすことができるように思われる。これは単なる悪質な悪口としてだけでは処理しきれない。

　日本国憲法21条は，「集会，結社及び言論，出版その他一切の表現の自由は，これを保障する。検閲は，これをしてはならない。通信の秘密は，これを侵してはならない。」と明文で表現の自由を保障している。表現の自由は，世界人権宣言19条が，「すべて人は，意見及び表現の自由に対する権利を有する。この権利は，干渉を受けることなく自己の意見をもつ自由並びにあらゆる

手段により，また，国境を越えると否とにかかわりなく，情報及び思想を求め，受け，及び伝える自由を含む。」と規定しているように，ある社会において民主主義が保障されるための不可欠な基本的人権の一つである。これは，すべての媒体による表現に及ぶ。たとえば，演説，新聞などの印刷物，ラジオ，テレビ，写真，映画，音楽，芝居などがあげられる。戦前の日本でもたしかに表現の自由は保障されていた。大日本帝国憲法（以下，明治憲法）29条「日本臣民ハ法律ノ範囲内ニ於テ言論著作印行集会及結社ノ自由ヲ有ス」と定められていた。しかし「法律ノ範囲内ニ於テ」と定められているように，法律の留保が付されていた。このことは，明治憲法の下では，言論の自由というのは，国家によって制限・規制可能な権利とされていたことを意味する。刑法では，戦前，第2編第1章において「皇室ニ対スル罪」を置き，天皇や皇族に対する人身犯罪行為を重く処罰し，また不敬行為をも処罰していた。これは，天皇や皇族は，いわゆる「臣民」とは別格とみなされていたことの証拠である。このことが意味するのは，戦前は，民主主義がなかったということである。しかも，治安維持法という法律があり，これを軸にして反体制的な運動並びに言論活動を徹底的に弾圧したという歴史がある。そのような事情のもと，戦前，日本社会では「表現の自由」は十分には保障されていなかったといえる。以上のことからすると，表現の自由は，主権者としての一人一人の市民が対国家との関係で自己の意見などを表明する上で不可欠な権利といえる。毛利の言うには，街頭でデモをしても世の中変わるはずがない。しかし，これを無意味だから禁止してよいと簡単に考えることは，まさしく個人個人の存在の価値を根本的に否定することになってしまうのであり，このような意味でも，表現の自由なしには市民社会および民主主義社会の存立はありえない。同時に，表現の自由のような精神的自由は，「こわれ易く傷つき易い」権利である。それが不当に制限されている場合には，国民の知る権利が十全に保障されず，民主政の過程そのものが傷つけられているために，裁判所が積極的に介入して民主政の正常な運営を回復することが必要である。[10]「こわれ易く傷つき易い」とは，社会的少数意見，反倫理的な意見，社会が一つの思想に流されるなかでこれに反する意見，又は政府にとって都合の悪い意見に対して，これらを封じ込めようとする動きが社会情勢によっては生じるおそれが常にあることからすると，国家の強

制力に対して物理的に無力な表現行為は弾圧されかねないという意味である。表現の自由は，主権者としての市民の国家からの自律と並行して保障されるべき権利である。「誰かがしゃべったからといって世界が突然変わるわけではない。しかし，しゃべることは他者を巻き込み，他者との間に関係をつくることによって権力を生む可能性をもつ」[11]との毛利の指摘は，それがもつ潜在的可能性を重視している。ここでは，表現の自由という権利が，民主政において平等な環境の下で市民の社会参加の機会の保障を担保する。このような性格をもつ表現の自由は，主として国家や政府に対する自らの意見を述べるなど，批判をする自由と同時に，民主政における市民の参加を内容とする。

2　特定個人の名誉の保護

　他面，個人の人格権の一つとしての「名誉」を毀損する表現行為に対しては，表現の自由の保障は及ばない。それは，刑法上，犯罪行為であるし，民法上も不法行為である。名誉毀損罪や侮辱罪は，表現の自由という憲法上認められた権利と個人の名誉という権利との間にある拮抗関係を調整することを意味する。表現行為が他人に対して向けられ，必然的に他人の名誉という法益を侵害する可能性が予定されていることからすれば，自ずと権利行使の許容範囲を想定せざるをえない。このことは，本件において，「政治的目的を有することの一事をもって公然と人を侮辱する行為がすべて許されることになるわけではない」と判示されているとおりである。

　名誉毀損罪や侮辱罪は，特定個人の名誉を保護しつつ，個人の名誉を毀損する言論との関係で表現の自由という権利を制約する。つまり，一定の表現行為が処罰の対象となることを予定している。現行憲法13条において「すべて国民は，個人として尊重される。生命，自由及び幸福追求に対する国民の権利については，公共の福祉に反しない限り，立法その他の国政の上で，最大の尊重を必要とする。」と規定されており，ここにおいて個人の尊重を具体化したものとして名誉という個人の人格的価値を法益として理解することができる。これは基本的に個人の「名誉」が刑法においても保護するに値する利益としてみなされ，それゆえ，これに対する侵害行為，つまり名誉毀損行為に対して刑罰をもって禁止する。しかし，これはあくまで個人を誹謗中傷・侮蔑してその名誉

を毀損する表現行為を処罰する。

IV　事実の摘示について

1　刑230条の「事実」とは？

　名誉毀損罪と侮辱罪の両罪の相違は事実の摘示の有無にあるが，ここで問題は，「事実」の摘示があったのか，それとも単なる悪口としての侮蔑的表現が行われたにすぎないのか否かにある。本件の場合のように，肌の色，民族，出自，性別等の特定の属性を有する集団に対する侮辱的表現により，集団そのもの又はその集団に属する個々の人々の地位を貶めるような場合，侮辱罪に比してより重い名誉毀損罪が適用されるのであろうか。なお，本件で留保すべきことは，検察側は名誉毀損罪ではなく侮辱罪を訴因として起訴していることである。刑231条所定の侮辱罪が事実を摘示しないで他人の社会的地位を軽蔑する犯人自己の抽象的判断を公然と発表することによって成立するものであるのに対し，同230条1項所定の名誉毀損罪は他人の社会的地位を害するに足るべき具体的事実を公然と告知することによって成立するものであって，ともに人の社会的地位を侵害する罪である点においてはその性質を同じくする。本件で判決はとりわけ侮辱罪の成立を認めたことから，事実の摘示がなかったというのはどのような場合なのかを検討する必要があるように思われる。とりわけ，本件での表現行為が真実性の証明に適するような具体的事実でなく，それ自体が他人の社会的地位を害するに足るべき事実とはいえないのであろうか。

　摘示される事実は人の社会的評価を低下させる事実であれば何でもよい。[12]これに対して侮辱罪では，社会的地位・人格的価値を否定・軽侮する表現が侮辱に当たる。[13]事実の摘示は具体的になされなければならず，これに対して具体的事実の摘示がないと解される場合には侮辱罪となるが，しかしその限界は微妙である。

　本件について，第1の事実では46分間もの間，第2の事実で13分もの間，数々の侮蔑的言辞が浴びせられている。そのなかでも，たとえば，「北朝鮮のスパイ養成機関，朝鮮学校を日本から叩き出せ。」「門を開けてくれて，設置したもんを運び届けたら我々は帰るんだよ。そもそもこの学校の土地も不法占拠

第1章　名誉毀損罪と侮辱罪の間隙

なんですよ。」「戦争中，男手がいないところ，女の人レイプして虐殺して奪ったのがこの土地。」「戦後。焼け野原になった日本人につけ込んで，民族学校，民族教育闘争ですか。こういった形で，至る所で土地の収奪が行われている。」「日本から出て行け。何が子供じゃ，こんなもん，お前，スパイの子供やないか。」等の侮蔑的表現は，なぜ具体的な事実にあたらないのか，それとも単なる本学校の運営主体である法人に対する評価としての悪口に止まるのであろうか。ここで問題となるのは，刑230条の2（公共の利益に関する場合の特例）との関係であろう。これらの発言は当事者にとって侮蔑的であることはもちろんであるが，他面，日本の植民地支配に由来する第二次世界大戦中・戦後の歴史に多く関係する事実でもある。これらに照らして，名誉毀損罪で起訴した場合に予想される被告側からの反論に検察側としては引きずられたくなかったかもしれない。また，検察側としては，単純に，被告の言辞は評価としての単なる悪口としか考えていなかったのかもしれない。あるいは判例が「名誉毀損罪又ハ侮辱罪ハ或特定セル人又ハ人格ヲ有スル團體ニ對シ其ノ名譽ヲ毀損シ又ハ之ヲ侮辱スルニ依リテ成立スルモノニシテ[14]」と判示するように，「野球ファンはバカ」等の言辞と同じく，特定の個人に向けられていないと考えたのかもしれない。

　日本の判例によれば，名誉毀損罪と侮辱罪の区別について，「刑法第二三一条所定の侮辱罪が事実を摘示しないで他人の社会的地位を軽蔑する犯人自己の抽象的判断を公然発表することによつて成立するものであるのに対し，同法第二三〇条第一項所定の名誉毀損罪は他人の社会的地位を害するに足るべき具体的事実を公然告知することによつて成立するものであつて，ともに社会的地位を侵害する罪である点においてはその性質を同じうするものとされている[15]」と解されてきた。ここでは，侮辱罪は，行為者個人の抽象的判断に基づいて出た表現であるから，被害者の社会的地位を侵害せず，単に軽蔑するにすぎないとしている。「カバ」，「チンドンヤ」，「法律違反者」と表現したこと[16]，「市民諸君阿呆につける薬があつたら，この市長につけてやつて下さい」「三田市長Bは公団，県のいぬ的存在」と表現したこと[17]，「A吸血鬼」「暴力所長Bを追放せよ」と記載したビラを乗用車の車体に貼付した[18]，として侮辱罪を認めている。文脈を持つ表現について事実の摘示を否定した判例として，「信越タイムスは

009

天下の公器だ等とタンカをきれば，オモチヤのピストルを本物であると自ら認めることになる。もつともこの種の新聞は，ある候補の悪口を書くときは，それと対立する候補から相当の金をもらつて罰金覚悟で悪口を書くので，二万五千円ぐらいの罰金で済むなら大いにタンカをきつて男を売ることを考えるかも知れない。」と表現したのに対して，「結局本件被害者の発行にかかる新聞のもつ一般的性格（社会正義を守り真実を報道する新聞でないとか，またこの種の新聞はある候補の悪口を書くときはそれと対立する候補から相当の金をもらつて罰金覚悟で書くものだとか）についての被告人の意見判断を示したに過ぎず，したがつてそれは判例のいわゆる他人の社会的地位を軽蔑する犯人自己の抽象的判断を発表したにほかならないもので他人の社会的地位を害するに足るべき具体的事実を告知したものでない[19]」とした事例や，「松野候補が，その地位を悪用し，詐欺，恐喝等の容疑で取調べを受けている田中彰治と同じような犯罪容疑者である」，と表現したのに対して，「当該公報に掲載された記事自体によつて判断すべきであつて，その当時たまたま問題となつていた事件や社会情勢を参酌して，その内容を補完し，もつて具体的事実の摘示の有無を認定することは，許されないものと思料されるからである[20]。」として侮辱罪を認めた。

2　集団に向けられた侮辱的表現と名誉保護

　これに対して，名誉毀損罪とした判例として，紙上に「南泉放談」と題した文中において「当町町議立候補当時の公約を無視し関係当局に廃止の資料の提出を求めておきながらわづか二，三日後に至つて存置派に急変したヌエ町議もあるとか，君子は豹変すると云ふ。しかし二，三日のわづかの期間内での朝令暮改の無節操振りは片手落の町議でなくてはよも実行の勇気はあるまじ肉体的の片手落は精神的の片手落に通ずるとか」と執筆掲載した事案がある[21]。これらの判例において，行為者の抽象的判断に基づく表現なのか，それとも被害者の社会的地位を害するに足るべき具体的事実なのか判然としない場合があるように思われる。

　果たして，本件における被告人の表現は学校法人，学校並びに現在した学校関係者・児童に対する抽象的判断の域を出ないのだろうか[22]。それとも，名誉毀損罪が予定する具体的な事実とは別の範疇に属する事柄なのであろうか。つま

り，本件のような一定規模の抗議デモにおいてマイクなどを用いて発言をし，（特定・不特定を問わず）多数に向けて，多数の人々が聞くことの可能な状況で，特定の属性を有する人々に対する差別的な言辞を投げかけた場合，名誉毀損罪の予定する個人の具体的事実にあてはまらないが，しかし単なる軽蔑としてだけでは包摂しきれない，特定の民族等の属性を有する人々の社会的地位を害する表現行為が行われたとは理解できないであろうか。ここにまさに名誉毀損罪と侮辱罪の処罰の間隙があるのではなかろうか。それとも表現の自由なのであろうか。

V　特定の属性を有する人々に向けられた侮辱的表現

1　属性を理由とする侮辱的表現の問題性

　侮辱的表現が，特定の民族や属性を有する集団に向けられることにより，当該属性を有する集団そのものやこれに属する人々の社会構成員としての地位を貶め，それにより社会における平等性を毀損する場合や，歴史的事実を否定する発言等により，被害者並びに死者となった被害者に対する侮辱と同時に，それによって民族や出自等の特定の属性を有する集団そのものやこれに属する人々の社会構成員としての地位を貶め，社会における平等性を毀損する場合がある。これらは，たしかに，直接的に特定の個人に向けられていない場合がある。従来，名誉毀損罪は，個人的名誉を毀損する表現に対して憲法の保障する表現の自由との調整機能を有すると解されてきた。これは，個人的名誉が法の根本的基礎である個人的法益であることから，これを毀損する行為に限定して処罰することを意図していた。これに対して，民族や出自等の特定の属性を有する集団に対する差別的又は侮辱的発言，いわゆるヘイト・スピーチ（憎悪表現）では，人種差別的発言が多様性のある社会の基盤を危うくすると同時に，その実体として，同じ人間に対して不当な蔑みをすることで当該集団に属する人々の社会的平等性を毀損する。それにもかかわらず，後者は表現の自由を根拠に処罰の対象から除外されるべきなのであろうか。

　表現の自由が社会参加の基礎的権利であるのに対して，表現行為などによって個人が攻撃される場合には個人の名誉を危殆化する。特定の民族等の属性を

有する集団が表現行為によって攻撃される場合，間接的には個人の名誉が危殆
化されるが，直接的には社会的な平等関係と同じ人間としての承認関係が危殆
化される。そのような表現行為が行われた社会において，当該表現が歴史ない
し社会的文脈のなかで否定的意味内容をもつ場合，特定の属性によって特徴づ
けられる集団に属する個人を蔑むと同時に，当該集団の人々すべてを蔑むこと
になる。それは，特定の属性を有する集団及びその構成員を差別することにな
り，社会における平等関係を毀損し，社会への参加を妨げる。表現の自由が民
主政にとって根本的な権利である理由が民主主義社会における市民の社会参加
にあるとすれば，そのために社会参加を阻害する表現行為に対して規制を加え
る必要はないのであろうか。属性を理由とする侮辱表現をすることで同じ人間
としての承認を意味する人間の尊厳を毀損すると同時に，社会的平等関係（の
構築）の毀損並びに社会参加の機会の阻害にならないのであろうか。これに対
して，人を人としてみない，人に格差をつけることに対して保護する必要はな
いのであろうか。

2　ヘイト・スピーチと名誉の保護

　以上のことからすると，——立法論に及ぶが——本件は，ヘイト・スピーチ
に対する法的規制の整備のための検討を促しているといえる。
　人種，肌の色，国籍，民族等，特定の属性を有する集団又は属性を有するこ
とを理由にその構成員に対して誹謗中傷又は暴力や差別を扇動する表現をする
ことをヘイト・スピーチ（憎悪表現）とよぶ。このようなヘイト・スピーチ
は，一見したところ，社会的に有害であるように思われる。本件被告らによる
罵詈雑言はまさにヘイト・スピーチの範疇におさまるといえる。それでは，こ
のような言動は日本では許されるものなのであろうか。それとも法律上の犯罪
又は不法行為なのであろうか。現行法を見渡すと，名誉毀損罪（刑230条）と侮
辱罪（刑231条）があるが，これらいずれかの罪で処罰すべきなのか，またそれ
は可能なのであろうか。それとも，新たな立法を提案すべきなのであろうか，
はたまた規制すべきではないのであろうか。
　ヘイト・スピーチは，特定の属性を有する集団に対する侮辱的発言により，
多数の人々に向けて，集団そのもの又はその集団に属する個々の人々の社会構

成員に対する暴力，差別そして排除を扇動する。ヘイト・スピーチが，人間の尊厳と同時に社会の多様性の確保を保障するうえで，重大な社会侵害行為である。ここで注意すべきなのは，ヘイト・スピーチの社会侵害性は，単なる個人の社会的評価を低下・毀損することとは異なる。人間の尊厳の否定と多様性のある社会のなかでの平等性の侵害である。

　それでは，以上の事柄は，民族，性別，肌の色等，特定の属性を有する集団に対する侮辱的表現により，集団そのもの又はその集団に属する個々の人々の地位を貶めるような場合にも，同じく前記の刑罰規定が適用されるのであろうか。じつは，「おまえら（朝鮮人・韓国人は）うんこ食っとけ」，「チョンコ」，「（朝鮮人・韓国人は）キムチくさい」「人間とは約束できるが，朝鮮人は人間じゃないので約束できない」「（同校に通っている児童は）スパイの子」などと，侮辱的言辞を並べ立ててもこれらにあてはまらない可能性がある。なぜであろうか。判例によれば，「明治四年太政官布告第四百四十八號ヲ以テ穢多ノ稱呼ヲ廢止セラレ四民平等ト爲リタル今日ニ於テ苟且ニモ我カ同胞ニ對シ差別的言辭ヲ弄スルカ如キハ四民平等同胞相愛ノ本義ニ悖ルモノニシテ恕スヘカラサルコト論ヲ俟タサル所ナレトモ之ヲ法律上ヨリ觀察スルトキハ凡ソ名譽毀損罪又ハ侮辱罪ハ或特定セル人又ハ人格ヲ有スル團體ニ對シ其ノ名譽ヲ毀損シ又ハ之ヲ侮辱スルニ依リテ成立スルモノニシテ即チ其ノ被害者ハ特定シタルモノナルコトヲ要シ單ニ東京市民又ハ九州人ト云フカ如キ漠然タル表示ニ依リテ本罪ヲ成立セシムルモノニ非ス」[23]と判示している。これらの言辞は，具体的な特定の個人に向けられてはおらず，それゆえ個人の名誉を侵害していないとされる。あくまで，特定の属性によって特徴づけられる集団に向けて行われているからである。名誉毀損罪や侮辱罪が個人の名誉のみを保護すると解されるのであるとすれば，いわゆる集団の名誉は保護の対象とはならないということになる。

3　なぜヘイト・スピーチが発せられるのか？

　現実の社会では，単に物理的な個体ではなく，人々は，さまざまな理由から現在いる場所に存在しており，その意味で歴史的な存在である。また，言葉などの媒体手段を用いて他者とコミュニケーションをとることで社会において存在するという意味で社会的存在である。このような人々の存在に関する歴史性

と社会性に照らすと，人々は，各々，個人として尊重されなければならないことは当然のことであるが，同時に，個人としての人にはそれぞれの背景がある。それは，たとえば，肌の色，民族，人種，性，職業等である。人の背景は，彼の属性によって構成されるのであり，それはまさに歴史的であり，また社会的である。人の背景としての属性は，個々人の人格の一部であるといっても過言ではない。この属性は，本来的には，個人の社会的評価，つまり外部的名誉ではない。なぜなら，憲法14条「すべて国民は，法の下に平等であつて，人種，信条，性別，社会的身分又は門地により，政治的，経済的又は社会的関係において，差別されない。」と定められているように，そもそも，その属性如何によって評価されることがあってはならないからである。

　しかし，このような議論は，現実の社会を直視するならば，ある種の理想論になるかもしれない。悲しい現実として未だ差別が社会にはある。人が，同じ人である他者に対して低劣・低俗として扱う。たとえば，人は，個々に固有の名前をつけるなどして自らを他人と区別する。それは，固有の存在としての自己のアイデンティティを確保するという意味できわめて社会的に重要である。名前に始まって，私たちの社会は差異を利用することで社会システムを形成している側面がある。だが，その差異が，自己と他者とのコミュニケーションのために利用されるのではなく，属性を理由にして，他者に対して憎しみや蔑みの感情をもって不平等な関係を形成するために用いられる場合，それは差別となる。いわれのない偏見や蔑みが社会化されている場合が多々ある。民族差別や被差別部落に対する偏見などはその最たるものの例である。

　社会化された差別や偏見は，個人においてその意識のなかに根拠なく根づいている。いわばそのように認識することが当たり前のようにである。このように差別というのは，歴史的な背景を有する深刻な問題であり，しかもそうであるがゆえに人々の社会生活において蔑視・偏見を生み，他人を「不当に」区別することから，社会的な問題でもある。そのため，差別は，個人に向けられることが最も卑劣なことにちがいはないが，それが歴史的・社会的であることから，社会，すなわち，街宣活動やインターネットなどで，広く一般に向けて差別表現が行われる場合もあり，これにより一層社会における差別意識や偏見を醸成させることも大いに考えられる。

本件被告らの表現行為は，本質的には，特定の個人に向けられた表現行為ではない。まさに，特定の属性を有する集団に対する侮辱的表現というのが的を射ている。しかも，このような侮辱的表現をインターネットなどで中継並び録画して視聴可能にすることで多数の人々に向けて差別を扇動する。

Ⅵ　ヘイト・スピーチの社会侵害性

1　ヘイト・スピーチに対する日本政府の態度

　肌の色，民族や出自等，特定の属性を有する集団に対する侮辱表現は，それが公然と多数の人々に向けて行われる場合，公共に対して偏見と蔑視を醸成する可能性が高い。民主主義社会においては，個々の市民が社会を構成する主体である。その際，まず何はともあれ，対等かつ平等な社会の構成員として社会に参加することが保障されていなければならない。それなしには，現実の社会では，社会に参加する機会を得ることができない場合がきわめて多い。このような状態では，社会を構成する主体とは到底なり得ない。集団に対する侮辱表現は，当該集団に属する人々全体と社会「一般」という形で不当に区別する重大な契機を創出し，その意味で民主主義社会にとって脅威である。このような表現は，民主主義にとって不可欠な社会への参加を阻害するという意味で社会侵害的といえる。

　他面，このような侮辱的表現が現実の社会において行われる可能性が高いことを捨象して法の下の平等を説いても，それは平等原則そのものが社会における差別を是認することになる。それゆえ，集団に対する侮辱的発言により，その集団に属する個々の人々の社会構成員としての地位を貶め，それにより社会における平等性を毀損するのであり社会侵害的行為といえる。

　1965年の第20回国連総会において「人種差別撤廃条約」が採択され，1969年に発効した。1995年，これに日本政府も加入した。本条約第1条において，「人種差別」とは，人種，皮膚の色，世系又は民族的若しくは種族的出身に基づくあらゆる区別，排除，制限又は優先であって，政治的，経済的，社会的，文化的その他のあらゆる公的生活の分野における平等の立場での人権および基本的自由を認識し，享有し又は行使することを妨げ若しくは害する目的あるい

は効果を有するものをいう。たとえば，本章の事例である在日朝鮮人・韓国人に対する差別表現行為は民族差別と称されるが，本条約の文言からすると，民族的出身に基づいた区別，排除であって，政治的，経済的，社会的，文化的に公的生活の分野における平等の立場での人権及び基本的自由を認識し，享有し又は行使することを妨げることになり，人種差別に該当する。本条約第4条(a)には，人種的優越又は憎悪に基づく思想のあらゆる流布，人種差別の扇動に対し締約国は法律で処罰すべき犯罪であることを宣言することと規定されている。しかし，日本政府はこれに対応する立法措置を講じてこなかった。

2 ヘイト・スピーチに対するドイツの対応

　これに対して，2001年，人種差別撤廃委員会は，日本政府に対して人種差別禁止法の制定を勧告した。2005年，国連人権委員会の人種差別に関する特別報告者は，「日本政府は，自ら批准した人種差別撤廃条約四条に従って，人種差別や外国人排斥を容認したり助長するような公務員の発言に対しては，断固として非難し，反対するべきである」と，人種差別禁止法を制定すること，また国内人権委員会を設立することなど多くの勧告を出している。2008年，国連人権理事会は日本政府に対して人種差別等の撤廃のために措置を講じるよう勧告した。2010年，人種差別撤廃委員会の日本政府審査結果としての最終所見（勧告）において，日本政府は人種差別禁止法は必要ないと主張した。しかし，それでは差別された個人や集団が保護を受けることができない事態を政府そのものが創り出しているのと同じである。

　それでは，どのようにすべきであろうか。表現の自由に対する規制は，基本的人権を制約することにつながる，つまり萎縮効果を生じさせるおそれがあるため慎重である必要があることはいうまでもない。ただし，このことがあたかも錦の御旗のように主張されるのであれば，逆に表現の自由の濫用につながる可能性が十分にある。つまり，民主政の根本を形成している表現の自由によって同じ社会に住む異なる属性をもつ構成員たちを属性を理由に排除することになる。

　たとえば，ドイツでは，人々の属性に向けられた侮蔑的表現行為に対して，具体的な個人に向けられる場合とは別個に，侮辱罪（ドイツ刑185条以下）や民

衆扇動罪（ドイツ刑130条）で刑罰を科している。典型的には，デモ行進など
で，肌の色や民族等の属性に対する侮辱的表現行為によって憎悪をかき立てる
こと，冒とく，侮辱する行為を処罰している[24]。とりわけ民衆扇動罪では，ヘイ
ト・スピーチによって攻撃される人々の範囲は，もはや個別個人的には把握可
能でなく，集合的に統合された住民の一部を構成するぐらいに量的に大きくな
ければならないとされる。ここでは，個別個人的には把握できない集団に対す
る攻撃はまったく個人的連関を示す必要はない[25][26]。

　本罪は，1960年，当時の反ユダヤ運動やネオナチ運動に対処するために階級
扇動罪を改正して制定された。時を経て，1994年，東西ドイツの再統一後，激
しい外国人排斥運動が行われたことへの対応として改正が行われ，かつてのナ
チス政権の下で行われたユダヤ人の大虐殺という歴史的真実に対して，これを
否定する言論行為，いわゆる「アウシュヴィッツの嘘」を処罰する規定（ドイ
ツ刑130条3項）が新たに導入された。

　本罪の保護法益は，公共の平穏と人間の尊厳である。本罪における行為態様
としては，口頭，文書，インターネットにおける公表など，幅広く表現行為を
対象としている。

3　ドイツ刑法の民衆扇動罪（ドイツ刑130条）

　本罪の実際については，とりわけ，同条1項「憎悪をかき立てる」表現行為
の構成要件に該当する場合の適用がほとんどとされる。本構成要件にはつぎの
ような表現行為があてはまる。

　「ユダヤ人は，民族虐殺の嘘をつくり出し，ドイツ人に対する政治的抑圧と
経済的搾取を企てている」[27]，ハーケンクロイツ（ナチスが使用していた紋章）と
「ユダヤ人くたばれ」と車にスプレーで書くこと[28]，「お前ら異国人はユダヤ人の
ようにガス死させられるべきだ」と外国人の電車の乗客に向けて罵詈雑言を吐
くこと[29]，ドイツに住んでいる外国人を「駆除されるべき集団」と表現するこ
と[30]，「難民申請者は詐欺師で，一生懸命働いているドイツ人の犠牲の下で豊か
な生活を送り，社会の寄生虫として間抜けなドイツ人を見て楽しんでいる」と
表現すること[31]，「ダッハウ（のガス室）がもはや熱せられていないのが残念だ」
と外国人に向けて表現すること[32]，「『死んだドイツ人は良きドイツ人だ』といつ

もユダヤ人が言っているように、われわれも同じことをユダヤ人について発言する権利を得た」と表現すること[33]、「ユダヤ人に対する民族虐殺はシオニズムに端を発する嘘で、巨大な政治的かつ経済的詐欺である」と表明すること[34]、「低俗で人間で、信じられない嘘つきでしかも金に汚い寄生虫」とユダヤ人を特徴づけるために表現すること[35]等である。

　また、「暴力的若しくは恣意的な措置を求める」構成要件については、「ユダヤ人は出ていけ」、「外国人は出ていけ」、「トルコ人は出ていけ」、「外国人は出て行け、勝利万歳」とネオナチ集団が表現すること[36]、「ユダヤ人のところでは買うな」[37]があてはまる。

　1980年10月28日ケルン上級地方裁判所の判決によれば、19歳と18歳の被告人が、学生新聞において、ユダヤ人はいくつかの政府に入り込み、これらを扇動し、ドイツに対して戦争を仕掛けようとしてきたと示し、「ホロコーストを止めろ」との表題で、第二次世界大戦中の600万人の殺害は「ウソ」、「600万人伝説」だと記した。映画「ホロコースト」は、最も有害な（ハリウッド）スタイルのホラーショーであり、ドイツ人に対する「恐ろしい中傷キャンペーン」だと記した。被告人たちは、このような記事を掲載した同新聞1万部をケルンの学校やギムナジウムなどに頒布した。これに対してドイツ刑130条の適用を認めた[38]。

　1994年11月2日ハム上級地方裁判所の判決によれば、「外国人出て行け」と罵声を飛ばすことは、ドイツ刑130条における人間の尊厳に対する攻撃にあたるとした[39]。本件では、被告人たちは、レストランに行く前に相当量のアルコールを摂取し、19時頃にレストランに行ってからも他の仲間共々アルコールを飲んでいた。20時頃、レストランにいた一人の客が、移住者並び移民申請者施設に対してデモをしようと思いついた。すでに数日前から、本施設の開設に反対行動を呼びかけるビラが作られていた。被告人Lは、自宅から黒と赤の旗（帝国戦闘旗）を持参するなどした。そして、25〜30人ほどが集まり、そのうちの数人は、黒ないし緑の戦闘服を着、黒の編み上げ靴を履いていた。そして、ドイツにいる外国人に反対する旗を持ちながら同施設まで行進し、そこで、大声で数回にわたり、「外国人出て行け」、「我々は移民申請者施設なんかほしくない」と叫んだ。この様な行動は30分ほどして終わった。

第1章　名誉毀損罪と侮辱罪の間隙

　2001年11月28日ブランデンブルク上級地方裁判所の判決によれば，大人数の
グループで「外国人出て行け」との罵声を飛ばすことが住民の一部に対する憎
悪をかき立て又はこれに対する暴力的若しくは恣意的な措置を求めるのに適し
た行為であり，その結果，民衆扇動罪の構成要件を実現したとされた[40]。被告人
は2000年のミレニアム祭に訪れる際，おおよそ50人が15人くらいのグループに
無秩序に分散しながら歩き，その途上，見知らぬ者から第一次世界大戦の帝国
戦争旗を渡され，それを持って歩いたところ，会場までの道すがら，「勝利万
歳」，「外国人は出て行け」，「強固な民族的連帯を」，「ドイツをドイツ人のもの
に」，と数回にわたって叫ぶのが聞こえてきた。このことについてブランデン
ブルク上級地方裁判所は，被告人がすでに民衆扇動をし，かつ憲法違反組織の
標識を用いているとした。被告人は，総勢50人程度の人数で，15人くらいずつ
に分かれながら歩いていた。多くの参加者は，戦闘服，ブーツ，そして短髪
で，そのうちの9人は被告人と同じく政治的に右翼志向であることが知られて
いる。被告人は「外国人は出て行け」，「強い民族的連帯を」というコールを聞
きながら，30分ほどの間，帝国戦闘旗を持っていた。「外国人は出て行け」な
どの国家社会主義的なコールとの内部的及び外部的関連が存在する場合，その
ような行為には，ドイツから外国人を排斥するための暴力による脅迫と結びつ
けた要請の意義が与えられる。この様な事情のもと，帝国戦闘旗を持っている
ことには，これらのコールとともに明らかに存在する暴力の潜在力を強化する
意義が与えられる。

　同項2号（「悪意で侮蔑し若しくは中傷することにより，他の者の人間の尊厳を害し
た」）に関して，同1号とは異なり，人間の尊厳への攻撃を構成要件としてい
る[41]。民衆扇動罪で犯罪化されている行為は人間の尊厳に対する攻撃を含んでい
るので，実際にはこのことから何らの変更も生じない。人間の尊厳に対する攻
撃は，個々人の人格権（たとえば，名誉）に向けられる場合だけでなく，攻撃が
平等原則を無視して低い価値の者であるとし，共同体における生存権を否定す
ることによって，彼の人格の中核に対して行われた場合にもあるとされる[42]。
カールスルーエ上級地方裁判所は，被告人は水門を管理しており，1992年10月
25日頃，船長からビラをもらい，それを執務の建物の外壁に設置されている，
事務上および他の航行にとって重要な事項を掲載するためにもうけられ，しか

019

も一般の人も見ることのできる陳列ケースにそのビラを貼った事案について本号の適用を肯定した。それによれば，そのビラの内容は，以下のようなものである。

「ドイツの庇護を求める詐欺師は，

——キリスト教民主同盟と自由民主党，特に社会民主同盟と緑の党に可愛がられ，

——ドイツの納税者によって我慢されている。しかもこの詐欺を経済的にまかわなければいけない。

しかも全くこう見えるよ。

ドイツの庇護を求める詐欺師さんたち，お元気かい？？

すばらしい。ドイツ人にエイズをもってきてね。

海から直接やってきて，まるで雪のような白い麻薬をもってきて，夏も冬もそれをばらまいて，しかも多くをドイツのこどもたちに撒いている。仕事をしなくてもいい，なんてすばらしい。間抜けなドイツ人を工場に連れて行って働かせ，自分たちにはケーブルテレビがあって，ベッドで寝転がっている。じきに太っていくんだよ。……。[43]」

4　ヘイト・スピーチの侵害性

これら判例にあらわれた具体的な事例は，特定個人に向けられたというよりも，特定の属性によって特徴づけられる集団に向けられた侮辱的表現といった方が正確である。ましてや表現行為の現場に標的とされた当該属性を有する集団又はその構成員が現在しなかった場合には特にそういえる。これらの表現は，直接的に個人の名誉を攻撃しているないし個人の名誉だけを攻撃しているとは言い難い。[44] むしろ特定の集団への攻撃を意図した表現といえる。これらの表現が「公の平和を乱し得るような態様」で行われることを構成要件は予定しているので，すべての侮辱的表現が構成要件に該当するわけではない。このような限定は，一定の意図をもって行われた侮辱的表現に処罰範囲を限定することにもなる。このような限定とは，単に自己の思想・信条の自由の範囲に止まるものではなく，特定の属性をもつ集団への攻撃手段としての侮辱的表現に構成要件該当行為が絞られるということである。この攻撃は，特定の属性を有す

る集団とこれに属する人々を自分たちとは異なる存在であると示すことにある。ここでは，攻撃客体は，共に生活している社会において「二級市民」，「人間以下の存在」，果てには「敵」へと貶められ，従属的地位に置かれ続けることになる。

　ドイツでは，民衆扇動罪の法益を公共の平穏と人間の尊厳と理解している。ドイツ連邦憲法裁判所は，「ドイツ刑法130条に基づく処罰の前提は人間の尊厳に対する攻撃である。人間の尊厳は，表現によって他人の名誉又は一般的人格権が関わる場合につねに攻撃されるとは限らない。ドイツ連邦憲法裁判所の判例によれば，憲法上，ドイツ基本法1条1項によって保障される人間の尊厳は社会的価値及び尊重要求を保護している。これは，人を単なる国家の客体にすること又はその主体を問題視するような取扱いをすることを禁止する。これと一致して，ドイツ連邦憲法裁判所は，人格の名誉の侵害だけが『人間の尊厳の攻撃』として当てはまるわけではないことを前提としている。むしろ，攻撃された人が国家共同体における同等の価値のある人格としての生存権を否定され，彼が価値の低い存在として取り扱われることが要件である。この攻撃は，したがって彼の人間の尊厳を形成する人格の中核に向けられているのであり，個々の人格権だけに向けられているのではない。[45]」と判示する。ここで属性に向けられた侮辱的表現によって侵害・危険にされる法益の中身がみえてきた。国家共同体における同等の価値のある人格としての生存権を否定され，価値の低い存在として取り扱われることが人間の尊厳に対する攻撃を意味する。

　しかし，人間の尊厳に対する攻撃としてヘイト・スピーチを理解するだけで侵害の実体を十分に把握したことになるのであろうか。人が人であるがゆえに生来的に賦与される人格的尊厳に対する侵害の側面もさることながら[46]，ヘイト・スピーチが発するメッセージは，攻撃対象である特定の属性を有する集団に対して，当該属性を有することを理由として，「二級市民」，「人間以下」であるとしてその地位を格下げすることをその中身としているのだとすると，人間の尊厳から導かれる対等かつ平等であるはずの人間としての社会的地位を侵害・危険にさらし，そのことによって継続的に不当な地位に貶め続けることにあるのではなかろうか。なお，人間の尊厳というだけで，共に生活している社会において特定の属性を有する集団に属する人々を「二級市民」，「人間以下の

存在」，果てには「敵」へと貶めて不当に扱い，それによって従属的地位にあり続けることを強いることの侵害性を語り尽くせているといえるだろうか。極端な言い方になるかもしれないが，そもそもすべての法は人間の尊厳を保護することを根本的理念として創造されているはずである。人間が法社会を形成し，維持，発展させる主体であるとすると，法の任務の根本は，人間の尊厳の保障に尽きる。そうだとすると，人間の尊厳の保障というだけでは，何も保護していないといわれても仕方がない。その意味で，人間の尊厳の中身を明らかにする意味で，共に生活している社会において一定の属性を有する集団に属する人々を「二級市民」，「人間以下の存在」，果てには「敵」へと貶めて不当に扱い，それによって従属的地位にあり続けることを強いるような侮辱的表現行為が何を侵害するのかをさらに検討する必要がある。

VII 小　括

　ドイツの民衆扇動罪では，デモや集会などで，特定の属性によって特徴づけられる集団又はこれに属する人々に対して侮辱的表現をすること（インターネット上での書き込みも含む）が処罰対象とされている。

　日本の名誉毀損罪は，特定個人の名誉を毀損する表現に対して表現の自由との調整機能を有すると解されてきた。これは，個人の名誉が法の根本的基礎である個人的法益であることから，これを害する行為に限定して処罰することを意図していた。これに対して，ヘイト・スピーチに対する規制では，人種差別的発言等が，歴史に基づいた多様性のある社会の基盤を危うくするという意味で公共の平穏に対する罪と解されているが，しかし，その実体は，同じ人間に対して不当な蔑みをすることで人間の尊厳の否定と，その集団に属する（個々の）人々の社会的平等性を毀損することにある。

　それでは，なぜヘイト・スピーチを規制する必要があるのであろうか。

　このような表現規制の意義としては，ヘイト・スピーチに対する抑止と並んで，差別に対する認識を継続的に構築する目的があると考えられる。それは，多様性のある民主主義社会の構築を志向するうえで，人々の属性に対する侮辱的発言が「いけないこと」であることを繰り返し宣言することで，社会におけ

る認識を構築することが目指されているように思われる。しかしここで留意すべきは，刑罰という制裁を武器にするだけでは，社会にとって根の深い問題を解決することはできない点であろう。刑罰の創設によって潜在的行為者の行動を抑止することはできる。けれども，彼の持つ認識を改変させることは刑罰によるだけでは不可能である。

　最後に，ヘイト・スピーチの蔓延が，民主政にとって重大な危機を意味することも理解すべきである。ヘイト・スピーチは，一般的に社会におけるマジョリティからマイノリティに対して向けられる。民主主義は，すべての社会の構成員が自分の存在する社会におけるさまざまな決定に参加することができるというのが基本である。しかし，ヘイト・スピーチは，特定の属性によって特徴づけられる集団に向けられることによって，その集団そのものとその構成員を蔑むことになる。それが意味するところは，彼らを同じ社会の民主政を構築する構成員とは認めないということにあり，それにより，民主政にとって不可欠な社会参加の平等な機会を阻害することになる。

　ヘイト・スピーチの有害性は，同じ人間を人間としてみないこと，対等かつ平等な社会の構成員であることを否定すること，そしてそれにより社会のマイノリティに属する人々の社会参加の機会を阻害するところにある。

［注］
1)　侮辱罪は刑法典においてもっとも軽い罪である。しかも，確信犯的に侮辱罪で有罪判決を受け，執行猶予に付された者が，再び同様の行為をしたとしても執行猶予の裁量的取り消しの対象にならない（刑法26条の2第1号，同9条）。
2)　本件の当日の映像は，未だインターネットの動画サイトで閲覧可能である。一度インターネット上にアップロードされた動画は，サイト運営側に削除要請し，それにより一端は削除されたとしても，すでにこれをダウンロードした者によって再びアップロードされる。こうして，法益の継続的かつ二次的毀損が生じることになる。しかも，不特定多数の者により閲覧可能な限り，その毀損状態が長く続くのが特徴である。
3)　本件に関するルポタージュとして，中村一成『ルポ　京都朝鮮学校襲撃事件──「ヘイトクライム」に抗して』（岩波書店，2014年）。日本においてヘイト・スピーチが社会問題化する端緒となった事件とその歴史的背景について詳細に記述している。当書は，ヘイト・スピーチとヘイト・クライムの問題を，机上の理論から一歩踏み出して，現実の害悪と被害に照らして検討するのに大いに寄与するといえる。中村一成「インタビュー金尚均氏に聞く歴史的勝利をどう開くか──京都朝鮮学校襲撃事件裁判・最高裁決定の意義」世界869号256頁以下。社会学からの分析として，梁英聖『日本型ヘイトスピーチとは何か──社会を破壊するレイシズムの登場』（影書房，2016年）179頁以下。また，在日コリアン弁護士協会

（LAZAK）編・板垣竜太ほか著『ヘイトスピーチはどこまで規制できるか』（影書房，2016年）22頁以下。

4）　京都地判平23年4月21日 LEX/DB【文献番号】25471643。

5）　大阪高判平23年10月28日 LEX/DB【文献番号】25480227。

6）　なお，本件の最高裁決定について，最決平24年2月23日 LEX/DB【文献番号】25480570。

7）　もちろん，起訴に際して原告側が，本件における歴史的評価並び社会的評価に絡む事案について，行為者の表現行為における事実の摘示の有無に関する評価を回避し，公判において刑230条の2が問題にならないようにするため，侮辱罪と評価した可能性もある。

8）　つまり，表現が真実である可能性を考慮したのであろうか。

9）　日本における差別表現の問題について，参照，アメリカ国務省『2010年国別人権報告書——日本に関する部分』（http://japanese.japan.usembassy.gov/j/p/tpj20110506-01.html）。ここでは，「2010年には，外国人や日本生まれの民族に基づくマイノリティに対する，移民排斥主義団体による嫌がらせがますます活発になった。8月には，京都朝鮮第一初級学校で児童に対し言葉による嫌がらせなどの示威運動を行った4人の外国人排斥団体のメンバーが逮捕された」と差別表現による嫌がらせ行為の状況が報告されている。

10）　毛利透『表現の自由——その公共性ともろさについて』（岩波書店，2008年）44頁。参照，芦部信喜著・高橋和之補訂『憲法〔第5版〕』（岩波書店，2011年）187頁。

11）　毛利・前掲注10）43頁。

12）　平川宗信『刑法各論』（有斐閣，1995年）226頁。

13）　大判大15年7月5日大判刑集5巻303頁，大判昭2年11月26日大判刑集6巻468頁。

14）　大判大15年3月24日大判刑集5巻117頁。

15）　参照，前掲注13）・大判大15年7月5日大判刑集5巻303頁。

16）　東京高判昭51年5月13日東京高裁（刑事）判決時報27巻5号64頁。

17）　最判昭48年6月5日裁判集刑189号259頁。

18）　最判昭44年10月23日裁判集刑173号561頁。

19）　東京高判昭33年7月15日高刑集11巻7号394頁。

20）　名古屋高裁昭50年4月30日判時796号106頁。

21）　最判昭28年12月15日刑集7巻12号2436頁。

22）　なお，——現在ドイツに生活しているユダヤ人に対して——過去の迫害の歴史に由来する人的集団に対する侮辱的表現について，1994年4月13日ドイツ連邦憲法裁判所の決定によれば，「いわゆるニュルンベルク法による出生地を基準にして人々が区分されそして根絶目的をもって個人性が奪われたという歴史的事実は，ドイツ連邦共和国で生活しているユダヤ人に対して，他の住民との特別の人的関係を示す。この様な関係において，この出来事は今日もなお問題である（gegenwärtig）。このことは，迫害によって際だつ人的集団に属すると理解することのできる彼らの人格的自己理解に属する。これは，全ての他の者の特別の道徳的責任と向かい合っており，しかも彼の尊厳の一部である。このような自己理解を尊重することは，彼ら各々にとって，そのような差別の再発に対する保障であり，ドイツ連邦共和国における彼の生命に対する基本条件である。各々の過去の出来事を否定しようと試みる者は，彼らが要求する個々人の人格的妥当を否定する。当事者にとって彼が属する人的集団に対する差別の継続を意味する。この人的集団をもって彼固有の人格なのである。」と判示して，集団侮辱罪（ドイツ刑法185条）の適用を肯定した（NJW 1994, 1779）。

23）　大判昭元年3月24日大判集5巻117頁。

24）　ドイツ刑法130条1項（民衆扇動罪）

第1章　名誉毀損罪と侮辱罪の間隙

「公共の平穏を乱し得るような態様で,

1　国籍,民族,宗教,又はその民族性によって特定される集団,住民の一部に対して,又は上記に示した集団に属することを理由に若しくは住民の一部に属することを理由に個人に対して憎悪をかき立て若しくはこれに対して暴力的若しくは恣意的な措置を求めた者,又は

2　上記に示した集団,住民の一部又は上記に示した集団に属することを理由として個人を冒涜し,悪意で侮蔑し若しくは中傷することにより,他の者の人間の尊厳を害した者は,3月以上5年以下の自由刑に処する。」

なお,本条は,2011年3月16日に改正されており,同年同月22日に施行され(BGBl I,418)上記のような条文となっている。何よりも注目すべきは,従来は集団に対する侮辱的・差別的表現を構成要件該当行為としていたが,それにとどまらず,今回の改正では,これに属する個人に対するそれも構成要件に含めることにより,行為客体を拡張しているところである。同時に,それにより,このような表現行為についてはドイツ刑法185条ではなく,もっぱら本条において規制するようになると思われる。参照,欧州評議会(2003年)の「コンピュータシステムを通じてなされる人種差別及び拝外主義的性質の行為の犯罪化に関する欧州サイバー条約の追加条項2条及び5条」。

本条約5条(人種差別及び排外主義に基づいて行われた侮辱)は,「各締約国は,次の行為が故意でかつ権限なく行われた場合に,国内法において刑罰規定を創設するのに必要な立法及びその他の措置を講じること。

コンピュータシステムを通じて,人種,皮膚の色,国民的出身による,又は宗教によって区別される集団に属することを理由に

(i)　個人又は

(ii)　これらの特徴によって区別された人々の集団

に対して,公に侮辱すること。」と規定している。Vgl. Mathias Hellmann, Neues beim Volksverhetzungstatbestand, NJW, 2011, S.963.

25)　Markus Wehinger, Kollektivbeleidigung – Volksverhetzung, 1994, S.94.

26)　たとえば,200人程度の公務員からなる国境警備隊はドイツ刑130条の予定する住民の一部にあたらない(OLG Hamm, MDR, 1981, S.336)。Vgl. Wehinger, a.a.O. S.123.

27)　BGHSt 46, 212, 216f. NJW 2001, S. 624.

28)　OLG Koblenz 11, 11. 1976. MDR 1977, S. 334.

29)　MDR 1981, S. 71.

30)　NStZ 2007, S. 216.

31)　NJW 1995, S. 143.

32)　NJW 1985, S. 2430.

33)　BGHSt 29, 26.

34)　NStZ 1981, S. 258.

35)　BGHSt 31, 226, 231.

36)　NJW 2002, S. 1440.

37)　BGHSt 84, 449.

38)　NJW 1981, S.1280.

39)　NStZ 1995, S.136.

40)　NJW 2002, S. 1440.

41)　1994年の犯罪撲滅法によってドイツ刑130条1項から人間の尊厳の侵害が条文から削除された。ドイツ刑法130条1項2号の適用に関連して「人間の尊厳」の侵害の有無について,

ハム上級裁判所判決は，「表現の自由に照らして，人間の尊厳は不可侵であり，衡量できないので，この構成要件は狭く解釈すべきである。それゆえ人間の尊厳に対する攻撃は，表現によって他人の名誉又は一般的人格権が影響を受ける場合には常に仮定できるわけではない。市民の一部に対する宣伝効果の大きくかつひどい侮辱自体は，問題なくドイツ刑130条1項2号が予定している特に重大な人間の尊厳を侵害する攻撃の要件を充足するわけではない。人間の尊厳に対する攻撃は敵対的態度が人間を彼の人格の中核に対して向けられ，国家的共同体において同等の人格として生存する被攻撃者の人間性（＝人間であること）を問題視ないし相対化することを要件とする。」と判示している（NStZ-RR 2010, 173. NJW 2008, S.2907.）。本刑罰規定は特に拡張された名誉保護の機能を与えられているわけではない。ブランデンブルク上級地方裁判所は，「単なる中傷又は『単純』罵倒はそれゆえ十分ではない。また明白な差別でもない。むしろ，ドイツ刑法130条1項2号の構成要件には，被攻撃者を国家的共同体における同等な人格として中傷されることのない生存権が否定され，しかも彼を『低い価値』の人間として特徴づけるような特に重大な中傷，歪曲そして差別のみが含まれる。」と判示する（Brandenburgisches Oberlandesgericht, Beschluss vom 15. Mai 2006 – 1 Ws 75/06, 1 Ws 76/06 –, juris）。このようにして同条2号の適用が否定される場合，同条1号のみが適用される。

42）Schönke/Schröder, 26.Aufl, 2001, S.1219.

43）MDR 1995, S.735. なお，類似事例で同号の適用を否定する判決としてフランクフルト上級裁判所判決がある（NJW 1995, S.143.）。

44）差別的表現の対象となった人々の名誉を保護法益と解するものとして，内野正幸『差別的表現』（有斐閣，1990年）155頁以下。

45）NJW 2001, S.61.

46）日本国憲法13条は個人の尊重を保障しており，これは「個人の尊厳と人格価値を宣言したもの」とされている（最判昭23年3月24日裁時9号8頁）。個人の尊厳からすると，属性を理由とする誹謗・中傷が個人の尊厳に対する侵害へと還元されると理解できるかもしれない。しかし，やはりこれだけでは特定の属性を有する集団とこれに属する人々の地位の格下げの問題を把握することはできないように思われる。

第2章
刑法における名誉保護犯の処罰範囲
──ヘイト・スピーチに対する刑事規制の可能性

Ⅰ　問　　題

1　検討課題

　法の根本的存在根拠が人の保護にあると理解するとき，最優先に保護すべきは人の生命であることに異論はないであろう。一般的に，──相互に依存しつつも──人が独立して世界に存在し，そして世界を構成しまた変革していく。[1)]いわゆる人の世界では基本的にその構成員でありかつ主体は人である。人が人として存在を証明するもの，とりわけ物理的存在として証明するものは生命である。生命なしには人は存在し得ない。生命を有する限り人は世界を構成し，変革し続けると言える。逆に言うと，人の世界は人の存在なしには存続し得ない。このような意味でも法の根本的な保護対象は人，とりわけ人の生命である。これは典型的には殺人罪などによって人の生命を侵害する行為を禁圧して，生命を保護することに明確に示されている。これに続く保護対象として身体や身体的自由などがある。しかし，人が心理的存在であることにも目を向けると，上記の保護だけでは世界を構成する存在として人が十全に保護されているとはいえない。世界の構成員である人が同じ構成員である他人から不当に蔑まれ，差別されるようなことがあれば，心理的存在である人の世界において彼は対等な構成員であることを否定され，そこに存在することが困難になる。そのために精神的自由や名誉の保護が肝要となる。

　本章では，心理的存在である人の法益の保護を検討対象とするが，侮辱的表現による人の精神的利益である名誉の毀損に着目して，第1に，どの程度の規模の人的集団を名誉保護犯は保護対象としているのか，第2に，特定の属性に

よって特徴づけられる集団に向けられた侮辱的表現が毀損する利益とは何かについて検討を加える。

2　名誉保護法制の射程範囲

　侮辱的表現は，判例によれば，「刑法第二三一条所定の侮辱罪が事実を摘示しないで他人の社会的地位を軽蔑する犯人自己の抽象的判断を公然発表することによつて成立するものであるのに対し，同法第二三〇条第一項所定の名誉毀損罪は他人の社会的地位を害するに足るべき具体的事実を公然告知することによつて成立するものであつて，ともに人の社会的地位を侵害する罪である点においてはその性質を同じうするものとされている[2]」，つまり，名誉毀損罪（刑230条）では，人の社会的評価を害するに足りる事実の摘示，侮辱罪（刑231条）では，事実を摘示せずに，侮辱的価値判断を表示することということができるにしても，それが向けられる対象は様々である。個人に直接向けられた場合はもちろんのこと，特定の属性によって特徴づけられた集団に向けられた場合にも個人の名誉は少なからず毀損される。その意味で名誉毀損罪・侮辱罪の保護対象の限定が一方で課題になる。他方で，罪刑法定主義の要請のもと，刑罰法規の明確性と予見可能性の保障を強調することで，侮辱的表現によって精神的利益又は他の利益が毀損されているにもかかわらず，特定個人に向けられていないことを理由に法的保護の対象から除外することが妥当であるのかが課題になる。たとえば，特定の属性によって特徴づけられる集団やこれに属する人々に対する侮辱的表現の場合である。

　個人に対する侮辱的表現の刑法の保護と比較しながら，特定の集団やこれに属する人々に対する侮辱的表現も全て現行法上保護対象に含められるのか，そして特に個人に対する侮辱的表現と特定の属性によって特徴づけられる集団に対するそれでは毀損される利益は同じなのかを問題とする。とりわけ人の名誉の保護に関する射程範囲が問題になる。ここで検討すべき射程範囲とは，①名誉毀損罪と侮辱罪における客体の範囲，②名誉毀損罪と侮辱罪における法益に関連する射程範囲，③集団に対する保護の射程範囲である。

第 2 章　刑法における名誉保護犯の処罰範囲

II　名誉毀損罪と侮辱罪における客体の範囲

1　名誉の一身専属性

　名誉毀損罪と侮辱罪とでは「事実の摘示」を構成要件要素とするか否かで異なる犯罪類型を構成している。けれども「人の名誉を毀損した」という構成要件要素は共通している。学説上，名誉の概念は，内部的名誉，外部的名誉（＝社会的名誉），主観的名誉（＝名誉感情）に区分される。とりわけ，名誉毀損罪及び侮辱罪は，人の社会的名誉を保護法益と解するのが通説的立場といえる。その理解によれば，不特定又は多数の人々が認識可能な状況の下で，他人である特定個人に対して誹謗中傷，罵詈雑言ないし侮辱的表現をすることを通じて，他人の社会的評価を低下させることを構成要件としている。名誉毀損罪の保護客体は「人の名誉」である。本構成要件における罵詈雑言や誹謗中傷などの侮辱は人に関係する事柄を表現することであるが，ここで「人」とは誰をさすかといえば，基本的に自然人である特定の個人であることに異論はない[3]。またこれに法人などの団体も含むとされる[4]。

　侮辱的表現は，単一主体の評価が成立しうるという意味で[5]，具体的に標的となった特定の人に向けられた場合に処罰対象となる。ここでは特定の個人に向けられた場合がその典型であることに異論はないが，たとえば，双生児の兄弟に対して，双生児であることに関わって侮辱的表現が行われた場合には，単一主体のみの問題ではない以上，各々に対する名誉毀損罪又は侮辱罪の成立することになるが，兄弟が同席するもとでどちらか一方に対して侮辱的表現が行われた場合には，他方に対しては名誉毀損罪又は侮辱罪は成立しない。双生児であっても単一主体ではないからである。これが 3 ～ 4 人の人々に向けて侮辱的表現が行われた場合にも上記と同じことがいえるであろう。名誉毀損罪又は侮辱罪は個別的な人に向けられた侮辱的表現に限り成立する可能性がある。これは，通説のいう両罪の保護法益である社会的名誉が単一主体固有であり，他者とは共有できない一身専属的利益であることを示す。世界を構成する一員として社会に存在する中で名誉の保護は心理的存在である人間同士の対等な関係の構築並びその継続に不可欠である。社会的評価が不当に低下させられることに

よってこのような関係構築並び継続が阻害されるおそれがある。その際，侮辱的表現が個人に向けられることが一つのひな形といえる。これによって特定個人の社会的評価が低下させられる。その意味で名誉の一身専属的性格が認められる。このことは特定の個人に対する侮辱的表現の場合に問題なくあてはまる。

2 集団の名誉について

　それでは団体の場合はどうであろうか。名誉という概念は，自己認識し，承認を通じて他の主体と関係を持つことの可能な主体を前提とする。団体はそのような人格的単位ではなく主体性をもたない。しかし，通説によれば団体も名誉を有するとされる。法人に向けられた侮辱的表現としての名誉毀損罪又は侮辱罪について，「名誉毀損罪又ハ侮辱罪ハ或特定セル人又ハ人格ヲ有スル團體ニ對シ其ノ名誉ヲ毀損シ又ハ之ヲ侮辱スルニ依リテ成立スルモノニシテ即チ其ノ被害者ハ特定シタルモノナルコトヲ要」[6]するとされている。法人等の団体は，一定の社会的評価の対象となるものであり，自然人と同様，社会的な活動を行っているのであるから，そのような評価は社会生活上保護に値する[7]。ここにおいて団体は，その存在と社会的実体を伴った単一的評価の客体となるものでなければならない[8]。また，集団について，「侮辱罪の保護法益は社会的名誉と解されるところ，これは，自然人に特有のものではなく，自然人の集団にも，その集団の性格によっては個人と別に帰属するものであるところ（なお，集団が名誉の帰属的主体たり得るかはその社会的実態から判断すべきであって，法人格の存否が決定的な要素に当たるとは解されない。），学校については，長年の教育，文化，芸術活動を通じて社会から一定の評価を受け，このような活動，評価に対し，現に在校する生徒，教職員のみならず，卒業生等も強い関心を持つものであるから，侮辱罪の保護法益たる名誉の帰属主体となる集団に当たるというべきである」[9]とした判例がある。社会的実態の見地から学校を集団であると判断し，侮辱罪の成立を認めた。本判決では，学校法人そのものではなく，これに属する一学校を集団と認めた上で，「人」にあたるとした。「長年の教育，文化，芸術活動を通じて」との判示にあるように，自然人と同様の社会的活動をする主体であることが「人」構成要件要素の一条件であると考えることができ

る。しかし，これだけでなくもう一つの条件として，「一定の評価を受け，このような活動，評価に対し，現に在校する生徒，教職員のみならず，卒業生等も強い関心を持つ」ものでなければならない。つまり，名誉毀損罪又は侮辱罪において自然人以外の「人」については，当該集団への社会的評価とこれに対する関係者の関心がある者に限定される。たとえ集団であっても，何らの社会的評価もなく，また当集団の活動と評価について関係者の関心がないような場合には「人」にはあたらない。自然人以外に名誉毀損罪又は侮辱罪の客体として集団が加わる場合，上記の判例からすると，当該集団の関係者の関心とは，当該集団に対して侮辱的表現が行われると関係者も間接的であれ侮辱されたと感じることである。そのような集団に侮辱的表現が行われた場合に，社会的評価が低下する危険が認められる。法人などの集団は，自然人と同様の人格権を持たない以上，何らの評価及び関係者の関心のない場合にまで保護する必要はない。しかし，ここでも集団が単一的評価を受けるに値する客体でなければならないことに変わりはない。集団といえども，烏合の衆のような偶然何かをきっかけとして集まった単なる人的集合に過ぎず，一つの集団といえるような統一的な意思や社会的評価のないものについては名誉毀損罪又は侮辱罪の客体とはなり得ない。整理すると，集団とは人的集合によって構成されたものであり，かつ個々人の評価とは別個独立した独自の社会的評価を受ける存在である。そうすると，集団とは，法人，法人格のない団体，学校等がこれにあたるが，いずれも一つの意思主体として活動することが社会的に承認されている。

3　統一的意思をもたない集団の名誉

　それでは，集団といえども必ずしも一つの意思主体として活動することがあり得ないものについてはどうであろうか。たとえば，社会において存在する肌の色，民族，出自等の特定の属性によって特徴づけられる集団などである。これらは，一つの意思主体として活動することはない。また名誉の一身専属的性格から見てもこれを持つとは言い難い。しかし，民族や肌の色等の特定の属性によって特徴づけられる集団について，特定の属性というファクターは個々人の社会的評価の一部を構成するものであり，彼らが積極的ないし消極的にアイデンティティを形成するに際して大きな影響をもつ。人が歴史的また社会的存

在である意味において民族などのファクターは人の人格形成とともに，彼に対する社会的評価にも影響を及ぼす。その意味で，属性というファクターは烏合の衆とは異なる性格を有する。反対に，属性を理由に攻撃されることも歴史の教えるところである。烏合の衆に対する侮辱的表現は，烏合の衆とされる集団そのものが他の者と区別できる何らかの特徴や原因等がない限り，個別の人格形成や社会的評価に影響を及ぼさない。これに対して，特に差別意識に基づく属性を理由とする軽蔑，偏見又は侮辱的表現が行われることは周知のことである。また，これによってこの集団に属する者又はこれに（積極的，消極的であれ）アイデンティティをもっている者は精神的に傷つくだけでなく，社会において偏見が固定化されることによってその人々の社会的評価も低下させられる。個人を超えて，特定の属性によって特徴づけられる集団そのものが一つの社会的評価を受ける可能性があり，かかる評価が個々人の評価へと還元される可能性が十分にある。そう考えると，集団として単一的評価を受ける可能性があるものの，一つの意思主体として活動しないので名誉毀損罪又は侮辱罪の客体とはなり得ない。しかし，これを理由に端的にそのような侮辱的表現を処罰の対象から外してもよいのであろうか。このことは，一つの社会において様々な集団が共在し，そこでマジョリティとされる集団とマイノリティとされる集団に区分される場合には深刻な問題になる。ここでは，保護客体が明確でないことを理由に名誉毀損罪又は侮辱罪による処罰対象に含まれないと解することは確かに可能である。けれども，このような理解は，同時に，これら集団に対する侮辱的表現によって，集団自体並びにこれに属する個々の人々への偏見や社会的評価の低下もないということも意味するのであろうか。それとも直接個人に侮辱的表現が向けられていないことを理由に誰も被害を受けていないと解すべきなのであろうか。

　構成要件解釈の領域では，攻撃の直接性とこれに基づく被害者の範囲の明確性は一定説得力を持つといえる。ところが，法益保護の見地からすると，名誉毀損罪又は侮辱罪のような名誉保護犯において保護すべき利益は名誉（社会的名誉）であるが，心理的存在である個人の背景となるアイデンティティとして民族や出自等の属性が侮辱されることで集団そのものとこれに属する人々の社会的評価は低下するし，社会において蔑まれるおそれすらある。その意味で

は，民族や出自等の属性を理由とする侮辱的表現に対する規制がないことは名誉の保護に欠けるともいえる。たしかに，個人は名誉の主体であることは間違いない。これに対して民族や出自等の属性そのものは名誉の主体ではないが，個人の人格を形成する一要因である。他方で，民族や出自等の属性は自他とを区別するための要因ともなりうるので，これに対して偏見などをもって侮辱的表現が行われると，社会的に偏見や差別意識を強固にさせることから，単に個人だけでなく，特定の人々を民族や出自等の属性を理由に一括りに扱うことを可能にすることで，これに属する人々の社会的評価を低下させる可能性がある。しかも一括りで扱うことによって形成された認識を個々人にあてはめる可能性もある。

4　ドイツ刑法における集団侮辱

　ドイツにおいて名誉保護構成要件はドイツ刑法典第14章としてドイツ刑法185条（侮辱罪）以下で規定されている。これらの構成要件では名誉を保護しているが，ここで名誉とは，個人（individuelle Menschen）の人格的法益とされる[10]。侮辱可能性と関連して，法益主体は各々の人（jeder Mensch）である。独立性は生存する人格だけがもっている。法人などの法人格をもつ人的共同体や法人格をもたない団体もそれ自体として，法的に承認された社会的任務を果たし，かつ統一的意思を構築することができる場合には，名誉保護犯の対象とされる[11]。これは，労働組合，政党，宗教団体，住宅建設組合，赤十字などにあてはまる[12]。しかし，純粋私的な趣味の団体にはあてはまらないとされる。ここでは，名誉保護犯の保護客体となるためには，統一的意思を有しているとみなされる団体でなければならない。自然人と比較可能な主体として団体を位置づけるために統一的意思の存在を要件とするのは日本と同様である。侮辱的表現が向けられた際，これに対してそれ自体として感受可能性のある主体のみが保護の対象とされる。統一的意思とは，侮辱的表現に対して自己に対する事柄として感受可能であり，これにより社会的評価が低下されてしまう可能性のある主体である。

　それでは統一的意思をもたない集団はどうであろうか。人的集団（Personenmehrheit）に属する者としての多数の個々人（Mehrere Einzelpersonen）は，集

団を表す表示（Kollektivbezeichnung）のもとで侮辱の対象とされる。[13]集団に対する侮辱について，行為者が集団を表す表示によってある特定の集団を向けて，その構成員の個人又は複数人を蔑む形で表現行為をした場合，ここでは被害者はこの集団に属することを通じてのみ個人化される。たとえば，「あるバイエルンの大臣はコールガールリングの客だ」[14]といった表現があげられる。

　もう一つとして，行為者が集団を表す表示を介して集団のすべての構成員に対する攻撃をする場合である。ここでも個々人の名誉の保護が課題であるが，表現は個人だけでなく，集団の各々の構成員に関係することになる。[15]集団を示す表示をすることによる侮辱では，集団に属するすべての者が行為者の表現による被害者なのかという問題を提起する。[16]この表示は，外的特徴に基づいて区別可能な集団にあてはまるものでなければならない。明示的に集団の個々人にではあるが，詳しく特定されていない者に向けられた表現によっても多数人が侵害されうる。[17]集団を示す表示とは，たとえば，ドイツ系ユダヤ人，[18]国家社会主義者によって迫害された現在ドイツで生存しているユダヤ人すべて，[19]すべての現職中の兵隊，[20]等がある。この集団は，特定のメルクマールを根拠にして被害者の範囲が明確に枠づけられるほどに公衆から明確に区別されることで，個々人が当該集団に属することについて疑いないことが基準とされる。[21]ここでは，集団に向けられた侮辱的表現を集団構成員各人の個人的名誉に還元して，個人の名誉の保護という観点から侮辱罪の成否が検討される。[22]Wehinger によれば，集団の範囲が広くなればなるほど個々の集団構成員を個人的に確定することが困難となり，行為者が集団の個々の構成員に対して個人的判断をしなければならなくなるのであって，その際，集団とは，行為者が集団をなお個別的・個人的に概観できる程度の範囲に限られるとする。[23]個人関連性がなく，より上位概念である集団全体に対する包括的，一律的，全体判断であってはならないとする。Wehinger によれば，表面上，集団のすべての構成員を示す特性が表現される場合にのみ例外であると述べる。[24]原則的に，集団の個々の構成員に対する個人的連関のない口頭による表現は人格的名誉において個々の構成員に向けられていないと解する。[25]これらの集団は統一的意思をもたない。また数的ないし規模によって確定できない。ドイツ系ユダヤ人や国家社会主義者によって迫害された現在ドイツで生存しているユダヤ人すべてといった表示は，

034

第 2 章　刑法における名誉保護犯の処罰範囲

具体的な個人に向けられたものとはいえないとされる。

　集団を示す表示を用いて行われた表現が具体的な個人に向けられた場合には問題はないが，集団に属する個々人に対する侮辱が行われたと解するのは，保護客体である個人の特定と攻撃の直接性に関連して侮辱罪構成要件の解釈に困難が伴うことは想像に難くない。ここでは集団それ自体の名誉ではなく，集団構成員各人の個人的名誉への攻撃が問題なのであり，ドイツ刑185条の保護法益も個人の名誉である[26]。民族や出自等の属性について，これらを擁護する団体などが活動することはあっても，このような団体が個々の人々を統制し，しかもすべての人々を代表するわけではない。団体そのものは名誉の主体となりうることはあっても，これに対する侮辱が特定の属性によって特徴づけられる集団に属する個々人に対する侮辱を意味するわけではない。上記のユダヤ人の例であれば，人口調査を経て具体的な人数を明らかにすることで集団の規模を知ることは可能であるが，しかし，集団を示す表示を用いて侮辱的表現を行うことでこれに属するすべての個人が被害者となると解することは別問題である。このような表現を直接的に投げかけられた個人は明らかに精神的に傷つくと同時にその社会的評価も低下する可能性がある。その意味で，このような表現による個人に対する侮辱罪などの成立は疑いがない。このような表現が行われたことを間接的に知るに至った当該集団に属する他の構成員も同じく精神的に傷つくであろうし，社会的偏見も相まって社会的評価の低下のおそれもある。ただし，名誉保護犯が個人の名誉を保護するだけでなく，統一的意思をもたない集団の名誉までも保護することになると，その集団の名誉の実体も個人の名誉と同列に扱うことが可能なものなのかが疑われる。統一的意思をもたない集団の場合，具体的に名誉を想定することは不可能というべきなのであろうか。つまり，直接的に個人に向けられた場合には，ドイツであれば侮辱罪等で，日本でも名誉毀損罪・侮辱罪で処罰可能であるが，それ以外の者に対しても同じく同罪が成立するのであれば，攻撃の直接性並び保護客体を拡張していることは否めない。

035

Ⅲ　名誉保護犯における法益に関連する射程範囲

1　集団に対する侮辱的表現の侵害の中身

　統一的意思をもたない集団に対する侮辱罪などの成立可能性は，名誉の保護ではなく，歴史的文脈上又は社会システム上重要とされる集団に対する配慮及び尊重を本質としているのであろうか。国家社会主義時代におけるユダヤ人に対する迫害の歴史から，迫害を受けた人々そしてその子孫等，ユダヤ人という集団を示す表示はドイツ社会において重大な意味を持つことは周知のことである。ドイツの過去の歴史に対する反省と清算の一環として，また社会に根強く残る蔑視観の克服のために特定の集団を名誉の主体と解するのも理解できないわけではない。つまり，運命共同体という要件が量的限界づけの例外を示しているようにみえる場合である。[27] また，ドイツの現役の兵隊，保護並び犯罪警察の公務員などについても，社会システム上の重要性から保護客体とされる場合[28]がある。しかし，特定の集団に対する配慮及び尊重は法益であろうか。それは社会歴史的に構築された社会規範であり，その内実は特定の集団，職業又は身分・地位に対する他とは異なる配慮及び尊重とも理解できる。

　侮辱罪における侮辱的表現は，基本的に対等な者同士を念頭に置いてそれぞれ行為者と行為客体に分かれ，後者に対して侮辱的表現を投げかけ，これによって被害者の社会的名誉を低下させることを想定しているように思われる。ここでは，対等な者同士において，被害者を「ひどいやつだ」と不当に侮辱することを特徴としている。しかし，人間としての対等関係並び社会の構成員としての地位は維持されている。このことは，集団に対する侮辱的表現の場合にもあてはまるのであろうか。結論からいうと，あてはまらない。むしろ，統一的意思をもたない集団に対する侮辱的表現には，単に「あの集団はひどい」ということだけでなく，「二級市民」，「人間以下」という蔑みの意味や意図が介在している。そうでなければ，たとえ——民族や出自等の属性の場合に明確になるが——，戦時中でもない限り，そのような集団に対してこれを表す一定の表示を用いて侮辱的表現をする意義はない。そうすると，このような侮辱的表現が名誉を毀損するだけでなく，「二級市民」，「人間以下」というように蔑む

ことで，同じ人として承認，対等性又は平等性の否定を本質としているのではなかろうか。名誉の毀損は一個人に向けられた侵害行為であるが，統一的意思をもたない集団に向けられた侮辱的表現はまさに集団そのものに向けられ，当該集団に属している人々はすべて「十把一絡げに」格下げられ続ける。ここでの侮辱的表現の特徴は，単に一過性の被害を与えるだけではなく，当該集団に属する人々が不当な立場や地位に貶められ続けることにある。その集団を表示する言葉や別称が社会に執拗に根づくことでこれらの人々をまさに即自的に「二級市民」，ひいては「人間以下」とみなしてしまうおそれがある。そのような意義がなければ，敢えて特定の属性を理由として侮辱的表現を行うことの意味はない。ここにおいて，名誉に対する毀損の真相として人間の存在にかかわる対等又は平等な関係が毀損されているのではなかろうか。しかも，対等でないという意識のもと，そのような集団に属する人々は将来のいわれなき犯罪行為にさらされやすくなる。つまり，ヘイトクライムである。このように理解するならば，集団に対する侮辱を名誉保護犯の枠組みだけで把握するのは侮辱的表現によって攻撃された法益をみつけだすことはできていないというべきではなかろうか。

2　ドイツにおける集団に対する侮辱的表現への対応

　個人に対する侮辱的表現や統一的意思をもつ団体に対するそれも攻撃客体ないし被害者が明確であることから誰の社会的評価を低下させたのかを判断しやすい。これに対して，民族や出自等の特定の属性によって特徴づけられる統一的意思をもたない集団に対する侮辱的表現は攻撃客体の具体的個別性を欠くことから，個人的な社会的評価を保護する名誉保護犯では構成要件に該当しないということになる。[29] それでは，民族や出自等のいわゆる人々の属性を理由とする侮辱的表現は社会的に侵害的ではないと言い切れるのであろうか。人々は民族，出自，国籍，性別等の属性を有している。これらは本人の努力では変更できないものでもある。属性とは社会において人々を区別する重要なファクターとなりうる。それは人種や民族による特徴または地域的特徴を明らかにするために用いられる。しかし，そのためだけでなく，人々に優劣をつけるためにこれらのファクターが用いられることがある。それが直接個人に向けられる場合

もあれば，街宣活動やデモで，直接，特定の集団に対して侮辱的表現をする場合，特定の民族や出自によって区分される集団に対する排除を求める表現や侮辱的表現をする場合，また，インターネット上で，これらの集団に対する排除を求める表現や侮辱的表現をする場合も考えられる。直接個人に向けられた属性を理由とする侮辱的表現の場合に，表層的には個人の社会的評価を低下させる可能性があるが，侮辱の内容が被害者個人に専属的に関係する事柄ではなく，被害者の属する集団に関係する事柄である場合もある。その際，個人に対する侮辱と同時に，その集団そのものに対する侮辱も行われている。なぜなら，集団に対する蔑視観によらなければ，集団関係的事項を用いて個人を侮辱することに意味はないからである。集団に対する侮辱的表現は単に個人の社会的評価の低下だけで言い尽くすことのできない問題を孕んでいる。

　以上の問題に対する法的対応の糸口を提供するものとして，日本の刑法が多くの影響を受けているドイツ刑法において民衆扇動罪（ドイツ刑130条）がある[30]。

　民衆扇動罪は，直接的な人間の尊厳に対する侵害の前段階において歴史的に危険だと証明された固有の推進力（Eigendynamik）が始動することに対処し，その端緒を抑止するために制定された[31]。本刑罰規定の保護法益は，公共の平穏と人間の尊厳とされる[32]。公共の平穏とは，公共の法的安全の保たれた，しかも恐怖から解放された国家市民の共同生活という客観的に明白な生活状態のことである。ドイツの立法者は直接的な人間の尊厳に対する侵害の前段階において刑法的保護の前倒しの方法でさまざまな市民の集団に属する者の平穏な共同生活を毀損する政治的雰囲気を阻止しようとした。なぜなら，一定の人々が同等な人格としての生存権を否定されしかも彼が低い価値の者として取り扱われ，扇動的表現により特定の集団に対する敵愾心を高められ又は強固にされ，そのことによって特定の集団に対する暴力的行動を準備させ，そして暴力行為へと潜在的行為者が扇動されるからである[33]。民衆扇動罪は，すべての侮辱ではなく，特に重大な人間の尊厳に敵対的な攻撃が構成要件に該当する。つまり，ドイツ刑130条１項の行為態様に拡張された名誉保護の機能が与えられているわけではない。そのような攻撃は，被害者が国家的共同体における同等の価値を有する人格としての縮減させられない生存権を否定され，そして低い価値の者

として取り扱われる場合に存在する。攻撃された者の人間性が否定され，問題視され，または相対化され，被害者がその人格の中核領域において被害を受けざるをえないとされる[34]。オステンドルフは，民衆扇動罪では，攻撃の対象とされる住民集団は，彼らの人間の尊厳において保護されるとし，それは多数の，住民の一部としてくくられた人々，つまり数量的な人間の尊厳（quantitative Menschenwürde）であり，人間の尊厳に対する基本権は常に人格関係的であるが，多数の人々の人間の尊厳を保護することを排除するものではないと述べる。本条では人間の尊厳に対する攻撃が刑罰のもとに置かれ，人間性に対する犯罪（Delikt gegen die Menschlichkeit）と解する[35]。

3　規制対象となる表現行為

本条における法益の危殆化はどのような表現によって惹起されるのであろうか。

第1項1号の「憎悪をかき立てる（zum Hass aufstachelt）」要件に関して，出版社の社長である被告人が『アウシュヴィッツ神話，伝説それとも現実？』と題する本を出版し，その文章に「ユダヤ人は，民族虐殺の嘘をつくり出し，ドイツ人に対する政治的抑圧と経済的搾取を企てている[36]」との主張をすること，午前4時10分頃，警察車の前部と後部に紙を貼って，そこにスプレー2カ所に「ユダヤ人くたばれ」と書き，数カ所にハーケンクロイツを描いたこと[37]，「おまえら異国人はユダヤ人のようにガス死させられるべきだ」と外国人の電車の乗客に向けて表現すること[38]，インターネットの3つのアドレス上で「ドイツコレーク」と題するタイトルで文章を掲載して，外国人労働者の失業保険制度からの排除，ドイツ市場で外国人労働力の雇用の禁止，外国人労働者の稼働禁止，失業した外国人の排除，ドイツに住んでいる外国人を「駆除されるべき集団[39]」として表現すること，「難民申請者は詐欺師で，一生懸命働いているドイツ人の犠牲の下で豊かな生活を送り，社会の寄生虫として間抜けなドイツ人を見て楽しんでいる[40]」と描写すること，「ダッハウ（のガス室）がもはや熱せられていないのが残念だ」との外国人に向けて表現すること[41]，被告人が共同被告人とともに2つの新聞社に2通の手紙を送ったが，そこで，「『死んだドイツ人は良きドイツ人だ』といつもユダヤ人が言っているように，われわれも同じこと

をユダヤ人について言う権利を得た」と表現すること，パンフレットを作成して，そこに「『ヒトラーガス室』や『ユダヤ人に対する民族虐殺』はなかった。ユダヤ人に対する民族虐殺はシオニズムに端を発する嘘で，巨大な政治的かつ経済的詐欺である」と記述すること[43]，「ドイツ系ユダヤ人というマイノリティは，嘘の歴史を使ってドイツを縛り上げ，利用しつくしている寄生虫国民だ」とユダヤ人を特徴づけること[44]，「ユダヤ人！！」と怒鳴ること[45]等の表現行為があげられる。

「暴力的若しくは恣意的な措置を求める」要件に関して，（zu Gewalt- oder Willkürmaßnahmen auffordert），「ユダヤ人は出ていけ」，「外国人は出ていけ」，「トルコ人は出ていけ」等の表現と共に侮辱的表現をすることがその典型といえるが，判例では，被告人は祝典に行く道すがら，50人ほどの人々が3～15人のグループに無秩序に分かれながら歩いている際に，「勝利万歳，外国人は出て行け，高い国民的連帯を，ドイツをドイツ人に」と集団で連呼したこと[46]，被告人がナチスの宣伝資料確定や事業所のポストに投函するだけでなく，公共の建物のできるだけ目立つ場所にハーケンクロイツの張り紙や「ユダヤ人のところでは買うな」との張り紙をすること等がある[47][48]。

IV　平等保護としてのヘイト・スピーチ規制

1　基本的人権としての表現の自由とヘイト・スピーチ

日本では，憲法19条で思想信条の自由が保障されている。個人の抱いている立派な考えや発想も，また社会的にみて有害又は邪悪とみなされるそれも同じく国家は侵してはならない。個人の内心的自由が保障されなければ，人々は自由に物事を考え，世の中の出来事を観察し，評価し，はたまた創造することはできない。本来的に思想信条の自由という権利は，自由主義や社会主義などの国家の政治体制に関係なく保障されなければならない。これが常時制限されている社会では，人々が自分たちの力で社会を構成し，変化させることはほとんどあり得ない。思想信条の自由が保障されていない社会は，一握りの少数の者たちや独裁君主による支配によってすべて統制された状態にあるといえ，逐一，支配者による統制と監視を受け，人々の考え方をも統制の対象になるの

で，そこには支配と服従の関係しか存在せず，また権利も常に一定の留保付きでしか認められない。

人が自分の頭のなかで物事を考えた際，もちろんこのことをずっと自分の心の中に閉まっておく場合もある。そのような場合，通常ほとんど問題になることはない。これを世の中，つまり社会に向けて発進する場合に，思想信条の自由だけでなく，これを表現することが自由でなければならない。表現の自由の保障がなければ，思想信条の自由は絵に描いた餅であり，思想信条の自由が保障されていたとしてもこれを実践する自由がなければ，結局のところ，前者も保障されていないのに等しいと言わざるを得ない。その意味では，表現の自由は，人々は自由に物事を考え，世の中の出来事を観察し，評価し，はたまた創造する上でなくてはならない基本的人権である。憲法は，その前文において国民主権と民主主義の採用を宣言しているが，表現の自由はこれら二つの根本原理を現実の社会で実践するのに不可欠な権利といっても過言ではない。したがって，表現の自由は民主政と密接に関連している。

しかし，表現の自由という権利をすべての市民が享受するとしても，これは何らの限定も課せられない絶対的なものではない。人の表現行為には多種多様の形態があるが，表現がもはや問題となっている事柄に関する論争ではなく，たとえば，口頭によって他人に対してあからさまに傷つけるような言葉を発したような場合，この発言も表現の一種であることは明らかであるが，表現の自由という権利行為として許容されるのであろうか。表現の自由の名の下に他人の名誉を傷つけてよいとは誰も言わない。ここで，表現の自由と個人の名誉との間に一定の調整が必要になってくる。表現の自由といえども他人の命を害する表現行為は制約を受ける。表現の自由とは，市民が社会における諸問題を自律的に解決するために人々に訴え，また国家権力の不正や怠慢に対して訴えることによって民主政の維持・発展に寄与するところに真骨頂がある。これとは正反対に，根拠なく他人の名誉を傷つける表現は，表現の自由の許容範囲を逸脱している。一定の場合に言論行為は表現の自由の逸脱と評価され，犯罪又は不法行為とされる。この一定の場合とは，他人の名誉を毀損する場合である。名誉とは個人の尊厳から導き出される具体的な権利であり，また，民主政の下では，本来対等で平等な関係に相互に立つ人々によって物事が決められなけれ

ばならないはずであるということからすると，人々は個人相互間で隣人である他者を個人として尊重し，その前提として同じ人間として承認し，尊重しなければならないことはいうまでもない。それが行われなければ，民主政の社会的前提である個人相互の対等な関係は成り立たない。その際，名誉は個人の精神的権利であると同時に，民主政の基礎を構築してもいる。たとえ民主政において表現の自由が保障され，その上で議論を戦わせることで最終的に合意や決定を生み出すことは根本的に重要であったとしても，他人に対して不当に傷つける言論までも表現の自由として保障されるのでは必ずしもない。つまり，名誉を毀損する言論は表現の自由を逸脱している。

　上述のように名誉毀損罪や侮辱罪は，基本的に具体的な個人の名誉の毀損に対して刑罰を科している。そのため侮辱的言動が街宣や街頭デモなどで行われた場合，とりわけ具体的な個人などに対して誹謗中傷や侮辱的・差別的言動が行われるわけではなく，特定の属性を有する人々をターゲットにしており，それが特定可能な個人ではない場合，特定の属性を有する集団に対する言動はその規制の範囲に含まれない。個人に対して行われるのと同様又はそれ以上の社会的に有害な行為であるにもかかわらず，特定の属性を有する集団に対する誹謗中傷などは処罰対象とはなっていない。

2　社会的平等の侵害

　人々の存在に関する歴史性と社会性に照らすと，人々は，各々，個人として尊重されなければならないことは当然のことであるが，人の背景としての属性は，個々人の人格の一部であるといっても過言ではない。この属性は，本来的には，個人の社会的評価，つまり外部的名誉ではない。なぜなら，憲法14条は「すべて国民は，法の下に平等であつて，人種，信条，性別，社会的身分又は門地により，政治的，経済的又は社会的関係において，差別されない。」と定められているように，そもそも，その属性如何によって不当に評価され差別されることがあってはならないからである。名前に始まって，私たちの社会は差異を利用することで社会システムを形成している側面がある。しかし，その差異が，自己と他者のコミュニケーションのために利用されるのではなく，他者に対して憎しみや蔑みの感情を持って，不平等な関係を形成するために用いら

れる場合，それは差別となる。いわれのない偏見や蔑みが社会化されている場
合が多々ある。安西文雄は，差別はグループを対象にしており，それがグルー
プの経験だとすれば，差別を社会から除去してゆく救済においても，グループ
全体としての社会的地位を向上させる方途をとらなければならず，差別されて
いるグループに属する個人に対して，ある差別行為があった場合，当該個人に
関して当該差別行為からの救済を行ったとしても，彼が属するグループが差別
されている状況が存する限り，同様の差別は繰り返されてしまうからだと指摘
する[49]。安西は，差別を平等の侵害と解し[50]，平等侵害の害悪には，平等が関わる
当該諸権利，機会の喪失という有形的なものにとどまらず，スティグマを押し
つけるという心理的な害悪があること，しかもそれが蓄積的であると述べる[51]。
社会化された差別や偏見は，個人においてその意識に根拠なく根付いている。
いわばそのように認識することが当たり前のようにである。このように差別と
いうのは，歴史的な背景を有する深刻な問題であり，しかもそうであるがゆえ
に人々の社会生活において蔑視・偏見を生み，他人を「不当に」区別すること
から，社会的な問題でもある。そのため，差別は，個人に向けられることが最
も卑劣なことにちがいはないが，それが歴史的・社会的であることから，社
会，すなわち，街宣活動やインターネットなどで，広く一般に向けて差別表現
が行われる場合もあり，これにより一層社会における差別意識や偏見を醸成さ
せることも大いに考えられる。安西は，カーストの議論を用いながら，平等な
市民的地位の原理を社会における十全たるメンバーシップの尊厳であるとし，
それが格下げ，スティグマの押しつけ，といったことをされないことの保障で
あるとしつつ，スティグマを押しつける不平等の実体として「自尊」に対する
害であり，しかもスティグマを押しつけられた犠牲者を十全たる人間として扱
わないので，犠牲者の自尊のみならず，他の諸々の善をも失うと指摘する[52]。つ
まり市民としての地位そのものを格下げし，自尊を侵害するのである。奥平康
弘は，人権における差別問題は，「法の下の平等」という一般的レベルにおい
てではなくて，当該人権に対する制限・禁止の許容性の問題，つまりそこで問
われている人権の問題とし[53]，「基本的人権」の世界には憲法14条が入り込んで
何かをする余地はないと述べるが[54]，市民としての地位の格下げと自尊の侵害の
なかに法の下の平等が一般規定にとどまらない理由がある。たとえば，アメリ

カにおいて黒人の人々は社会における尊重されたメンバーとして認められないという害を受けていたのであり，その結果として教育の側面に限られず，およそ社会におけるありとあらゆる側面においてシステマティックに諸権利，利益を制約されていたわけである。問題の根本には地位の格下げ，スティグマがあり，平等こそがこの根本問題をとらえうると述べる。安西は，ある権利，利益が不公正に分配されることが平等侵害であるととられても間違いではないが，しかし，諸々の権利，利益の不平等分配があり，それが不平等の犠牲者たる人々の，社会における地位の格下げ・排除との相互関係において捉えるのであれば，平等独自の視点が前面に出てくるのであり，つまり，地位を格下げされ，スティグマを押されると，人は相互尊重の枠組みから外され，自尊の社会的基礎を奪われるのであり，これに対して自尊を保障するのが平等であると指摘する。

　民族，出自，性別等の属性を理由とする侮辱的表現には，個人に対する社会的評価の低下の側面とは異なっている。たしかに権利は主観的なものであるが，それを取り巻く客観的な環境が主観的権利に諸々の影響を及ぼすことがあり，客観的環境がある形で存在することが，主観的権利にとって望ましい又はそうであることが求められる。まとめると，平等に関して，権利保障の不十分さだけや不当に重く義務が課されることだけを問題にするのではなく，権利・義務の不平等分配の背後に，不平等処遇の犠牲者たる人々の社会的地位の格下げという害悪とこれによる自尊の侵害をみてとるべきである。このような意味を込めて，このような侮辱的表現は社会的な平等関係（の構築）を阻害し，集団に属する人々の社会参加をする機会を阻害する側面をもっている。なぜなら，このような侮辱的表現は，人を人としてみない，人に格差をつけること，つまり「二級市民」，ひいては「人間以下」として蔑むことに本質があるからである。憲法14条を法律的な意義での平等を差別的取扱いの禁止の限定してしまうことは，差別のある社会的状態を是正すること憲法14条を別次元の問題としかねない。そうではなく，法の下の平等は，法適用の平等性・公正性，権利・義務の公正な分配，法的保護の平等性，生きる権利の平等な保障をその内実としていると考えるべきである。特に，最後の生きる権利の平等の保障とは，法が保護すべき根本的権利である生存権保護の平等を意味するが，属性を

理由とする侮辱的表現は，集団に属する人々に対して平等に法適用，権利保障そして権利の行使を否定している。「二級市民」，ひいては「人間以下」とは，「同じ人間じゃない」ということであり，対等かつ平等な人間として承認され，法の下に平等に生きることを否定している。

　特定の属性を有する人々一般に向けられた侮辱的表現は，表層的には，人格権の否定（自分が人間としての自分であることを否定される）であるが，その内実は生存権の否定（対等な人間として生きる権利・法の下において平等であることの否定）が問題になる。しかし，その実態としては，特定の属性をもつ人々が生きながらして生存権を否定されながら生き続けなければならないという意味において，その侵害が継続している状態にある。ここでは，不平等，つまり，個人を特定できないということではなく，公共の場において特定の属性に向けて侮辱的発言をすることで，民主主義社会における根本基盤である同じ人間として承認され，対等で平等に生きること（＝社会的平等）を否定している[59]。

　社会においては，人々は，自己の歴史の一つとして出自や民族等の属性を有することは実態として認識されている。社会の構成員である人々は，この属性に基づいて人格形成をし，自らのアイデンティティを形成・確保する。とりわけ社会の少数派となる属性をする人々は，自己のアイデンティティを形成・確保するために自己の属性を強く意識することもある。問題は，社会が単に何らの背景も持たない個人の集まりとして形成されているだけではなく，さまざまな属性を有する個人から形成されている。その意味で，社会的存在としての個人にとって，彼の有する属性もアイデンティティに含まれる。この属性に対して侮辱又は差別的表現行為をすることは，当該属性を有する人々を対等な同じ人間とはみず，同じ対等な人間であることを否定し，社会における平等関係を毀損することにつながる。

　特に，公共の場での外国人差別デモの蔓延・頻繁化は，このような差別的表現行為に対する規制を促す事情として理解することができる。その際，規制手段が法的なものであったとしても，即自的に表現の自由に対して萎縮効果を及ぼすと評価するのは早計ではなかろうか。反対に，公共の場での差別的表現行為を表現の自由の名の下に「許容」することの方が当該属性とこれを有する人々と社会的に否定・排除することになり，民主主義的社会の根本基盤である

平等関係を毀損することになる。憲法14条は，「すべて国民は，法の下に平等であつて」の規定は，何も不平等な取扱いだけを問題にするのではない。たとえば，法律上の不平等な取扱いはその効果として法の保護を受けられない人々を不当に区別することになる。それは法的権利の享受主体であることから排除することを意味し，その結果，社会的にみて，その地位は「格下げ」されることになる。また，社会において，特定の属性を有する人々に対する差別が現在するにもかかわらず，つまり，偏見などから差別的・侮辱的な表現行為がおこなわれているにもかかわらず，これを放置した場合，このような行為は，いわば表現の自由へと包摂されてしまう可能性がある。そうであれば，法律上の不平等な取扱いだけを法の下の平等の内容と解することで，憲法そのものが特定の属性を有する人々の格下としての地位を是認することになりかねない[60]。

　現行憲法が制定される以前から今日に至るまで存在する差別もあれば，社会の変遷のなかで生じる差別もある。それは現行憲法の制定の前後とさまざまであるといえるが，人を不当に区別する行為に対しては国家として対処する必要がある。また，安西によれば，人種的マイノリティに向けられたヘイト・スピーチについて，これが社会における人種的グループの格差にも絡んで，マイノリティを打ちのめし，彼らに深刻な心理的ダメージを与えたりすることが認識されることから，こういうヘイト・スピーチに対する規制は，必ずしも悪性のものとはいえないとしながら[61]，規制はマジョリティにもマイノリティにも規制は及ぶし，えてして規制権力を握るのはマジョリティの側であることから，歴史的・社会的脈絡から離れた抽象的な個人が前提とされ，人種的マイノリティに向けられたヘイト・スピーチが，マイノリティの置かれた歴史的・社会的位置づけとあいまって，彼らに強いショックを与えたり，沈黙を強いたりすることが認識されがたいと述べる[62]。この説示はヘイト・スピーチ規制ができたとしても，それがいわゆる人種的マイノリティを抑圧するために向けられる可能性もあることを示唆しており，大変傾聴に値する。人種差別に限らず，ヘイト・スピーチ規制の制定だけに全面的に依拠して社会における差別問題を解決することは期待できない。ヘイト・スピーチに対する法的規制は単にその一端を担うに過ぎない[63]。けれども，道路使用許可を得てデモンストレイションが行われ，侮辱的表現をまき散らすことが，「表現の自由」の名を借りて，いわば

046

第2章 刑法における名誉保護犯の処罰範囲

権利行使として行われることを甘受すべきなのであろうか。マジョリティとマイノリティということを用いることが適切であるとすれば，マジョリティがマイノリティに対する新たな弾圧を抑制するためにヘイト・スピーチ規制の制定を控えるべきと考えるのは，その主張の荒唐無稽さにもかかわらずヘイト・スピーチをまき散らすデモンストレイションが行われている事情を軽視しているように思われる。現実は，聴くに値しない議論は良質の議論によって駆逐されるとは必ずしも言い難い。このような事情からすると，規制に対する消極的態度や決定もマジョリティによって下されるのであるとすれば，それはヘイト・スピーチ規制を制定すべき立法事実があるにもかかわらず，これに目を背けるのと同義である[64]。

3 民主政を自壊させるものとしてのヘイト・スピーチ

また，日本は国民主権のもとで民主主義を政策決定の根本的制度として採用している。民主政は，人種，信条，性別，社会的身分又は門地に関係なく，個々人が他者と等しい権利を有し，対等な関係にあることを大前提としている。こうした関係のもとで社会における諸決定のプロセスに関与することが等しく保障されなければならない。上記の相違や経済的格差に関係なく，人々の政策決定プロセスに関与する機会の保障が具体的な内容である。そうでなければ，民主主義の実践は到底可能ではない。これによって民主政の政治的な枠組みが形成される。この枠組みは，政治的レベルだけでなく，その前提となる社会的レベルにおいても形成されなければならない。このような状態では，到底，社会を構成する主体とは到底なり得ない。肌の色，民族又は出自等の属性によって特徴づけられる集団に対する侮辱表現は，それが（特定・不特定を問わず）多数の人々に向けて行われる場合，公共に対して偏見と蔑視を醸成する可能性が高い。民主主義社会においては，個々の市民が社会を構成する主体である。その際，まず何はともあれ，同じ人としての承認と平等であることが保障されなければならない。それなしには，現実の社会では，社会に参加する機会を得ることができない場合がきわめて多い。集団に対する侮辱表現は，それに属する人々全体と社会「一般」という形で不当に区別する重大な契機であり，その意味で民主主義社会にとって脅威である。このような表現は，民主主義に

047

とって不可欠な社会への参加を阻害するという意味で社会侵害的といえる。

　社会生活において人々が他者との関係において対等であり，平等でなけれ
ば，政策決定プロセスへの関与は絵に描いた餅にすぎず，その実現は困難であ
る。一定の人々を不当に差別することは，社会的レベルでは彼らを他の者たち
とは異なる，つまり対等ではない者たちとみなすことである。これは，対等で
はないと見なされた者たちのあらゆる機会を奪う，ないしは機会を得ることを
阻害する。このような状態は，歴史が教えるように，政策決定プロセスへの関
与のためのアクセスそのものを不可能にする。

V　集団に対する侮辱的表現の規制のあり方

1　同じ人間であることの否定そして対等な社会の構成として生きることの否定

　他の者たちとは異なる，つまり対等ではない者とみなすことは，個人に対し
て行われることが典型的であるが，それに限定されるわけではない。対等では
ない者とみなすとか，差別することは，属性を理由に具体的な個人に対して行
われる場合と，集団そのものに向けられる場合がある。属性を理由に発せられ
る侮辱的表現について個人が特定できないとして法的規制から外されることに
より，特定の集団に属する人々の生存権・人格権は侵害され続け，二級市民・
人以下の評価を受け続け，自尊が侵害され続ける。このような侮辱的表現はそ
の表現内容から行為者の意図において明白であり，つまり「二級市民」・「人以
下」として扱い，特定の属性をもつ集団を従属的地位に置くことである。ヘイ
ト・スピーチは，「民主主義社会における根本基盤である，同じ人間として対
等に交渉することが保障され，人格権・生存権を保障されている環境で生きる
こと」を否定し，特定の属性をもつ人々が生きながらして人格権・生存権を否
定されながら生き続けなければならないという意味において，一時的な人格
権・生存権の侵害だけでなく，その侵害状態が継続する，つまり同じ人間とし
ては承認せず，不平等な状態に置くのである。

　上記の議論は，未だ日本の刑事法制上処罰対象にされていない行為と攻撃客
体を扱っている意味で刑事立法論といえる。本章で挙げた大阪高判平23年10月
28日判決が集団に対する侮辱罪を肯定した。特定の属性を有する集団・人々が

通う学校などを統一的意思主体をもった集団として捉えているが，ヘイト・スピーチの特殊性を考慮しつつ，その集団を蔑むような侮辱的表現について名誉毀損罪又は侮辱罪の適用の可能性を探ることも一つの案である。このような問題意識からすると，ドイツ刑法185条以下における集団を表す表示（Kollektivbezeichnung）のもとで侮辱的表現に対する規制について検討の余地があると思われる。

2　平川宗信の提案

　平川は，人の属性に対する侮辱的表現に対する規制について普遍的社会的名誉を保護法益として捉えて，従来の侮辱罪とは異なる見地からアプローチする。平川は，社会的名誉の内実を人間としての尊厳の社会による承認と，個人の独自性・個性に基づく社会による評価とし，前者を普遍的な社会的名誉として侮辱罪で保護し，後者を個別的な社会的名誉として名誉毀損罪で保護すると主張する。[65]この人間としての尊厳の社会による承認を法益に対する集団に対する侮辱罪を肯定することは検討に値する。その際，特定の属性を有する集団に対して憎悪をかき立てるような侮辱的表現はドイツの民衆扇動罪（ドイツ刑130条）では３月以上５年以下の自由刑が科せられる。民衆扇動罪が公共の平穏と人間の尊厳を保護法益としていることに照らすと，普遍的社会的名誉を保護する侮辱罪の刑罰はあまりに軽いことを考慮すべきであると思われる。これに対して，平川によれば，侮辱罪を人間を人間として認めない表現犯としながらも，人間の尊厳を単に表現によって否認するに過ぎないものであるから，人間の尊厳の侵害としてはきわめて単純かつ軽微だと理解する。[66]

　また，人間の尊厳を害する表現とは，人間としての価値を認めない表現，他の人間以下の価値しか認めない表現ということになろう。たとえば，人を軽蔑の意味を込めて動物などにたとえたり，いわゆる差別語をもってよんだりすることがこれにあたるだろう。[67]「これらの表現は，心身障害者や出身，人種，民族などのゆえに差別されている人々などに対してなされることが少なくなく，またその場合がもっとも悪質で，これを罰することは社会的弱者の保護に役立つと思われる[68]」と述べるが，まさにこの説示は正鵠を射ている。にもかかわらず，人間の尊厳の侵害としてはきわめて単純かつ軽微だと解するのははたして

矛盾しないであろうか。それとも現行の侮辱罪の法定刑を説明するための便宜なのであろうか。

多数人による攻撃的な侮辱的表現，つまりヘイト・スピーチが行われた場合にも同じく評価することが妥当であろうか。集団に対する侮辱的表現行為を侮辱罪において含めることを提唱する場合にも，ドイツの法事情を参考にすべきではなかろうか。

3　人間の尊厳，社会的平等そして民主政

表現の自由は民主政を支える不可欠な基本的人権である。しかし万能ではない。その意味は，現行法上，名誉毀損と侮辱罪が規定されており，そこでは（具体的な）集団も保護の対象と認められている。ここでは直截に個人の名誉が毀損されている。しかし，人の属性に対する侮辱的表現は具体的個人の名誉を毀損するわけではないからといって「表現の自由」ということにはならない。ヘイト・スピーチは特定の属性を有する人々に対する攻撃であり，社会において（特定・不特定を問わず）多数の人々に向けて彼らを蔑み又は排除することを扇動する。

ヘイト・スピーチが具体的個人に向けられていない場合には個人の名誉を毀損しない。しかし特定の属性をもつ人々を継続的に，つまり人格権・生存権を否定されながら生き続けることを強いる。同時に社会に向けてこれを扇動する。ここに不当にその地位を貶めること，つまり属性を理由とする人間の尊厳の否定と不平等を見ることができる。属性を理由として同じ人間として生きることを否定し，排除せよと（特定・不特定を問わず）多数の人々を扇動する。

特定の属性を有する集団に対する侮辱表現は，それが（特定・不特定を問わず）多数の人々に向けて行われる場合，公共において偏見と蔑視を醸成する可能性が高い。民主主義社会においては，個々の市民が社会を構成する主体である。その際，まず何はともあれ，同じ人間として承認され，対等な社会の構成員であることが保障されていなければならない。それなしには，現実の社会では，社会に参加する機会を得ることができない場合がきわめて多い。このような状態では，到底，社会を構成する主体とは到底なり得ない。集団に対する侮辱表現は，それに属する人々全体と社会「一般」という形で不当に区別する重

第2章　刑法における名誉保護犯の処罰範囲

大な契機であり，その意味で民主主義社会にとって脅威である。このような表現は，民主主義にとって不可欠な社会への参加を阻害するという意味で社会侵害的といえる。

　ヘイト・スピーチは表現の自由の範疇にはない。

［注］

1) もっとも，刑法上の判例・通説によれば，「人」の始期について一部露出説を採っていることから，厳密には独立した存在である必要はないとされる。

2) 東京高判昭33年7月15日高刑集11巻7号394頁。参照，大判大15年7月5日大審院刑集5巻303頁，大判大15年10月7日法律新聞2633号13頁。

3) 「然し，演説会場において特に何人を指して批判攻撃しているかの明言をしなくとも演説の全趣旨および当時の一般的風評等により聴衆をして演説者の謂う何らか非行ある者とは何人に該当するかを推知せしめるに足る内容の公言をしたときは，之によつて名誉毀損罪の成立あるものと解するを相当とする。」との判示にあるように必ずしも表現行為によって特定人の名前が表示されている必要はない（東京高判昭32年5月21日高刑集10巻3号321頁）。

4) 大判大15年3月24日大刑集5巻117頁，東京地判昭56年1月29日判時1029号134頁。

5) 山口厚『刑法各論〔第2版〕』（有斐閣，2010年）136頁。

6) 前掲注4)・大判大15年3月24日刑集5巻3号117頁。しかしこれは傍論にすぎないことに注意が必要である。なお，法人に対する侮辱罪について最高裁が初めて判断を下したものとして，最決昭58年11月1日刑集37巻9号1341頁。

7) 山口・前掲注5) 136頁。最近の判例として，フランチャイズによる飲食店の加盟店等の募集及び経営指導等を業とする株式会社の名誉の毀損を認めた事案がある（最決平22年3月15日刑集64巻2号1頁）。

8) 山中敬一『刑法各論〔第2版〕』（成文堂，2009年）187頁。

9) 大阪高判平23年10月28日 LEX/DB【文献番号】25480227。続けて本件判例は，「また，複数の学校を運営する学校法人や公共団体等については，特に法人格を付与され，独自に社会経済活動を営み，所属する個々の学校活動はその一部を構成するに過ぎないのであるから，学校法人と学校に名誉が個別に帰属し得る場合があるというべきで，本件学校とこれを含む複数の学校を運営している本件学校法人とが同時に侮辱罪の被害者となることは法益侵害の二重評価となるものではない。」と判示している。

10) Thomas Fischer, Strafgesetzbuch, 56.Aufl, 2009, S.1319.

11) BGHSt 6, 186.

12) Fischer, a.a.O. S.1323.

13) Fischer, a.a.O. S.1322. 子どもや精神障害者も含む。

14) BGHSt 19, 235.

15) Rainer Zaczyk, in: Nomos Kommentar zum StGB. 4. Aufl, 2013, S.1281.

16) Eric Hil gendorf, in: Leipziger Kommentar StGB(Band6), 12.Aufl, 2010, S.1248.

17) BGHSt 14, 48.

18) NJW 1952, S.1184.

19) BGHSt 11, 207. 本判決は，被告人が友人に宛てた手紙に次のように書いたことを事案とする。「ユダヤ人は毛皮についているシラミのようだ。ヒトラーは社会と一緒になってこれ

をきれいに駆除したのだ。これが再び現れ始めている」。この手紙の内容は，E博士に向けられたものであり，被告人は彼のことをユダヤ人だと勘違いしていた。ドイツ連邦通常裁判所刑事部は，多数人が関係する個々人の範囲が明確に区分されるほど一般から際だつ場合には，表現が集合的表示・集団を示す表示によって多数人を侮辱し蔑むことが可能であることは判例や文献において認められており，現在ドイツに生存し国家社会主義時代の迫害の被害者であったユダヤ人はその異常に過酷な運命の結果一般から際だつほど区分される集団を構成すると判示した。本部は，「ユダヤ人」を侮辱可能な対象とするのではなく，ユダヤ人として国家社会主義によって迫害された人々を対象とみなすとし，この範囲は明確だと判示する。本部は，これらのユダヤ人をその数ではなく，国家社会主義による迫害によって特徴づけられる運命ゆえに侮辱可能な人的範囲として認められる。また，本部は，ユダヤ人は，宗教，人種または活動によってではなく，国家社会主義によって被った運命ゆえに公共において狭く画別された集団とみられるのであり，「プロテスタント」，「カトリック教徒」，「科学者」などの標識は，国家社会主義によって迫害されたユダヤ人の人々と比較可能な出来事をもって一般から際立つような単位とは結びつけられないと判示する。

20) BGHSt 36, 83. NJW 1989, S.1365.

21) Vgl. Markus Wehinger, Kollektivbeleidigung, 1994, S.60.

22) 上村都「集団に対する侮辱的表現——ドイツの憲法判例を素材に」日本法政学会法政論叢36巻1号（1999年）151頁。

23) Wehinger, a.a.O. S.57.

24) Wehinger, a.a.O. S.58.

25) Wehinger, a.a.O. S.58f.

26) 参照，上村・前掲注22）154頁。

27) Karsten Krupna, Das Konzept der „Hate Crimes" in Deutschland, 2010, S.100. ここでは運命共同体という要件が，集団が概観可能でない場合に重要となる。

28) MDR 1981, S.868.

29) 憲法学の見地から規制を肯定する見解として，「差別的表現の規制については，特定の相手方に向けられた表現に対する規制が厳格審査を満たす場合に限り，例外的に処罰が正当化される可能性があるにとどまるというべきである」，との説示があるが，このことは，既に現行刑法上の名誉保護罪でカバーされている（藤井樹也「ヘイト・スピーチの規制と表現の自由——アメリカ連邦最高裁のR.A.V.判決とBlack判決」国際公共政策研究9巻2号（2005年）14頁。

30) ドイツ刑法130条1項（民衆扇動罪）
「公の平和を乱し得るような態様で，
1 国籍，民族，宗教，又はその民族性によって特定される集団，住民の一部に対して，又は上記に示した集団に属することを理由に若しくは住民の一部に属することを理由に個人に対して憎悪をかき立て若しくはこれに対して暴力的若しくは恣意的な措置を求めた者，又は
2 上記に示した集団，住民の一部又は上記に示した集団に属することを理由として個人を冒涜し，悪意で侮蔑し若しくは中傷することにより，他の者の人間の尊厳を害した者は，3月以上5年以下の自由刑に処する。」
現行規定は，2011年3月16日に改正されており，同年同月22日に施行された（BGBⅠ，418）。従来は集団に対する侮辱的・差別的表現を構成要件該当行為としていたが，それにとどまらず，今回の改正では，これに属する個人に対するそれも構成要件に含めることにより，行為客体を拡張している。参照，2003年，欧州評議会の「コンピュータシステムを通じ

第 2 章　刑法における名誉保護犯の処罰範囲

てなされる人種差別及び排外主義的性質の行為の犯罪化に関する欧州サイバー条約の追加議定書の 2 条及び 5 条」。内野は、「A 氏は、○○人種だから不潔で低脳である」という発言を示して、この場合、侮辱されたのは、A 氏だけでなく○○人種の全体である、と見ることもできようと説示するが、このような表現が公共の平穏を乱し得るような態様で行われた場合には、ドイツ刑130条に該当することになろう。参照、内野正幸『差別的表現』（有斐閣、1990年）5 頁。

　なお、民衆扇動罪の旧規定はつぎのとおりである。

　「公の平和を乱し得るような態様で、

　1　住民の一部に対する憎悪をかき立て若しくはこれに対する暴力的若しくは恣意的な措置を求めた者、又は

　2　住民の一部を冒涜し、悪意で侮蔑し若しくは中傷することにより、他の者の人間の尊厳を害した者は、

　3 月以上 5 年以下の自由刑に処する。」

31)　BGHSt 46, 212.

32)　Matthias Krauß, in; Leipziger Kommentar StGB (Band5), 12.Aufl, 2009, S.452. Jürgen Schäfer, in; Münchner Kommentar StGB (Band3), 2.Aufl, 2012, S.649.

33)　Krauß, a.a.O. S.453.

34)　NJW 2003, S.685.

35)　Heribert Ostendorf, in: Nomos Kommentar zum StGB. 4.Aufl, 2013, S.675.

36)　BGHSt 31, 226.

37)　OLG Koblenz 11, 11.1976, MDR 1977, S.334.

38)　MDR 1981, S.71.

39)　NStZ 2007, S.216.

40)　NJW 1995, S. 143.

41)　NJW 1985, S.2430.

42)　BGHSt 29, 26.

43)　NStZ 1981, S.258.

44)　NStZ 1995, S.128

45)　NJW 2001, S.61.

46)　NJW 2002, S.1440.

47)　NStZ 1985, S.165.「ドイツよ、私はおまえが好きだ。それはバナナでもなく、チョコレートでもない。私は自分の国を失った、それがほんとに悔しい。」("Doitschland ich lieb dich so/das ist keine Banane und keine Schokolade. ich vermisse meine Heimat und das finde ich sehr schade") (BGHSt, Urteil vom 03. April 2008–3 StR 394/07.)。ここでバナナとチョコレートとは、黒色の皮膚の南方出身者を意味する。

48)　なお、ドイツ刑130条 1 項の 1 号と 2 号の体系についてヘルンレは、130条 1 項が号を分けて規定を置いたことの意味があるとすれば、後に紹介するドイツ刑130条 1 項 2 号を基本的構成要件として位置づけ、誹謗中傷することで人の尊厳を侵害したうえで、これを超えた不法実体を示す行為が同 1 号に該当すると解する。そのよう行為とは、人々の生命、身体、健康、財産そして自由などの個人的法益を同 2 号に基づく行為として大規模に危殆化するところにあるとする (Tatjana Hörnle, Grob anstössiges Verhalten, 2005, S.297)。ヘルンレの主張によれば、誹謗中傷することを通じて暴力的・恣意的措置を要求することが明確であるとし、その比較において「憎悪をかき立てる」ことは暴力的・恣意的措置の過程に含まれてお

053

り，それ自体としては不明確であると解する。したがって，同2号を基本として，人間の尊厳に対する攻撃に加えて，生命・身体などの法益に対する危険が存在する場合に同1号の「暴力的若しくは恣意的な措置を求める」要件の適用がある。これに対して，「憎悪をかき立てる」要件の廃止を主張する（Hörnle, a.a.O. S.338）。しかし，1994年の犯罪撲滅法による法改正の目的としては，社会状況に照らして本条の適用を容易にするために，同1号において「人間の尊厳」要件を刑罰規定の構成要件から外した経緯がある。「デモ」などでの「誹謗中傷」により「明白な敵意」を表明することで「憎悪をかき立てる」，「暴力的若しくは恣意的な措置を求める」ところに同1号の特徴があると解すべきではなかろうか。しかし，この問題については別の機会に論じたいと思う。

49) 安西文雄「法の下の平等について（一）」国家学会雑誌105巻5・6号（1992年）314頁。

50) 安西・前掲注49）327頁。

51) 安西・前掲注49）330頁。

52) 安西・前掲注49）333頁。

53) 奥平康弘「『基本的人権』における『差別』と『基本的人権』の『制限』」名古屋大法政論集109号（1986年）256頁。

54) 奥平・前掲注53）262頁。

55) 安西・前掲注49）369頁。

56) 安西文雄「法の下の平等（二）」国家学会雑誌107巻1・2号（1994年）197頁。

57) 安西文雄「法の下の平等（三）」国家学会雑誌110巻7・8号（1997年）517頁。

58) 安西文雄ほか著『憲法学読本』（有斐閣，2011年）96頁。

59) 黒人と白人とで学校が分けられ，白人を優先し，黒人を排除することは「教育の受ける権利」の侵害にあたるが，この権利の侵害は一時的なものであり，しかも，個人のレベルでは黒人だけの教育レベル高い学校に行けばこの問題は解決するともいえる。しかし，黒人排除は黒人を「二級市民」ないし「人以下」として扱っていることの証左であり，彼らを従属的地位に置き，しかも生きながらにしてその状態は継続する。このことがまさに不平等である。

60) このような見解に対する批判として，内野・前掲注30）162頁以下。

61) 安西文雄「ヘイト・スピーチ規制と表現の自由」立教法学59号（2001年）36頁。

62) 安西・前掲注61）36頁以下。

63) 参照，志田陽子「アメリカ合衆国におけるヘイト・スピーチ規制立法をめぐる議論──「文化戦争」と公権力の責任」武蔵野美術大学紀要33号（2002年）118頁以下。公権力が発する排除のメッセージに対処することが優先的課題であるとの主張はもっともなことである。このような理解からすると，侮辱的表現の標的とされている集団がヘイト・スピーチ規制の制定を政府に対して訴えることで圧力をかけることをどのように理解するのだろうか。そのような運動そもそもが事の本質を見誤っていると理解すべきなのであろうか。

64) なお，ヘイト・スピーチ規制について，これを人種関係的にのみ理解する必然性は，今日の多様化が進んだ社会ではない。

65) 平川宗信「名誉に対する罪の保護法益」現代刑事法60号（2004年）7頁以下。

66) 平川宗信『名誉毀損罪と表現の自由』（有斐閣，1983年）174頁。

67) 平川・前掲注66）175頁。

68) 平川・前掲注66）176頁。

第3章

刑法及び民法における名誉毀損の攻撃客体について
──人種差別撤廃条約の「人種差別」概念に係るヘイト・スピーチと名誉毀損

Ⅰ　問　　題

1　名誉保護法制における「人」の範囲

　不特定多数人は名誉侵害における攻撃客体としての「人」に含まれない。これに伴い，たとえ，行為者によって公の場において特定の属性によって特徴づけられる集団に対して侮辱的表現が行われたとしても，しかも行為者にとっては特定の集団を標的にしてそれが行われたとしても，いわば統一的意思をもたない集団であることから，とりわけその属性について攻撃的な侮辱的表現が行われた場合であっても，個別的かつ具体的な被害者を特定できないとしてそのような侮辱的表現は制裁の対象から除外される。ここで被害客体である人を特定できないことを根拠に，すべて，不特定という枠組みで理解してよいのであろうか。具体的に特定可能な人を被害者として限定することは，必ずしもそれ以外の侮辱的表現が人に対して何らの害を生じさせないことを含意することを意味しないというべきではなかろうか。侮辱的表現が向けられる攻撃客体との関係では，不特定という枠組みは特定の個人と区別するものでしかない。表現行為が特定人だけに向けられるわけでなく，特定の集団に向けられることがあることからすると，社会における現実の害を考える場合，つまり社会が受ける害と同時に，攻撃客体である当事者に与える害と受ける害を考えた場合に，その枠組みはかなり大雑把な括りであり，十分なものとはいえないのではなかろうか。

　人は，孤島に一人で生きる場合は別として，社会生活を送る際，たった一人で孤立して生きることができない限り，純粋個人としての存在の側面をもつ同

時に，その個人の背景にある肌の色，人種，民族，出自，性別等の属性をもつ存在の側面をもつ[2)]。これは，人間が単に一人称，二人称の世界だけで暮らすのではなく，これを超えて三人称の世界のなかで生活する社会において人々の存在の社会的ないし歴史的背景となり，そのアイデンティティの構築に大きな影響を持つ[3)]。そういうことからすると，なにも人に対する侮辱的表現が特定の人に向けられたものだけに限らないことになるのではなかろうか。つまり，特定の個人ではなく，特定の属性によって特徴づけられる集団に向けて侮辱的な表現が行われるということである。ここで議論の対象とする行為は，街角や公衆トイレの壁に書かれている一人の個人的行為者によって密かに行われる陰湿な差別落書きなどのいわゆる差別的表現とは一線を画して，多数人が集合して，デモや街宣活動と称して，――密かにばれないように表現するところか――公の場で公然と攻撃的に侮辱的な表現を連呼する，いわゆるヘイト・スピーチである。なお，議論の最初に，本章では，人種差別撤廃条約１条の「人種差別」の定義に基本的にならい，ヘイト・スピーチを，人種，皮膚の色，世系又は民族的若しくは種族的出身等，特定の属性によって特徴づけられた集団に対して，当集団の区別，排除，制限，蔑み又は優先の目的をもって，公の場において，公然と攻撃的に侮辱的表現をすることと定義する。従来の差別表現とヘイト・スピーチとは，排外性，差別性，属性に向けられた攻撃という点で共通するが，同時に公然性，攻撃性，情報拡散性[4)]において際だって異なる。ここで注意すべきなのは，侮辱的表現の攻撃の矛先が特定の人ではないということと，被害者が特定人でないということを混在させてはいけないということである。このような混在から生じるのは，両者とも特定人でないから名誉侵害の構成要件の保護対象から除外されるという帰結である。このような帰結は，侮辱的表現による攻撃は特定人にしか向けられない，ないしは個人にしか害が生じないという純粋個人主義的な権利概念に根ざした理解に基づくのではないかと思われる。

　また，このような理解は，侮辱的表現は（社会的）名誉を毀損することにその本質があり，その名誉の帰属主体は具体的な特定の「人」又は統一的な意思をもつ「人」であるとする考えを基礎としている。人は個人的権利を有し，これに対する侵害の問題があるのはいうまでもない。ここでは，基本的人権であ

る個人の人格権から導出された個人的名誉とその毀損のことを指す。しかし，侮辱的表現が特定の属性によって特徴づけられる集団に対して向けられ，しかも当該表現が，下品，攻撃的かつ侮蔑的で，たとえば，当該属性を有する人々が日本社会においてマジョリティ・日本人の人々と平等の立場で生活することを妨害しようとする発言であった場合には，個人的権利の救済だけでは問題は解決しえないことがあることを看過してはならない。このような侮辱的表現による攻撃が個人でなく，特定の属性を有する集団に向けられることとは，その集団の存在そのものに向けられることを意味することから，その害は，個人的な経験だけではなく集団の経験として被ることになる。この場合，一人の個人の名誉が保護されたとしても，これで問題を十分に汲み尽くしたとはいえない。同じ集団に属する他の人々は保護されないままであり，同じ攻撃が他の構成員にも繰り返され，増長する。人の属性に向けられた侮辱的表現は，その意味で，個人の権利や法益の保護とその侵害の問題として捉えるだけでは問題の本質を把握しきれたとは言い難い。

2　集団に向けられた侮辱的表現は無害か？

　では，なぜ，本質を把握しきれたとは言い難いのであろうか。

　侮辱的表現の標的は，個人の場合と，これにとどまらず，個人を超えた集団の場合もあることは既知のことである。個人を超えた集団に対する侮辱的攻撃について検討する前提として，先にも述べたように，それぞれの人は自己の存在の背景に肌の色，人種，民族，出自又は性別等の属性を有していることをあらためて想起しなければならない。このこと自体はすべての人にあてはまることである。すべての人は，人という属性だけでなく，そこからさらに上記のような属性を有している。属性とは，自己と他者を区別する概念としてだけ用いられるのでなく，もっと広く，たとえば，民族や人種などによって特徴づけられる集団という，他の集団と区別する枠組みを構築するために用いられる。属性そのものはそのほとんどが本人の意思とは関係なく生来備わっているものであり，個人では変更できるものではないが，属性に基づく集団の形成は，何も当該属性を有する人々によって積極的に行われるとは限らない。むしろ，特定の人々が自分たちと「異質な」ものとして区別するために，不特定多数の人々

について属性をあてはめることで集団として「一括り」にするために他者によって形成されることが往々にしてある。このことこそが問題である。歴史的，社会的，物理的関係ないし事情などから，特定の属性によって特徴づけられる集団が蔑まれることがあったし，そして現在もこのようなことがあることは周知のことである。このように蔑まれる集団は，通常，社会的少数者であり，社会的弱者である。このような集団に対してマジョリティ・社会的多数の側から侮辱的表現が投げかけられる。この侮辱的表現をすることの意味は，特定の属性によって特徴づけられる集団に属する個人を蔑むだけでなく，集団そのものとその存在を蔑むことに本質がある。ここであらためて疑念とせざるを得ないのは，特定の属性によって特徴づけられた集団に対する侮辱的表現が行われた場合，ここには何らの害悪もないのであろうかということである。一般的にいうと，属性に向けられた侮辱的表現は，憲法21条の表現の自由の行使として理解すべきなのであろうか。しかし，具体的な被害者がいないという解釈は上述のことからすれば理屈に合わない。逆に，当該集団に属するすべての構成員が被害者ともいえる。

　それではどのような害悪があるのであろうか。一つには，集団に対する侮辱的表現の真意は，被攻撃集団に対する蔑み（二級市民，人間以下と見下すこと）と憎悪（敵として扱うこと）にあり，しかも当該集団の構成員の生命・身体などの法益に対する侵害の将来の危険性を胚胎している。もう一つとして，このような表現を受けた人々は，強い怒りと悲しみを抱き，そして自己の存在する社会に対して敵対心と防衛心を抱くと同時に，なによりも社会生活において自尊の感情を喪失してしまう可能性がある。Rawls が述べているように，人にとって最も重要な基本財（primary good）とは，自尊（self-respect）である。

　自尊には，彼自身が価値あるものだという感覚，すなわち，彼にとっての善の概念，つまり彼の人生の計画は遂行するに価値のあるものだということを含意しており，また自己のもっている能力に対する信頼を含んでいる。自尊を喪失させられた人は自分自身の存在，生命そして自己の価値をどのように評価するであろうか。自尊なしには人は自分自身の人としての価値を認識できず，自分自身を尊重することはできないであろう。

　あえていうならば，特定の属性によって特徴づけられる集団に対する侮辱的

表現による攻撃は，個人の名誉とは別の事柄，つまり別の利益を侵害しているというべきではなかろうか。具体的被害者がいないということは，侮辱的攻撃が直接特定の個人に向けられていないことと，これに加えて表現内容が具体的な個人を指す内容ではないことに基因する。

しかし，このことから，つねに何らの利益も侵害・危殆化していないと演繹することができるとは限らない。何らの利益も侵害・危殆化していないと解するのは，個人の人格権及び名誉の毀損の側面しかみていないことによるものと思われる。特定の属性によって特徴づけられる集団が蔑みの対象とされることによって，これに属する構成員は，社会的にそもそも価値の低い者とみなされるおそれがあり，その名誉は十全に保護されないことが十分に考えられる。そうであるとすれば，個人の名誉に対する攻撃とは別に，特定の属性によって特徴づけられる集団に対する侮辱的表現による攻撃の問題を扱う必要があるのではなかろうか。

このような法事情に照らして，以下のことが本章の主要関心事である。

日本では，特定の属性によって特徴づけられる集団に向けられた侮辱的表現は何ら規制されていない。しかし，このような集団に対する侮辱的表現による攻撃は，たとえば，「人」の法的解釈等を通じて考慮されないのであろうか。また，そうでないとすると，このような侮辱的表現は，憲法の保障する表現の自由なのであろうか。もっというと，──特定の属性によって特徴づけられる集団を社会において低劣なものとして位置づけること又は社会から排除することを表現する──政治的言論なのであろうか。[9]そして，表現の自由に限界があるとすれば，それはどのようなメルクマールによって限界づけられるのであろうか。その上，そのようなメルクマールが現行法に適合すると同時に，個人に対するのとは異なる，集団に対する侮辱的表現による攻撃を十分に包摂するように現行法上解釈されるのであろうか。

II 属性に対する攻撃への人種差別撤廃条約の適用の可能性

1 憲法98条2項と条約
憲法98条2項は，「日本国が締結した条約及び確立された国際法規は，これ

を誠実に遵守することを必要とする。」と規定している。本規定の文言である「誠実に遵守」するとは，条約は国際法であるけれども，日本国内において国内法として通用することを意味する。ここで問題は，日本政府が批准又は加入した国際条約について，これを遵守するという文言に関連して条約が国内法として通用することの意味である。本章では人種差別撤廃条約を例にするが，ここで検討すべき問題は，本条約の「人種差別」に該当する侮辱的表現行為が日本の裁判所において認定された場合，どのような形式で法的措置が採られるのか，はたまた，民法上又は刑法上，名誉毀損や侮辱にあてはまると理解することができるのかということにある。

　1995年に日本政府が加入した人種差別撤廃条約によれば，同条約1条1項「この条約において，『人種差別』とは，人種，皮膚の色，世系又は民族的若しくは種族的出身に基づくあらゆる区別，排除，制限又は優先であって，政治的，経済的，社会的，文化的その他のあらゆる公的生活の分野における平等の立場での人権及び基本的自由を認識し，享有し又は行使することを妨げ又は害する目的又は効果を有するものをいう。」，同条約2条1項「締約国は，人種差別を非難し，また，あらゆる形態の人種差別を撤廃する政策及びあらゆる人種間の理解を促進する政策をすべての適当な方法により遅滞なくとることを約束する。このため，（中略）(d)各締約国は，すべての適当な方法（状況により必要とされるときは，立法を含む。）により，いかなる個人，集団又は団体による人種差別も禁止し，終了させる。」，そして同条約第6条「締約国は，自国の管轄の下にあるすべての者に対し，権限のある自国の裁判所及び他の国家機関を通じて，この条約に反して人権及び基本的自由を侵害するあらゆる人種差別の行為に対する効果的な保護及び救済措置を確保し，並びにその差別の結果として被ったあらゆる損害に対し，公正かつ適正な賠償又は救済を当該裁判所に求める権利を確保する。」と規定している。

　本条約1条に該当する「人種差別」が行われた場合，どのようにこの侵害は日本の裁判所で扱われるのであろうか。どのような法的手続並び法の解釈を経て処理されるのであろうか。つまり，人種差別が，即，民709条にあたり，また刑230条の名誉毀損に該当するのであろうか。

060

第3章　刑法及び民法における名誉毀損の攻撃客体について

2　条約の間接適用について

　この問題について，人種差別撤廃条約を引用した判例を紹介し，具体的事案に対する法適用にあたって，本条約がどのように位置づけられ，そして解釈されているのかをみることにする。これを通じて，本条約にいう人種差別が行われた場合に，どのような形式で，民法上及び刑法上，違法性又は不法行為に該当にする可能性があるのかを検証する。

　まず，静岡地裁浜松支部は，原告が宝石店の前でウィンドウショッピングをしていたところ，ブラジル人であるとわかると，被告が外国人は立入り禁止である旨告げて店から追い出そうとしたので，これに対して原告が謝罪を求めたが，被告人から謝罪を受けることができなかったとして損害賠償を求めた事案について，判決では，条約と国内法との関係については，分立説と統一説が存在するとし，その上で，「条約優位説によれば，条約により憲法を変更し得ることを認めたことになる。すなわち，国民投票を要せず，単に内閣と国会によって簡単に成立する条約によって，国民投票を要する憲法が変更され，実際上，憲法が国民投票によらずに改正されることを認めなければならないことになる。これは，国民主権主義に反する。」とする。このことを前提としつつも，「人種差別撤廃条約は，この条約の前文に掲げている世界人権宣言等が[11]，自由権，平等権，人種差別の禁止等の基本的人権を高らかに世界に宣言しているのにとどまるのに比べて，一歩を進め個人や団体の差別行為についての採るべき立法その他の措置を締約国に要求している。」「このことは，我が国内において，人種差別撤廃条約の実体規定に該当する人種差別行為があった場合に，もし国又は団体に採るべき措置が採られていなかった場合には，同条約第六条に従い，これらの国又は団体に対してその不作為を理由として少なくとも損害賠償その他の救済措置を採りうることを意味する。」「そしてまた，何らの立法措置を必要としない外務省の見解を前提とすれば，本件のような個人に対する不法行為に基く損害賠償請求の場合には，右条約の実体規定が不法行為の要件の解釈基準として作用するものと考えられる[12]。」と判示する。

　本静岡地裁判決では本条約を間接適用している。憲法や法律などの国内法の解釈に際して，解釈の基準や指針として条約を用いている[13]。

　本条約の定める人種差別に該当する行為が行われた場合，直接，民法の不法

061

行為が認められるわけではなく，同条約に規定する人種差別が名誉毀損という不法行為であるか否かの解釈基準であると解している[14]。村上正直は，裁判所が「人種差別の観点から不法行為の成立を認めたのか，Ｘを犯罪者扱いすることによってＸの名誉を侵害したが故に不法行為の成立を認めたのかは，必ずしも明確ではない」[15]と指摘するが，後の京都地裁判決なども考慮すると，静岡地裁判決は問題の行為そのものが人種差別にあたるかどうかについては明言しなかったが[16]，同条約の人種差別が不法行為の一類型である名誉毀損の判断基準に用いられているといえるのではなかろうか。被告人の表現が同条約の人種差別に該当し，これを基準として民法上の不法行為としての名誉毀損があったと判断したといえる。本判決では，具体的な個人の名誉毀損の有無の判断に際して，表現による人種差別行為が個人の社会的評価を低下させたか否かを検討したことになる。このような判断手法からすると，本条約が定義する人種差別に該当すると認定した行為に対し，加害者側の権利や公共性を考慮する余地があり，人種差別ではあるが，不法行為とはならないという判断がありうる[17]。つまり人種差別表現が名誉毀損にあたらないこともありうる。

　つぎに，本判決では，外国人である特定の個人が被害客体であることを当然の前提にしており，このことに何らの疑問も示されていない。しかし，「外国人は立入り禁止」の旨の発言が行われたことに着目すると，本表現は何も原告個人に特定ないし限定して示された表現ではない。たとえ原告でなくとも，姿形や言葉遣いなどから「日本人」ではないと推定される人々一般に向けて示されている表現である。つまり，外国人一般に向けられた表現である。本判決では，原告が個人であり，そして問題の表現にある外国人——外国人という属性によって特徴づけられる集団の一人の構成員——であったから名誉毀損を認定した。ここでは，個人に対して「おまえは貧乏に見える」とか，「泥棒のように見える」と表現して個人的な事柄を示して入店を拒否しているわけではなく，「外国人」という属性を指標として示した表現をしている。貧乏とか泥棒などの表現は個人に向けられた場合にその侮辱的意味が明らかになるが，「外国人」という表現は，日本社会において「日本人」ではないことと関連して特徴づけられるマイノリティ集団である[18]。本表現は，じつは原告個人だけでなく，他の外国人にも向けられている。本表現では，たとえば，一人の外国人は

持ち金を見せることで入店を「特別」「例外」に入店が認められるとした場合，これによりたしかに個人の問題としては解決したとしても，他の外国人は同じ問題に遭遇することを考えれば問題の本質が何であるかは明らかであろう。

　札幌地裁は，原告らが，被告人が経営する公衆浴場に入浴しようとしたところ，外国人であることを理由に入浴を拒否されたことについて人格権や名誉を侵害されたとして，損害賠償及び謝罪広告の掲載を求めた事案について，私人相互の関係については，「国際人権B規約及び人種差別撤廃条約は，国内法としての効力を有するとしても，その規定内容からして，憲法と同様に，公権力と個人との間の関係を規律し，又は，国家の国際責任を規定するものであって，私人相互の間の関係を直接規律するものではない。」しかし，「憲法14条1項，国際人権B規約，人種差別撤廃条約等が直接適用されることはないけれども，私人の行為によって他の私人の基本的な自由や平等が具体的に侵害され又はそのおそれがあり，かつ，それが社会的に許容しうる限度を超えていると評価されるときは，私的自治に対する一般的制限規定である民法1条，90条や不法行為に関する諸規定等により，私人による個人の基本的な自由や平等に対する侵害を無効ないし違法として私人の利益を保護すべきである。そして，憲法14条1項，国際人権B規約及び人種差別撤廃条約は，前記のような私法の諸規定の解釈にあたっての基準の一つとなりうる。」としながら，「これを本件入浴拒否についてみると，本件入浴拒否は，Oの入口には外国人の入浴を拒否する旨の張り紙が掲示されていたことからして，国籍による区別のようにもみえるが，外見上国籍の区別ができない場合もあることや，第2入浴拒否においては，日本国籍を取得した原告Jが拒否されていることからすれば，実質的には，日本国籍の有無という国籍による区別ではなく，外見が外国人にみえるという，人種，皮膚の色，世系又は民族的若しくは種族的出身に基づく区別，制限であると認められ，憲法14条1項，国際人権B規約26条，人種差別撤廃条約の趣旨に照らし，私人間においても撤廃されるべき人種差別にあたるというべきである。[19]」「原告らは，本件入浴拒否によって，公衆浴場であるOに入浴できないという不利益を受けたにとどまらず，外国人にみえることを理由に人種差別されることによって人格権を侵害され，精神的苦痛を受けたものといえる」と判示した。[20]

本札幌地裁判決では，私人間での紛争につき，「憲法14条1項，国際人権B規約及び人種差別撤廃条約は，前記のような私法の諸規定の解釈にあたっての基準の一つとなりうる」との判示をもって，これらの規定の直接適用を否定しつつも，条約が私法の諸規定の解釈にあたっての基準の一つとなりうるとしている。本判決は，本条約を間接適用したものであるが，本条約は不法行為の基準であり，しかもそのうちの一つであるとして，静岡地裁判決によりも詳細に判示している。先の静岡地裁判決のように不法行為の一類型としての名誉毀損の解釈基準として人種差別を位置づけつつ，本判決では，人種差別が不法行為の基準の一つであるとして，原告に対する人格権侵害があり，外国人一律入浴拒否の方法によってなされた本件入浴拒否が不合理な差別であって，社会的に許容しうる限度を超えているものといえるから，違法であって不法行為にあたるとした。

ここで明らかなのは，外国人を一律に入浴拒否するような人種差別的表現が人格権侵害となり不法行為責任を生じさせる可能性があるということである[23]。本判決においても条約を間接適用していることは判示から明らかであり，私権及び私的自治に対するやむを得ない制限は立法によることを原則としていることの反映といえる。本判決では，「私人による条約上の人権の侵害行為は，私人間関係を規律する司法の枠組みを前提として，人種差別禁止の条約規範を不法行為の違法性判断に読み込んで救済をはかる[24]」という法解釈の手法が採られている。

3 差別表現が「人種差別」に該当するとした事案

京都地裁は，3回にわたって被告らが行った街頭での示威活動及びその映像をインターネットを通じて公開したことが不法行為に該当し，これにより原告が損害を被ったとして損害賠償を求めた事案について，「人種差別撤廃条約は，『人種差別』について『人種，皮膚の色，世系又は民族的若しくは種族的出身に基づくあらゆる区別，排除，制限又は優先であって，政治的，経済的，社会的，文化的その他のあらゆる公的生活の分野における平等の立場での人権及び基本的自由を認識し，享有し又は行使することを妨げ又は害する目的又は効果を有するもの』と定義し（1条1項），締結国に『人種差別を非難し……あ

らゆる形態の人種差別を撤廃する政策……をすべての適当な方法により遅滞な
くとる』ことを求め，『すべての適当な方法（状況により必要とされるときは，立
法を含む。）により，いかなる個人，集団又は団体による人種差別も禁止し，終
了させる』ことを求めている（2条1項柱書き及びd）。」「さらに，人種差別撤
廃条約の締結国は，その『管轄の下にあるすべての者に対し，裁判所……を通
じて……あらゆる人種差別の行為に対する効果的な保護及び救済措置を確保
し，並びにその差別の結果として被ったあらゆる損害に対し，公正かつ適正な
賠償又は救済を……求める権利を確保する』ことをも求められる（6条）。」
「このように，人種差別撤廃条約2条1項は，締結国に対し，人種差別を禁止
し終了させる措置を求めているし，人種差別撤廃条約6条は，締結国に対し，
裁判所を通じて，人種差別に対する効果的な救済措置を確保するよう求めてい
る。これらは，締結国に対し，国家として国際法上の義務を負わせるというに
とどまらず，締結国の裁判所に対し，その名宛人として直接に義務を負わせる
規定であると解される。」とする。このことを前提として，人種差別と名誉毀
損との関連で，——個人を特定しなくても——属性に対する名誉毀損があり得
るのかという重要な論点について，「もっとも，例えば，特定の集団に属する
者の全体に対する人種差別発言が行われた場合に，個人に具体的な損害が生じ
ていないにもかかわらず，人種差別行為がされたというだけで，裁判所が，当
該行為を民法709条の不法行為に該当するものと解釈し，行為者に対し，特定
の集団に属する者への賠償金の支払を命じるようなことは，不法行為に関する
民法の解釈を逸脱しているといわざるを得ず，新たな立法なしに行うことはで
きないものと解される。条約は憲法に優位するものではないところ，上記のよ
うな裁判を行うことは，憲法が定める三権分立原則に照らしても許されないも
のといわざるを得ない。」「したがって，わが国の裁判所は，人種差別撤廃条約
2条1項及び6条の規定を根拠として，法律を同条約の定めに適合するように
解釈する責務を負うが，これを損害賠償という観点からみた場合，わが国の裁
判所は，単に人種差別行為がされたというだけでなく，これにより具体的な損
害が発生している場合に初めて，民法709条に基づき，加害者に対し，被害者
への損害賠償を命ずることができるというにとどまる。」「本件活動に伴う業務
妨害と名誉毀損は，いずれも，在日朝鮮人に対する差別意識を世間に訴える意

図の下，在日朝鮮人に対する差別的発言を織り交ぜてされたものであり，在日朝鮮人という民族的出身に基づく排除であって，在日朝鮮人の平等の立場での人権及び基本的自由の享有を妨げる目的を有するものといえるから，全体として人種差別撤廃条約1条1項所定の人種差別に該当するものというほかない。したがって，本件活動に伴う業務妨害と名誉毀損は，民法709条所定の不法行為に該当すると同時に，人種差別に該当する違法性を帯びているということになる。[25]」と判示した。

4 本事案の意義と課題

本京都地裁判決では，裁判所は，単に人種差別行為がされたというだけでなく，これにより具体的な損害が発生している場合にはじめて，民法709条に基づき，加害者に対し，被害者への損害賠償を命ずることができるというにとどまると解釈した。これを前提として，特定の属性によって特徴づけられる集団に対する人種差別発言が行われた場合，特定個人に「具体的な損害」が生じていないにもかかわらず，人種差別行為がされたというだけでは民709条の不法行為に該当するものと解釈できないとする。これについて寺谷公司は，「そもそも具体的損害が発生しているかどうかは人種差別の定義を離れては判断できず，人種差別を人種差別撤廃条約の参照なしに定義することを裁判所は予定していないからである。事実，裁判所は，問題となっている行為を人種差別撤廃条約に照らして人種差別に該当すると判断している[26]」，と指摘しているが，裁判所の判示は不法行為の範囲をまさに特定個人に対する損害の発生に限定するためになされたといえる。ここで明確に，特定個人に向けられた表現でなければ不法行為としての名誉毀損の対象とならないとしている。これにより「具体的な損害」とは，特定個人に対する名誉毀損のことであり，民法上の名誉毀損とは，個人に対するそれとこれに伴う損害を意味することが明らかになる。それゆえ，個人の名誉を保護法益とする既存の法理では，不特定多数人を対象とする差別的表現について救済は難しいとされることになる。[27]

奈須祐治は，「本判決は，民事の枠組みで問題を処理しながら，709条の規定に人種差別撤廃条約上の義務を読み込んだうえで，本件発言が同条約の禁じる差別行為に当たることを論証し，多額の損害賠償を認めた[28]」とし，「少なくと

第3章　刑法及び民法における名誉毀損の攻撃客体について

も特定の個人や団体を標的としたヘイト・スピーチに対して実効的な救済が可能になる」，と述べる一方，「不特定多数に向けられたヘイト・スピーチについては，民法709条による救済は不可能であり，新たな立法を行うほかないことが明確に示されている[29]」，と指摘する。この奈須の指摘からも明らかなように，本京都地裁判決では，属性によって特徴づけられる集団に対する侮辱的表現そのものは名誉毀損の対象とならない。またこのような日本の裁判所の立場は，個別事案の審査による司法的救済という手法といえる。このような司法的救済では，事案に応じて異なった判断枠組みを用いらざるを得ず，申惠丰によれば，「差別を訴える側にとっては，司法的救済に期待しうる程度が定かでなく，提訴にいっそうのリスクを伴うということになるが，逆に，訴えられる側にとっても，どのような場面におけるどのような行為が違法な差別となるのか，予測が難しいということでもある。これはすなわち，私人による差別の禁止を，司法的救済のみに頼ろうとすることの根本的な限界である。個別の事案における司法的救済は，もちろん重要であり必要ではあるが，何が違法であり禁じられる差別であるかを具体的，明確に定義した立法には，取って代わることはできない[30]」，と主張して立法の必要性を唱える。このことは，棟居快行によれば，人種差別撤廃条約ではまず立法・行政措置による積極的作為義務があり，裁判所による慰謝料などの認容は前者が失敗した結果の後始末にすぎないのだとすれば，誤りというほかないとしながら，まず，一義的な法的作為義務及び自治体の立法・行政に対して発生しており，その結果として私人間でも条約が裁判規範性をもつ，という順番になると説示する[31]。

　しかし，何ら法的制裁を伴った立法的措置のないのが現状である。申は，日本の人種差別撤廃条約への加入の際に，適切な国内法の整備が行われていないことで個別的な司法的救済によらざるを得ない状況に関連して，その問題点として，第1に，不法行為にあたる差別行為があったことを原告側が立証しなければならないという，事実立証自体の難しさによる救済事案の希少性，第2に，仮に勝訴しても，個別の事案において不法行為という民法の一般規定を解釈・適用したものでしかない以上，社会生活におけるどのような局面でどのような行為を行うことが人種差別にあたるかについて規範意識を広め，もって同様の差別行為の発生を防止するという効果が薄いこと，第3に，訴訟での救済

067

は金銭賠償のみであって，差別の禁止について広く社会に知らしめ根付かせる取組みにはつながりにくいこと，等を挙げる[32]。その上で申は，「人種差別を『禁止』する義務は，社会生活の様々な局面において禁じられる人種差別行為を具体的に明記し，その違反に対しては被害者が公的機関に対して救済を申し立てることができると共に，加害者に少なくとも損害賠償等の民事上の制裁を科しうる法律がなければ，実効的に実施されているとは言い難い[33]」，と主張する。このように国内法の立法整備の行われていない現状において，想像できることとして，たとえば，道路使用許可を各都道府県の公安委員会に申請して，これが認められたうえで街宣活動する人々が，拡声器などを使用して不特定多数人に聞こえるような態様で上記のような属性を名指しして侮辱的表現を連呼した場合を考えてみると問題の本質がみえてくるだろう。このような街宣活動における侮辱的表現が法的規制の対象から外れる可能性があるということである。しかし，このことから演繹的に，このような表現が憲法21条の表現の自由が想定する表現に含まれると推論できるといえるのであろうか。また，このような表現は，特定の属性によって特徴づけられる集団を社会から排除，差別又は従属的地位に置くことを真の意図としているという意味では政治的言論ともいえる。かつてナチス政権によるユダヤ人迫害も強固な政策として行われたのであり，これも政治的言論に含まれる可能性がある。けれども，人を社会から排除することを訴える表現をも民主主義社会は許容すると言い切れるのであろうか。もし，このような言論も許容されるとするならば，その効果としての特定の集団・人々の排除をも許容することになってしまうのではなかろうか。それは，表現の自由と民主主義の堅守の名目の下に，表現の自由は暴力と化し，最終的に民主主義を否定するという逆説的な帰結となるであろう。

Ⅲ　人種差別と名誉毀損の交錯と相違

1　名誉保護法制の「人」の射程範囲

　判例によると，人種差別撤廃条約に関する日本の裁判所の取り扱いは，直接適用を認めるのではなく，国内法の解釈のために間接適用される。条約は国内法としてそのまま効力を有するのであるから，場合によっては条約規定の直接

第3章　刑法及び民法における名誉毀損の攻撃客体について

適用も可能であるほか，条約の主旨を国内法の解釈・適用の指針としてあるい
は解釈・適用の補強として反映させるという間接適用の手法も当然用いうると
される。判例は，人種差別は不法行為としての名誉毀損の有無を判断するため
の一基準であると解している。このような解釈は，京都地裁判決が，侮辱的表
現により単に人種差別行為がされたというだけでなく，これにより具体的な損
害が発生している場合に初めて，民709条に基づき損害賠償を命じることがで
きると判示することにより，人種差別そのものだけでは不法行為にあたらない
ということが明らかになった。人種差別と名誉毀損の連関は，個人の損害を検
討するレベルではあまり問題にならないが，人種差別が，——特定個人の問題
としての——個人の損害を超えた害を生じさせていることを看過させてしまう
おそれがある。けれども人種差別が具体的な個人に向けられていない場合に，
個人が密かに悪口を言う場合と，公共の場で拡声器などを使って怒鳴りながら
侮辱的表現をする場合とで同じであると言い切れるであろうか。つまり，人種
差別にあたるような侮辱的表現に何ら害（＝社会的侵害性）はないといえるので
あろうか。たしかに，現行法の解釈に忠実に従うならば，損害を被る客体を特
定できなければ不法行為を認定できないという理解もできないわけではない。
けれども，京都地裁判決が「特定の集団に属する者への賠償金の支払を命じる
ようなことは，不法行為に関する民法の解釈を逸脱しているといわざるを得
ず，新たな立法なしに行うことはできない」と判示していることを幾分積極的
に解釈するならば，人種差別にあたるような侮辱的表現に何ら害がないとは
いっていないとも理解することができる。条約の直接適用を認めない裁判所の
姿勢からして，このような表現行為に明確な害はあるものの，これを国内法上
規制する法律がない限りでは人種差別は不法行為の一基準と理解せざるを得
ないと理解することができる。本判決は，人種差別の直接適用の問題について
これ以上のことを判示しているわけではないものの，「新たな立法なしに行うこ
とはできない」との判示から推察すると，属性によって特徴づけられる集団に
対する侮辱を本質とする表現行為と民法上又は刑法上の処罰対象としている表
現行為とでは，毀損する利益が異なるのであり，前者に何らの利益侵害・危殆
化がないということを意味するのではなく，これを規制する立法があれば制裁
を加えることができることを示唆している。このことを反映するガイドライン

として，人種差別撤廃条約4条(a)と(b)をあげることができる。[35]いずれも締約国に対して一定の立法措置を講じることを求めている。この点，日本政府はこれらの条文について留保しているが，本判決との関連からすると，留保し続けることの妥当性が問われることになろう。[36]しかも，このことから，本判決では，具体的な個人を特定できなければ不法行為にあたらないとしつつも，表現が人種差別にあたる場合，このような表現行為は単に個人に対する名誉毀損とは異なる問題を有していることをも示唆している。ここに京都地裁判決の特色をみいだすことができる。

　京都地裁判決への評価を前提にして特定の属性によって特徴づけられる集団に対する侮辱的表現によって生じる損害とその行為の社会的侵害性を考えると，まず想起すべきことは，損害賠償を認めることだけでは個人の問題しか救済できていないということである。単に個人の問題，つまり名誉毀損の問題に還元してしまうと，なぜ，ヘイト・スピーチをするのか，なぜ属性を理由に誹謗中傷や侮辱するのか，そしてそれによってどのような利益が侵害・危殆化されるのかという根本的な問題が明らかにされないままである。極端にいえば，具体的被害者がいないからそもそも損害がないという考えも出てきてしまう。それであれば，ヘイト・スピーチが人種差別にあたることを認定したにもかかわらず，ヘイト・スピーチの侵害性を十分に評価したとは言い難い。「○○人は日本から出て行け。○○人を殺せ」とのヘイト・スピーチの発する真のメッセージが，攻撃対象となる属性によって特徴づけられる集団に対する蔑みと格下げそして当該集団を排除又は社会的に従属的地位に貶めることにあることからすると，名誉毀損の問題だけでは汲み尽くせない人間の尊厳と法の下の平等の問題としてヘイト・スピーチを把握する必要が出てくる。[37]特定の個人的被害者の名誉が保護されたとしても，誹謗の対象となる属性によって特徴づけられる集団の構成員の人間の尊厳と法の下の平等は保護されず，社会において同じ人間であることを否定され，従属的地位におかれたままである。つまり，集団に対する攻撃というファクターを捨象して個人の尊重の問題だけに収斂することのできない問題を認識すべきである。[38]ヘイト・スピーチが集団そのものに対する攻撃であることに照らして，集団に対する攻撃が最終的に当該集団に属するすべての個人の格下げに至る。このような格下げの経験は，純粋個人として

第3章 刑法及び民法における名誉毀損の攻撃客体について

経験するのではなく，同じ属性を有する人々が集団として経験する。このことに単なる名誉毀損とは異なるヘイト・スピーチ――人種差別撤廃条約では，「人種差別」――の特徴を見つけることができる。

2 名誉の保護とヘイト・スピーチの相違

たしかに個人の問題に限定して個人を救済することができたとしても，問題となるヘイト・スピーチの真のメッセージを無視するならば，「名誉毀損はいけないが，差別は規制の対象外」という誤ったメッセージを社会に送ることになってしまいかねず，同じことが繰り返される社会的素地を形成してしまうと同時に，思いもよらぬ市民の規範意識を生じさせてしまいかねない。これについて市川正人は，「少数者集団を侮辱数表現についても，侮辱的表現の前提とされている主張について言論で対向することができる」としつつ，「ただ，特にひどい侮辱的表現によって少数者集団に属する人の名誉感情が著しく傷つけられる場合には，言論で対抗しても心のいたでは簡単にいえない」として，「差別的表現も他の表現と同様，例外的にどうしても必要な場合にだけ必要な限りで制約されるにすぎず，また，明確性の原則も妥当する」[39]，と述べる。ここで市川の前提は少数者集団に属する個人とその名誉感情の保護にあるが，これをヘイト・スピーチの問題に結びつけたとき，対抗言論が成り立つそもそもの人的前提条件がどのようなものなのかを明確にする必要がある。また，単に個々人の名誉感情という感情レベルの問題にのみ還元されるのかという問題が残る。感情のレベルの問題であれば，「不快」と混同されるおそれも否定できない。

日本政府は人種差別撤廃条約の批准に際して同条約4条(a)及び(b)を留保している。このような事情も影響してなのか，特定の属性によって特徴づけられる集団に対する公での攻撃的な侮辱的表現，つまりヘイト・スピーチに対する刑事立法は行われていない。留保の内容は，条約4条(a)及び(b)の規定の適用にあたり，同条に「世界人権宣言に具現された原則及び次条に明示的に定める権利に十分な考慮を払って」と規定してあることに留意し，日本国憲法の下における集会，結社及び表現の自由その他の権利の保障と抵触しない限度において，これらの規定に基づく義務を履行するとあるので，表現が特定の属性によって

071

特徴づけられる集団に向けられたものである場合，また，公の場において攻撃的な態様で行われる場合に限定して規制する場合には表現の自由との抵触は生じないのではなかろうか[40]。このことについて申は，「この留保は，4条(a)・(b)を全く履行しないという趣旨ではないはずであるところ，これらの規定を国内でどのように実施していくべきかという議論は，これまで全くと言っていいほどなされてこなかった」と批判しており，寺谷は，日本政府の留保に関連させて，「集会，結社及び表現の自由その他の権利の保障と抵触しない限度では義務を履行するとするものなので，国内法の判断として他の権利と両立すると認定している本判決の論理からすれば，4条に基づく違反も認定できたと思われる[41]」と指摘する。

　また，立法することが不可能であれば，名誉毀損の解釈基準として「人種差別」を適用する場合に，同条約6条「締約国は，……あらゆる人種差別の行為に対する効果的な保護及び救済措置を確保し，並びにその差別の結果として被ったあらゆる損害に対し，公正かつ適正な賠償又は救済を当該裁判所に求める権利を確保する。」という規定に対応して，同条約4条(a)及び(b)の主旨を含意しながらすることも可能ではなかろうか。とりわけ刑法であれば，刑230条及び231条の「名誉毀損」の解釈の場面において問題になる。しかしながら，日本政府が同条約4条(a)及び(b)を留保している現状はこれらの条項の適用可能性を困難にしているのはたしかである。その例として，大阪高判平23年10月28日判決刑事裁判において被告人らに侮辱罪ならび威力業務妨害罪が適用され，有罪とされた[42]。民事判決では被告人らの行為が人種差別撤廃条約の人種差別にあたり，これに基づき不法行為が認定された。これに対して，刑事裁判では，「被害者らの業務が現実に妨害されたのみならず，被害者がその間に抱いた恐怖心や屈辱感は大きいものとうかがわれ，その結果にも重いものがあり，被害者が強い被害感情を示しているのはもっともである。そうであるのに，被告人らは，公判廷でも本件各行為は正当であったと述べるなど反省が見られない。」と量刑の理由について判示しているが，しかしここには人種差別撤廃条約の適用の陰はまったくみえない。日本政府は，国連の人種差別撤廃委員会において，人種差別的動機の刑法上の取扱いについて，「人種主義的動機は，我が国の刑事裁判手続において，動機の悪質性として適切に立証しており，裁判所に

おいて量刑上考慮されているものと認識している[43]」と報告しているが，判決文をみる限り，人種差別に関連する事項が量刑判断要素として考慮されていないといわざるをえない[44]。

3　ヘイト・スピーチの侵害性に即した法的対応の必要性

　このような実務の現状に照らして別の方法も模索する必要がある。日本の法制度においては，特定の属性によって特徴づけられる集団に対する侮辱的表現が行われたとしても民法上又は刑法上の「名誉毀損」の解釈基準としてこれらの条文における人種差別を適用することはできない。あくまで個人に対する侵害が認められなければならない。集団に向けて行われる侮辱的表現が，個人ではなく，まさに集団に対する攻撃に本質があることに照らすと，その攻撃による被害は個人としてだけではない。一個人からすると，自己の属する集団に対する蔑みが問題になっていることからすると，自己の属性を理由にして攻撃されるわけであるから，個人が被害を経験すると同時に同じ属性を有する他の構成員も同じ被害を経験することになる。このことは，ヘイト・スピーチが集団に対する蔑みと社会の構成員であることの否定を意味していることを証左する。国連人種差別撤廃委員会一般的勧告35では，人種差別撤廃条約4条の機能として，「人種主義的ヘイト・スピーチは，人権原則の確信である人間の尊厳と平等を否定し，個人や特定の集団の社会的評価を貶めるべく，他者に向けられる形態のスピーチとして，国際社会が非難しているのだということを強調する機能である[45]」ことを示している。このことに照らしても，ヘイト・スピーチが集団に対する蔑みと否定であるとすれば，これによる個人的被害しか問題にしないのは，ヘイト・スピーチの問題を個人的な名誉毀損の問題に法的加工によって矮小化させることになる[46]。

　このことを回避する方途としてどのようなものがあるだろうか。先の札幌地裁判決は，憲法14条1項が私法の諸規定の解釈にあたっての基準の一つとなりうると判示している。名誉毀損が個人の人格権から導出される名誉の問題であるのに対して，ヘイト・スピーチが集団への攻撃を真の特徴であると解すると，後者は，個人の人権の尊重を超えて，属性を理由とする攻撃に関係する人権の尊重の問題であり，まさに人間の尊厳と法の下の平等の問題として位置づ

けることができる。思うに，法の下の平等の問題としての「人種差別」表現ないしヘイト・スピーチと個人の人格権の問題としての「名誉毀損」を区別しつつ，これらをヨコの関係とタテの関係として理解するべきではなかろうか。

　Rawls によると，平等について，財の分配の平等と，社会的地位に関わりなく払われなければならない尊敬に関する平等に区別される点に関心を向け，後者について，これは基底的な平等であるとし，「この平等は正義の第一原理によって，そして相互尊重の義務のような自然本性的な義務によって，明確に規定される。すなわち，この平等は道徳的人格としての人間（human beings）に帰せられるのである」と説示する。Rawls による正義の二原理のうち第一原理とは，「各人は，平等な基本的諸自由のもっとも広範な制度枠組みに対する権利を保持すべきである」ということを内容とするが，ここで平等とは，それが享受可能な権利として個人に還元される前提として，人々が個人たる以前に道徳的人格たる人間（human beings）として，相互に尊重されなければならないのである。たとえば，「人間」であるということを領域特性として選び出し，その条件を満たす人々に対して平等な正義を付与するのである。このことは，人種差別撤廃条約においても個人に対する差別と同時に，個人としての尊重の前提である「人間」であることの否定，つまり人種差別撤廃のための実際的な措置をとることが目的とされている。人種差別が社会におけるマイノリティに向けられる現実を見ると，ここでは特定の属性によって特徴づけられる集団に対する攻撃を本質としていることが明白である。この被害は，個人としてではなく，同じ集団に属するすべての人々が不可避的にしかも自己の意思にかかわらず共有せざるを得ないのであるから，これは集団的経験として被害を受けることになる。

　ヘイト・スピーチが特定の属性によって特徴づけられる集団に向けられており，それが攻撃対象となる集団を同じ人間であることの否定又は二級市民へと貶めるという真のメッセージを発することから，まさに憲法14条が規定する法の下の平等の侵害が私人間で生じていると理解した場合，ここでの侵害の中身に照らして，同条から（私人間における）「社会的平等」という利益が導き出される。二級市民へと貶められ，二級市民としてのスティグマが押され，それが社会的に常態化した場合，スティグマを押された集団の構成員は，自己の有す

る属性だけによって社会的に評価も決定されてしまう。自分だけでは変更し得ない又はあずかり知らないことによって決定されてしまうおそれがある。これによって社会的に従属的地位に貶められる。属性を理由として，人間の尊厳，より現実的には，人としての平等に保障されるべき生存権が侵害され続ける状態におかれる。このような決定は集団そのものに対してなされることから，単に個人の問題としてだけで把握すると問題を見誤る。一人の優れた個人が社会進出を果たしたとしても，他の構成員には未解決のままである。もっといえば，なぜ，蔑まされた集団に属する人々だけが，いわば「普通」になるために他の社会の人々よりも2倍・3倍の努力をしなければいけないのであろうか。この集団に属する構成員は生存のために「普通」になるように努力しなければいけないと思うであろうし，また同じ構成員である家族などからそのように教育されるであろう。ここで深刻な問題は，二級市民と蔑まれた人々は，その生活している社会において自らを価値の低い・劣った存在と自己評価することを社会的に強いられることである。これは，最初のところで紹介したRawlsのいう自尊が喪失させられた状態をさす。自尊とは単に「感情」という内心的要素だけにとどまらない。まさに人にとって最も重要な「基本財」なのである。これは法的に保護すべき利益といえる。それゆえ単なる主観的事柄として軽視することは決してしてはならない。自尊を喪失させられた人々は自らを価値の低い・劣った存在と自己評価し，はてに自己の存在の価値を否定することに追いやられることにもなりかねない。ヘイト・スピーチは，ある属性によって特徴づけられる集団を社会において二級市民へと貶める側面と，その構成員が社会で生存していく際の自尊を喪失させる側面をもっている。

　以上のことから，ヘイト・スピーチについて独立した刑罰規定を制定することが望ましいといえる。しかし，ヘイト・スピーチに対する刑事規制がない事情の下では，人間の尊厳の保障と関連させつつ，憲法14条はヘイト・スピーチに対する「名誉毀損」の解釈基準として適用することは現行法上可能というべきではなかろうか。このことにより，刑法上，名誉侵害犯が親告罪であることに照らして，たとえば，攻撃された集団に属する構成員による集団告訴の可能性や，また民法上，これらの構成員を被害者とする提訴のための理論的可能性が開けるのではなかろうか。

4 ヘイトクライムの前段階としてのヘイト・スピーチ

　最後に，ヘイト・スピーチは人種に基づく暴力犯罪・ヘイトクライムの前段階として把握する必要がある。現にドイツでは，国家社会主義地下組織（Nationalsozialistischer Untergrund（NSU））のメンバーらが過去10年の間に人種差別的意図での10人の殺害，重大な放火テロ組織の構成員として関与したとの嫌疑で2013年5月6日よりミュンヘン上級裁判所で刑事裁判の審理が開始された[49]。ヘイト・スピーチは単に言葉による悪口にとどまらない。師岡は，「ヘイト・スピーチ[50]は，マイノリティへの悪意を社会に充満させ，マイノリティへの暴力，極端な場合には他民族虐殺へ戦争へも導くものであり，平等・平和・有効をめざす社会を破壊する点で『社会的に不正かつ危険[51]』」と指摘する。師岡の指摘は，ヘイト・スピーチが単なる表現にとどまらず，公の場において何らの規制もなく行われることでその害は社会において蓄積し[52]，そのことで特定の集団に対する蔑視感ないし敵対感を醸成し，そのような社会的環境のもとで将来において重大な犯罪を生じさせ[53]，しかもそれが軽視されるおそれがあることに警笛を鳴らしており，まさに正鵠を得ている。

　ヘイト・スピーチが蔓延する社会では，攻撃対象となる集団に対する無意識の蔑みが広まることにより，同時に人権の享有主体であることを社会的に否定してしまい，このことに対する社会的批判も弱化するおそれがある。ヘイト・スピーチの先にある人種差別に基づく暴力犯罪・ヘイトクライムは，まさに被害客体となる人々を「二級市民・人間以下」とみなし，「人」として尊重しないどころか，人として扱わないことを前提にして行われる。その意味でも，ヘイト・スピーチは，単に「不快」，「聞いていて気分が悪くなる」，「腹が立つ」という個人的な不快感情や気持ちのレベルの問題ではない[54]。そうだとすると，路上喫煙取締に係る都道県レベルの条例の規制根拠と同じである。そうではない。まさに人間としての生存にかかわる深刻な問題として受け止める必要がある。

［注］
　　1)　被害者が特定される必要があることに関連して，参照，高橋則夫『刑法各論』（成文堂，2011年）158頁。
　　2)　なお，この属性という概念は，しばしば社会においてある集団を攻撃対象とするために用

第3章 刑法及び民法における名誉毀損の攻撃客体について

いられる場合があることに注意が必要である。自ら属性を形成するのではなく，逆に他者によって特定の集団を属性によってひとまとめにされることがある。

3) 属性は，これによって特徴づけられる集団が社会において少数者である場合には，その構成員のアイデンティティの構築に肯定的又は否定的影響を及ぼすことが往々にしてある。その意味で，属性は他との区別のために用いられる概念だけではなく，個人としての人の思考，精神又は思想の構築に大きな影響を与える。

4) You Tube などのインターネット上のメディアを通じてデモの様子を生放送することや，またその様子のデータをアップロードして（特定・不特定を問わず）多数の人々が閲覧できる状態にすることをさす。このような映像はいったん削除されたとしても，投稿者の匿名性を悪用して再びアップロードされることが常である。これによって被害が拡散し，増幅する。

5) 京都地判平25年10月7日判時2208号74頁。

6) もちろん個人として経験することもある。侮辱的表現が自己の有する属性に関連して行われる場合には，直接的な攻撃対象となった個人は，個人的事情の背景にある事柄を理由に攻撃されているのであり，この攻撃は同じ属性を有する他の人々にもあてはまるという意味で，集団的経験ということができる。または自己の属する集団の経験ということができる。

7) これとは対照的な見解として，萩原重夫「差別的表現と表現の自由」法学セミナー503号（1996年）52頁。

8) John Rawls, A Theory of Justice, 1999, p.386.

9) ここでは，つぎのような疑問が常に存在する。つまり，被害者が特定の人でないから現行法上規制されていないのか，それともひそかに陰湿に行為が行われているので法益侵害が軽微であるから法的規制をする必要はないとされてきたのか，規制されていない以上表現の自由の行使と考えられているのか，それとも，そもそも属性に向けられた侮辱的表現は表現の自由の行使と考えられているのであろうか。

10) 芦部信喜著・高橋和之補訂『憲法〔第5版〕』（岩波書店，2011年）374頁。

11) 参照，前田朗『ヘイト・スピーチ法研究序説——差別煽動犯罪の刑法学』（三一書房，2015年）407頁以下。

12) 静岡地判浜松支部平11年10月12日判時1718号92頁。

13) 村上正直「国際人権条約の国内への適用（1）」小寺彰・森川幸一・西村弓編『国際法判例百選〔第2版〕』（有斐閣，2011年）105頁。これに対して，直接的適用とは，自国が当事国である人権条約を直接に適用して，具体的な国家行動と人権条約の整合性を判断する方法とされる。村上によれば，「直接に適用するのは国内法令であることや，上位法を用いて下位法を解釈することは国内法令の解釈方法として珍しいものではないことなどからすれば，裁判官の心理的抵抗感は直接適用の場合よりも少ないかもしれない」と指摘する。高田映「人種差別撤廃条約の私人間適用」ジュリスト平成11年度重要判例解説（2000年）292頁。

14) 内野正幸「差別的表現と民事救済」芦田健太郎・棟居快行・薬師寺公夫編『国際人権規範の形成と展開』（信山社，2006年）35頁以下。内野によれば，「解釈基準」とは，単なる参考資料よりも強い意味をもつ。

15) 村上正直『人種差別撤廃条約と日本』（日本評論社，2005年）198頁。

16) 阿部浩己「外国人の入店拒否と人種差別撤廃条約の私人間適用」ジュリスト1188号（2000年）93頁。中井伊都子「国際人権条約の国内法への適用（2）」『国際法判例百選〔第2版〕』（有斐閣，2011年）107頁。

17) 参照，中井・前掲注16）107頁。

18) 師岡康子「試論 ヘイト・スピーチ規制法のマイノリティに対する濫用の危険性と人種差別撤廃条約」龍谷大学矯正・保護総合センター研究年報2号（2012年）67頁。

19) 札幌地判平14年11月11日判時1806号84頁。

20) 参照，近藤敦「入浴拒否と人種差別」法学セミナー585号（2003年）112頁。

21) 参照，村上・前掲注15）43，61頁。

22) 大村敦志「小樽温泉訴訟」法学教室357号（2010年）137頁。

23) 大村・前掲注22）137頁。

24) 薬師寺公夫「国際人権法から見た憲法規範の『限界』と可能性」法律時報84巻5号（2012年）23頁。

25) 京都地判平25年10月7日判時2208号74頁。

26) 寺谷広司「ヘイトスピーチ事件」ジュリスト平成25年度重要判例解説（2014年）293頁。

27) 上村都「『憎悪表現』に対する救済」ジュリスト平成25年度重要判例解説（2014年）27頁。

28) 奈須祐治「大きな意義を持つ京都地裁判決——この国の法制度の限界も明らかに」Journalism 282号（2013年）115頁。

29) 奈須・前掲注28）115頁。

30) 申惠丰『人権条約の現代的展開』（信山社，2009年）407頁以下。

31) 棟居快行「人種差別と国家の差別撤廃義務」法律時報84巻5号（2012年）75頁。

32) 申惠丰『国際人権法——国際基準のダイナミズムと国内法との協調』（信山社，2013年）463頁以下。

33) 申・前掲注32）464頁。

34) 申・前掲注30）403頁。

35) 人種差別撤廃条約4条

(a) 「人種的優越又は憎悪に基づく思想のあらゆる流布，人種差別の扇動，いかなる人種若しくは皮膚の色若しくは種族的出身を異にする人の集団に対するものであるかを問わずすべての暴力行為又はその行為の扇動及び人種主義に基づく活動に対する資金援助を含むいかなる援助の提供も，法律で処罰すべき犯罪であることを宣言すること。」

(b) 「人種差別を助長し及び扇動する団体及び組織的宣伝活動その他のすべての宣伝活動を違法であるとして禁止するものとし，このような団体又は活動への参加が法律で処罰すべき犯罪であることを認めること。」

これらの条文について日本政府が留保を付す理由として，次のように説明されている。「これらは，様々な場面における様々な態様の行為を含む非常に広い概念ですので，そのすべてを刑罰法規をもって規制することについては，憲法の保障する集会，結社，表現の自由等を不当に制約することにならないか，文明評論，政治評論等の正当な言論を不当に萎縮させることにならないか，また，これらの概念を刑罰法規の構成要件として用いることについては，刑罰の対象となる行為とそうでないものとの境界がはっきりせず，罪刑法定主義に反することにならないかなどについて極めて慎重に検討する必要があります。我が国では，現行法上，名誉毀損や侮辱等具体的な法益侵害又はその侵害の危険性のある行為は，処罰の対象になっていますが，この条約第4条の定める処罰立法義務を不足なく履行することは以上の諸点等に照らし，憲法上の問題を生じるおそれがあります。このため，我が国としては憲法と抵触しない限度において，第4条の義務を履行する旨留保を付することにしたものです。なお，この規定に関しては，1996年6月現在，日本のほか，米国及びスイスが留保を付しており，英国，フランス等が解釈宣言を行っています。」（外務省ホームページ http://www.mofa.go.jp/mofaj/gaiko/jinshu/top.html）。

第3章 刑法及び民法における名誉毀損の攻撃客体について

36) 参照，東澤靖「憲法と国際人権法」法律時報84巻5号（2012年）8頁

37) 参照，馬場里美「マイノリティの保護——自由権規約27条の国内適用をめぐって」法律時報84巻5号（2012年）60頁。

38) 参照，広中俊雄「主題（個人の尊厳と人間の尊厳）に関するおぼえがき」広中俊雄責任編集『民法研究』第4号（2004年）59頁以下。

39) 市川正人「人種差別撤廃条約と差別的表現の規制」法学セミナー504号（1996年）84頁。

40) 申・前掲注32）466頁。

41) 寺谷・前掲注26）293頁。

42) 大阪高判平23年10月28日 LEX/DB【文献番号】25480227。

43) 外務省「人種差別撤廃条約　第7回・第8回・第9回政府報告（仮訳）」2013年1月。

44) 最決平24年2月23日 LEX/DB【文献番号】25480570。

45) International Convention on the Elimination of All Forms of Racial Discrimination, CERD/C/GC/35 (Combating racist hate speech). 日本語訳として，反差別国際運動日本委員会編『知ってほしい—ヘイトスピーチについて　使ってほしい—国際勧告を』（2014年）19頁。

46) この場合もやはり，損害賠償を認めることだけでは個人の問題しか救済できていない。単に個人の問題（＝名誉毀損の問題）に還元されるだけでは，なぜヘイト・スピーチをするのか，なぜ属性を示して侮辱するのか，という問題は明らかにされないままといわざるをえない。そのためヘイト・スピーチの侵害性を評価したとは言い難い。

47) Rawls, supra n. 5, at 447.Vgl. Jürgen Sirsch, Die Regulierung von Hassrede in liberalen Demokratien, in: Jörg Meibauer (Hg.), Hassrede/Hate Speech, 2013, S.165.

48) Rawls, supra n. 5, at 386.

49) 参照，田中聖香「差別を超えるには——ドイツに見る厳しい法規と根深い極右思想」WEBRONZA（2014年1月29日）。
（http://webronza.asahi.com/global/2014012800004.html）。

50) 榎透によれば，「日本で実際に問題となる差別的表現は，投書，落書きやインターネットによる掲示板への書き込みといったものが多いようである（125）。これらの内容の悪質さは別として，これらの差別的表現は，米国のヘイト・スピーチの事例とは随分と趣を異にする。米国においてヘイト・スピーチを規制できると考えられるのは，そうした言論が暴力・暴動を惹起し平穏を害する場合か，歴史的経緯からしてある象徴的言論が真の脅迫や身体的暴力に該当すると評価できる場合であった。一方，日本における投書，落書きやインターネットなどにある差別的表現は，米国の事例のように，暴力・暴動を引き起こし平穏を害すると言えるのであろうか，また歴史的経緯から言って真の脅迫や身体的暴力と評価できるのであろうか。また差別的表現による暴動の惹起は，具体的危険を生じているのであろうか。本来であればこれらについても綿密な検証を要するが，少なくとも現時点では，日本の差別的表現がこのような性格を持つものとはにわかに肯定できないように思われる。また仮に肯定できるとしても，規制が合憲であるためには立法事実の存在が必要であるから，差別的表現が暴力・暴動の惹起を生むこと，または脅迫・暴力に当たることにかんする立法事実の存在が示されなければならない。そうでなければ，差別的表現に対する規制が正当化されるために，暴動惹起などとは全く別の立法事実の存在が必要である。差別的表現の規制に賛成する場合，これらについての説明が求められよう。」（榎透「米国におけるヘイト・スピーチ規制の背景」専修法学論集96号（2006年）102頁以下），と述べており，この指摘自体はまさにその通りであるが，しかし，近年の日本における定住外国人を標的にしたデモの状況に照ら

079

して，アメリカとは事情が異なり，規制立法を必要とする事実はないと未だにいえるであろうか。参照，横田耕一「『差別表現』についてどう考えるべきか」法学セミナー475号（1994年）59頁。

51）師岡・前掲注18）57頁。

52）ここで蓄積という用語を用いたことで，ヘイト・スピーチ規制をドイツの環境刑法における蓄積犯・累積犯（Kumulationsdelikte）のように，共犯関係にない独立した個別の軽微な害の蓄積の結果として重大な法益侵害を惹起させる行為として理解されるかもしれないが，必ずしもそうではない。環境汚染行為では，環境法益に対する軽微な汚染行為の蓄積と，最終的な環境法益の侵害結果という関係において同一の法益の問題であるが，本章では，ヘイト・スピーチを人間の尊厳と社会的平等に対する侵害の問題として把握している。ヘイト・スピーチについて当該侮辱的表現行為をそれ自体として処罰に値するものとして評価すべきである。ヘイト・スピーチによる侵害・危険の本質は人間の尊厳と社会的平等であるのに対して，将来の侵害は生命や身体などの法益に対する侵害であり，両者はそれぞれ別の法益侵害ないし危険の惹起を予定している。それゆえ，ヘイト・スピーチでは，その蔓延による将来の重大な害を想定して，ヘイトスピーチの蓄積は立法根拠とはなり得ても，個別の行為の可罰性を基礎づけることはできない。個別に構成要件該当性と法益侵害の有無を問うべきである。粗暴犯を典型とする将来の法益侵害は，それが現実化した場合に，それ自体として処罰すれば十分である。

53）参照，岩下慶一「ヘイトスピーチがヘイトクライムになる前に」WEBRONZA（2013年12月28日：最終閲覧日2014年1月3日）（http://webronza.asahi.com/global/2013122800001.html）。

54）参照，松井茂記『マス・メディア法入門〔第5版〕』（日本評論社，2013年）167頁以下。松井は，「いかに気持ちを傷つけられたからといって，それだけで表現に責任を負わせることは，表現の自由を大きく制約する」と指摘するが，ヘイト・スピーチの表層だけを捉えた場合には感情や気持ちのレベルの問題として理解されてしまう。

第4章
ヘイト・スピーチ規制における「明白かつ現在の危険」
──刑法からの視点

I　問　　題

1　処罰に対するヘイト・スピーチ

　「殺せ、殺せ、○○人！！」、「日本から出て行け、出て行け、ゴキブリ○○人」、「○○人たち、日本から出て行かなければ、南京大虐殺のつぎは鶴橋大虐殺をするぞ」などと拡声器を使って大声で連呼する。このような憎しみをあおる「ヘイト・スピーチ」デモや街宣活動が2013年に全国で少なくとも360件あったとの調査結果が出ている。[1] また、プロサッカーの試合で人種差別が疑われる「JAPANESE ONLY」と書かれたサポーターによる横断幕が掲げられた問題が発生した。[2] ヘイト・スピーチが社会問題になる一方で、国連レベルでは、自由権規約委員会111会期において、2014年7月、日本政府に対して人種差別、憎悪や人種的優位を唱える宣伝活動やデモを禁止するよう勧告が出され、[3] 同年8月には、国連人種差別撤廃委員会は日本政府に対する総括所見でヘイト・スピーチに対する規制をせよとの勧告を出した。また、司法レベルでは、店主が外国人は立入り禁止である旨告げて店から追い出そうとした事件に係る静岡地方裁判所浜松支部判決、[4] 公衆浴場入り口に「外国人の入浴を拒否」との張り紙をして入店を拒んだ事件に係る札幌地裁判決、[5] また京都朝鮮第一初級学校に対する襲撃事件に係る大阪高裁判決は、[6] 人種差別撤廃条約の「人種差別」を内容とする名誉毀損が行われた場合に民法の不法行為（民法709条）を構成すると判示した。

　肌の色、人種、民族、出自、性別、性的指向等、特定の属性によって特徴づけられる集団に対する侮辱的表現、すなわちヘイト・スピーチを主たる対象と[7]

081

する表現行為について，法的規制をすることのそもそもの肯否又は法的規制を肯定するとして——その範囲を検討する場合，憲法21条の表現の自由の保障を大前提としなければならないことはいうまでもない。

　表現行為に対する規制が問題になると，表現活動の萎縮と憲法の保障する表現の自由の制限，そして民主主義にとっての危機という問題が常に出てくる。なるほど，一定の表現行為が法的規制の対象となったとすると，政治的，文化的，歴史，芸術的意味を含意した表現活動をしようとする者は，自己の表現行為によって処罰されるリスクを前にして行為を差し控えるかもしれない。国家に対して，社会に対してものを言うことができなくなってしまう。刑罰を科せられるリスクを知って，それでもなお表現をすることはとてつもなく勇気の要ることである。多くの者は表現することを控えるか，一定の表現をタブーとするであろう。また，そのようなリスクを冒してまで国家に対して又は社会に対して何かを表現したいとは考えなくなるであろう。そうなると，誰も国家について，社会について語らなくなるであろう。それ以前に語ることをおそれるであろう。すでにそのような社会では，表現することを禁止する様々な制度が構築されているであろう。端的に言えば，これが表現に対する萎縮ないし萎縮効果である。表現に対する萎縮は，一定の表現行為を禁止することにより制限することであるから，憲法の保障する表現の自由にとって重大な問題であることはいうまでもない。表現の自由という権利は，民主主義社会においては，一人一人の市民が社会に参加して，今自分のいる社会に対して自己の意見を表明し，これによって社会の決定プロセスに影響を及ぼし，決定に参加することに真骨頂がある。より本質的には，国家や自治体の悪政に対して反対・抵抗の声を上げて，よりよき社会を作り上げるために表現の自由は不可欠である。表現の自由が保障されていなければ，これらの目的のための表現行為は，逆に国家的利益又は社会的利益を侵害・危殆化したとして違法とされてしまう。このような社会は，当該社会に存在する人々が決定することを否定しており，民主主義からは遠のくことになる。たしかに，国家や政府を批判する議論を規制することも選挙で選ばれた議員で構成する国会で制定されたとしても，これにより表現の自由がより保障されるかといえば，それは逆である。実質的には，多数者による少数者の表現の否定である。前者にとって不都合な言論，体制維持に

とって価値がないとされる議論の否定である。このことは，究極のところ，思想統制に行き着き，思想・心情の自由にも抵触する。その意味で，どのような表現が良質又は悪質であるかを判断すること自体慎重であらなければならないことはいうまでもない。事実表明，意見表明そして表現の意味内容のいずれについても同じことがいえる。どれも国家による意味づけがされることで，社会的意義を持たない表現は否定されてしまう。このような社会では，民主政を基礎にした社会発展・変革の可能性は根こそぎ奪い去られる。表現の自由の保障は社会における民主主義の実現度の指標といって過言ではない。

　毛利によれば，個別の表現を孤立的な自由の行使とみる姿勢では，萎縮効果除去のための広い保護という視点はなかなか出てこない。しかし，それを自由な公共圏のなかでの議論の一環であり，その議論素材が活発に提供されることにより依拠するに足りる世論が形成されると考えることにより，表現活動をおこなう者へのリスクを一般に引き下げることを規範的に要求できるかと思われる，と述べる。[8]その理由として毛利は，表現の自由は，個別の表現それぞれが「公共的理由」を示す場合にのみ公共財なのではなく，討論のなかから一般化可能な命題を導くために不可欠であるからより一般的に公共財なのである。したがって，その公共財性の承認は，公共圏における理性を想定する限りでなされることになろう，と根拠づけをする。[9]（日本の憲法学界では）表現の自由が民主的意思形成過程の不可欠の構成要素だと考えられてきた。国民の意思形成に自覚的に影響を与えようとする表現活動が，まさにそれゆえに特に保障されるべき「自由」だと考えられてきた。孤立した個人の活動よりも，他者を巻き込もうとする活動のほうが重く保障されるべきだということになる。[10]しかも，毛利は，実際にはさまざまな「市民」がいる。地域エゴを追求したり，少数者の排除を求める「市民」もたしかに多いだろう。しかし，彼らの多くも「社会的公共利益」を看板に掲げているのであり，その活動が権力者との癒着や暴力の行使などによって「自由」に求められる無力さを捨ててしまっていない限り，その正当性を法理論の名において否定するには慎重でなければならない，[11]としつつ，法があらかじめ市民的自由に対して内容的制約を課すには，少なくとも具体的危険に基づく理由が必要だと考えるべきである，と主張する。[12]

　毛利によれば，誰かがしゃべったからといって世界が突然変わるわけではな

い。しかし，しゃべることは他者を巻き込み，他者との間に関係をつくることによって権力を生む可能性をもつ。この公的領域から生まれる「権力」のみが，自由を維持しながら世界を変える可能性をもつのである。公的幸福とは，正確に言えば無力のなかから権力を生み出す幸福，「強調して活動すること」によって世界を変える過程に参加する幸福のことなのである。それは，一人では絶対に無理不可能であるとする[13]。

　毛利において表現の自由は，権力に対する無力な市民の抵抗にその真骨頂がある。毛利は，政党，州首相への批判，大会社と政治家の癒着の批判，そして軍隊の兵士への批判などを平等な「私人間」の争いと性格づけることは，現実の権力関係をみれば虚構的といわざるをえない。これらは公権力への批判が人物を対象とする形をとったものであり，権力が実際には具体的担当者によって運用されるものである以上，彼（女）らへの批判は民主政において不可欠である。逆にだからこそ，これらの批判に対して権力を維持したい側が敏感に反応するのであり，まさに「国家の制裁」をこそ恐れるべき事例というべきである，と警笛を鳴らす[14]。それにより，名誉侵害を訴える者は通常守られるべき社会的評価を持っている者であり，そのような者への批判に際しては国家の制裁からの萎縮効果を防止することがやはり優先されるべきだと思われる，と述べる[15]。

　以上のような指摘のもと，毛利は，表現の自由の主たる意義は，人が私的領域を抜け出て公共で，他の市民に対して訴えることを許す点にある。だからこそ，このような表現は止めようと思えばいくらでも止められるのであり，通常の人間は敢えて私的領域から抜け出す必要を感じない。彼（女）らは，それで十分「自由」なのである。にもかかわらず公共に出て行こうとするには，常に一定の「勇気」を必要とするが，この勇気は指摘に生きていくには不必要なものであるだけに，威嚇に対してくじけやすい。制裁の危険があるとなれば，なおさら公共領域に踏み込む理由はない。だがその結果，民主的意思形成過程で十分な議論が提出されなくなり，民主政の正当性が侵害されるという危険が発生する。生きていくのに不必要な私的領域からの抜け出しが妨げられないために，特に萎縮効果を心配する必要があるのではなかろうか，と述べる[16]。

　表現の自由の保障と共に，刑法の謙抑性，断片性，補充性原則等も十分に尊

重しなければならない。これらのことに照らすと，表現規制のための法令は処罰すべき行為の範囲が法文上明確であり，しかもその構成要件の射程も明確に枠づけし，そして違法性判断においても保護法益と関連させることで形式犯化を回避しなければならないのは当然といえる。このことは刑法の自由保障機能からもまた当然といえる。そうでなければ，規制によって表現の自由という権利の萎縮が生じるおそれがあるし，それどころか制限することにもなりかねない。このような要請は通常の刑事立法でも当然に提起されることであり，何ら特異なことではない。表現規制について，騒音規制のような表現そのものではなく（表現内容中立規制），とりわけ表現の内容に立ち入って規制する場合（表現内容規制），表現の多義性などをも念頭に置きながら規制する必要があるので，――立法作業並び可罰性評価に際して――表現行為の行われた行為現場，行為状況・事情そして行為態様などを慎重に選び出す作業が必要となる。佐々木弘通は，表現の自由の問題には，「表現そのもの」が何らかの社会的害悪を生じさせることを理由とした「表現の手段」（＝表現行為）の処罰と，「表現の手段」（＝表現行為）の外形が何らかの社会的害悪を生じさせることを理由とした「表現の手段」（表現行為）の処罰の二つの類型があると説示するが[17]，ヘイト・スピーチ規制の問題は，主として前者に属することを確認しておかなければならない。

　情緒的感覚に頼って侮辱的表現を評価することになれば，その処罰範囲は不明確にならざるを得ないであろう。そのようなことは厳に避けなければならない。これらのことを考慮すると，表現行為に対する法的規制の際には，一定の行為類型に処罰範囲を限定することで構成要件にしぼりをかけるべきだとの要請が出てくる。そこで可罰的なヘイト・スピーチにしぼって法的規制をする必要性が出てくる。それによって，表現の自由という権利の行使と当罰的な表現行為を区別しなければならないということである。そのため，処罰に値するヘイト・スピーチとは，どのように規定するべきか又は規定することが可能なのかが問題になる。

2　民主政の保障のためのヘイト・スピーチ規制
　ヘイト・スピーチを規制することは，表現の内容規制の問題に属する。端的

に説明すると，表現の内容規制とは，ある表現をそれが伝達するメッセージ，つまり真のメッセージを理由に制限する規制とされる[18]。これに類する表現として，名誉毀損的表現やヘイト・スピーチ・差別や排除を扇動する表現があり，これらは低い価値の表現であり，いわゆる——高い価値の表現である——政治的表現とは区別される[19]。概念的にはヘイト・スピーチと政治的表現は区別される。政治的表現こそは，主権者として市民が国家に対して又は社会に対して自己の意見や主張を表現し，これを通じて国家的・社会的決定に参加することであり，これを保障することが表現の自由の真骨頂といえる。現行体制に対して強烈な批判をすることや，時として政府の不正・腐敗を暴くことを目的とする場合もある。「ある国が民主制をとっているかどうかを判断する基準は何よりも，権力を握っている者に対して自由に批判を加える権利が国民に保障されているかどうかという点にある。そして，この言論の自由の保障の程度を見ることにより，その国の民主主義政治の成熟度を知ることができるのである[20]」との指摘が示しているように，民主政の枠組み構築とその充実化のために表現行為を保障することが憲法の表現の自由である最大目的なのである。一人一人の市民が社会の参加者として対等かつ平等な立場で社会に参加して，物事を決定するプロセスが民主主義制度であるならば，表現の自由がどの程度保障されているのかが，社会における民主主義制度の実施・実現の到達度を測定するバロメーターといえる。その意味で表現の自由は民主主義制度にとって不可欠な権利である。

　表現の自由の中核部を形成しているのは，政治的なそれであると断定することができるとの曽根威彦の指摘にあるように[21]，表現の自由を保障することは，その国家並び社会が自己の政治的決定の制度を自ら保障することを意味する。これを保護すること自体が社会の自己アイデンティティの保持でもある。体制批判を主旨とする表現行為は民主主義制度における参加者である市民としての意見表明であり，これを保障することそのものが民主政の実現の証といえる。

3　合憲的ヘイト・スピーチ規制のための検討課題

　しかし，実際に表現行為が行われる現場では，高い価値のある表現である政治的表現と低い価値の表現を区別することが困難な場合もある。ある表現行為

が，その表現者の一定の集団を社会から排除することや社会への参加を認めないという思想に基づいて行われ，しかもたとえ荒唐無稽であり，——特定の集団の社会参加を否定する——民主政を否定するような表現内容であったとしても，それは政治的表現ともいえる。とりわけ，特定の属性によって特徴づけられる集団に対する侮辱的表現について法的規制をもたない社会においてはそうであるないしそのようにみなされる可能性が十分ある。たとえひどい表現内容であり，かつ侮辱的であったとしても，これと良質の表現を区別する基準をもたない以上，このような表現行為は表現の自由の行使としての政治的言論として，逆に，むしろ高い価値のある言論とみなされる可能性すら否定することはできない。個人に対する名誉毀損の場合には，表現の自由と個人の名誉の調整機能として刑法並び民法の名誉毀損がある。視点を変えると，日本では，外国人などの社会的少数者に対する公の場での攻撃的な侮辱的表現行為を社会とその法制度並び法理論も具体的に想定してこなかったことから，憲法における表現の自由の保障と個人の名誉保護の調整機能を果たすものとして，名誉毀損罪（刑法230条）及び侮辱罪（同231条）並び不法行為（民法709条）しかなかった。これに対して，特定の属性によって特徴づけられる集団に対する侮辱的表現行為について，表現行為との比較衡量ないし調整のためにいかなる利益が措定されるべきなのかについて議論がされてこなかった。そのためなのか，ヘイト・スピーチについて法的議論がされたとしても，個人的名誉に対する攻撃とは異なる害悪と被害がヘイト・スピーチの実態として存在するのかまったく判然としない。そのため，肌の色，人種，民族，出自，性別又は性的指向等，特定の属性を有する集団に向けられる攻撃的な侮辱的表現行為，つまり，ヘイト・スピーチは，特定の個人を対象としないことを理由に両罪の処罰範囲から外れてしまう，つまり表現の自由としてまさに「権利」としての自由なのかという問題に突きあたる。しかし，たとえ政治的言論を装っていたとしても，表現行為が特定の属性によって特徴づけられる集団に対する侮辱的表現が公の場で，差別と排除を扇動する目的で，攻撃的，脅迫的若しくは侮辱的又は反復的な態様で行われた場合にも，それは保護に値すると理解すべきなのであろうか。ここにヘイト・スピーチ規制の必要性を問う端緒がある。その上で，単なるひどい悪口と区別するために，しかも表現の自由の保障をも考慮すると，単なる言論

ではなく，処罰に値する表現行為といえるためには法令が保護する利益に対する危険がなければならない。そうなると，特定の属性によって特徴づけられる集団に対する表現については，その法的規制の合憲性，もっといえば，表現の内容を規制するための立法を構想するにあたっては，表現行為に対する当該規制立法の保護する法的利益の存在と，これに対する客観的な危険が発生しなければならないということになるのは当然である。そもそも差別的表現は社会的に許されないことであり，それゆえ法益に対する危険が発生するまで処罰を待たなければならないとの理屈は一見不合理のように思われるが，曽根の言うように，人間の社会行動を処罰する第一の根拠は具体的な社会的有害性にあるのだから，社会的価値が僅少ないし皆無のものであっても「明白かつ現在の危険」のないものはおよそこれを処罰の対象とすべきではなく，価値の僅少性はこのような「危険」が生じた場合に初めてこれとの比較において意味を持つのである。[23]

　以上のような事情を前提にしてヘイト・スピーチに対する法的規制の肯否を検討しなければならない。国連の人種差別撤廃委員会は，意見と表現の自由は，幅広い国際文書において，基本的権利として認められている。その一つに世界人権宣言があるが，これは，すべて人は意見及び表現の自由に対する権利を有し，その権利は，干渉を受けることなく自己の意見をもつ自由並びにあらゆる手段により，また，国境を越えると否とにかかわりなく，情報及び思想を求め，受け，及び伝える自由を含むことを認めている。しかし，表現の自由の権利は無制限ではなく，特別な義務と責任を伴う。つまり，従うべき制限があるのである。とはいえ，その制限は法律によって規定されなければならず，他者の権利若しくは名誉の保護，国の安全，公序，公衆衛生又は公衆道徳の保護のために必要とされるものでなくてはならない。表現の自由は，他者の権利と自由の破壊を意図するものであってはならず，そこでいう他者の権利には，平等及び非差別の権利が含まれるのであるとする。[24]このことを前提として，――法的規制が肯定されたとして――刑法の任務である法益保護原則からすると，ヘイト・スピーチ規制における法的に保護された利益の承認，[25]これを攻撃する表現行為の存在，そしてこれによる法益の侵害ないし危険の発生が認められた場合にのみ，もっというと，これらの事項を法令が十分に規定している場合に

第4章　ヘイト・スピーチ規制における「明白かつ現在の危険」

のみ，表現の自由という法的に保護された権利ないし利益の行使を制約することが許される。つまり，法令の合憲性が承認される。

　この問題を検討する論点として，表現行為に対する規制立法の文面の違憲性並び適用の違憲性の審査に用いられる「明白かつ現在の危険」の基準について取り上げることにする。[26]「明白かつ現在の危険」の基準という，法令の合憲性を判定する基準であると同時に，行為の可罰性の有無の判定基準が，表現の自由の保障とヘイト・スピーチの害悪を根拠とするその制約の正当化のためにいかなる機能を持ちうるのであろうか。本章は，とりわけ法令の合憲性を判定する基準としての「明白かつ現在の危険」の基準の問題に検討範囲を限定する。

　なお，法令の「明確性」の原則の問題や，同じく「過度に広汎な規制」を理由とする無効の法理の問題については後日の課題とする。

Ⅱ　「明白かつ現在の危険」の基準とは？

1　合憲性を担保するための「明白かつ現在の危険」という基準

　日本では，「明白かつ現在の危険」の基準は，経済的自由と精神的自由の制限に関する二重の基準論を前提として，[27]法令そのものの合憲性判定の基準として，また表現内容を直接規制する場合に限定して用いられるべき，[28]最も厳格な違憲審査基準とされてきた。これは，そもそも，「およそ，ある法律における行為の制限，禁止規定がその文言上制限，禁止の内容において広範に過ぎ，それ自体憲法上保障された個人の基本的人権を不当に侵害する要求を含んでいる場合には，右基本的人権の保障は憲法の次元において処理すべきものであつて，刑法の次元における違法性阻却の理論によつて処理することは相当でな」[29]い場合に，憲法レベルで合憲・違憲の判断を示すために用いることを主とする。この「明白かつ現在の危険」の基準は，法令の合憲性審査の際に，法令が規制しようとする行為の範囲，つまり処罰範囲が法文上明確であるだけでなく，しかも法令が保護する利益に対する現実の危険の発生を求める。表現規制に関してこの基準は，つぎの三要件に分析される。①ある表現行為が近い将来，実質的害悪を引き起こす蓋然性が明白であること，②実質的害悪がきわめて重大であること，その重大な害悪の発生が時間的に切迫していること，③当

089

該規制手段が害悪を避けるのに必要不可欠であること。これら三要件を満たしたと認められる場合には，当該表現行為を合憲的に規制することができる[30]。「明白かつ現在の危険」の基準は，Schenck v. United States 事件判決において適用されたのであるが，その当時は，表現行為を禁止する法令（本件では防諜法）を適用する際に，特定の表現行為が禁止に牴触するか否か判断するための基準として用いられたのである（＝適用上違憲）。その後は法令そのものの合憲性を判定するための基準として用いられるようになったという経緯がある（＝文面上違憲[31]）。

　「明白かつ現在の危険」の基準は，もともと，Schenck v. United States 判決においてホームズ裁判官によって法廷意見として示された基準である[32]。本判決では，「明白かつ現在の危険」の基準は表現の自由を制限するために示された。つまり，被告人が徴兵制に反対するリーフレットを配布したことにつき，1917年防諜法の徴兵・徴用妨害罪の共謀に問擬されたことについて，「あらゆる事件において問題となるのは，連邦議会が抑止する権限を有する実質的害悪を惹起するであろう明白かつ現在の危険を生じさせる状況の下で用いられ，かつ，そうした危険を生じさせる性格を持つのかという点である。そこでは，蓋然性とその程度が問題になる。平時であれば語ることのできる多くのことが，国家が戦時下にある場合には戦争遂行の妨げとなるので，人々が戦闘している間，そのような発言を禁止することができ，裁判所はそのような発言を憲法上の権利によって保護されたものと見なすことはできない」と判示した。本判決では，そもそも「明白かつ現在の危険」の基準は合憲的に法令を解釈適用していることを証明するための危険判断基準として用いられた。「明白かつ現在の危険」は事実認定の基準にする，技術的な一種の証拠法則であった[33]。ここでは，行為それ自体が内包する危険性を絶対的に問うのではなく，行為が行われた（社会）状況・事情に照らして，実害を惹起する危険が切迫していたのかを問うている。平時という状況であれば語ることができたとしても，戦時中であるという状況からして徴兵・徴用妨害の危険性がリーフレットの配布により切迫していたと判断されたと思われる[34]。

　本判決を皮切りに幾多の変遷を経て，「明白かつ現在の危険」の基準は，Brandenberg v. Ohaio 判決において唱道行為を処罰する法律の文面の合憲性

第4章　ヘイト・スピーチ規制における「明白かつ現在の危険」

の判定基準として用いられた。アメリカ合衆国憲法修正1条の保障する表現の
自由との関係で，オハイオ州刑事サンディカリズム規制法の合憲性を巡って争
われた事件であるが，その概要はつぎのようである[35]。

　白人至上主義を唱える団体といわれるク・クラックス・クラン（Ku Klux
Klan）のリーダーである被告人が，シンシナティテレビ・ステーションのス
タッフであるアナウンサー・レポーターと電話をして，彼を，ハミルトン・カ
ウンティの農場で開催されるク・クラックス・クランの集会に来るよう招待し
た。主催者と協力して，レポーターとカメラマンが集会に参加し，イベントを
映像に収めた。映像の幾つかの部分は後に地方局と全国ネットワークで放送さ
れた。一つめのフィルムでは，12人の覆面をした人物がおり，そのうち数人は
松明を持っていた。彼らは大きな木製の十字架の周りに集合し，それを焼い
た。参加者と撮影者以外は誰もいなかった。この場面の間において発せられた
言葉は理解できるものではなかったが，発せられた文句は，黒人やユダヤ人に
対する侮蔑であると理解されるものであった。同じフィルムの別の場面では演
説をする被告人を写していた。演説でつぎのように話していた。「これは組織
者ミーティングだ。今日はオハイオ州全体に多くの構成員のうち，ここにはほ
んの数人がいる。わたしは，5週間前の土曜日の朝の The Columbus, Ohio
Dispatch から切り抜いた新聞から引用することができる。クランは，他の団
体よりもオハイオ州で多くの構成員がいる。我々は復讐のための組織ではない
が，我々の大統領，議会，最高裁判所が白人であるカフカス人を抑圧し続ける
のであれば，復讐を行うことはあり得る。我々は7月4日に40万人で議会周辺
を行進する。そこから我々は二つのグループに分かれて，一つはセント・アウ
グスティン，もう一つはミシシッピを行進する。どうもありがとう」。

　二つめのフィルムでは，6人の覆面をした者たちが映っており，そのうちの
一人が被告人であった。彼は最初のフィルムに録画されたのとたいへんよく似
た演説を繰り返した。その際一つの文句が付け加えられた。「個人的には，黒
人（the nigger）は，アフリカに帰されるべきだし，ユダヤ人はイスラエルに帰
されるべきだ」，と。

　Brandenberg v. Ohaio 事件で問題にされたオハイオ州刑事サンディカリズ
ム規制法について，アメリカ合衆国連邦最高裁は，表現の自由は州に対して，

091

唱導が差し迫った非合法な行為を扇動又は生ぜしめることに向けられ，かつ，かかる行為を扇動し又は生ぜしめる蓋然性がある場合を除き，有形力の行使又は法に違反することの唱導を禁止できないと判示した。本法では，産業又は政治改変を達成する手段としての暴力行為の意義，必要性又は妥当性を唱道又は教授すること，また，そのような唱道を含む本や文章の出版，配付又は展示，サンディカリズムの妥当性を示すこと又は広めること若しくは唱道する意図をもって暴力的行為をすることを正当化すること，そしてサンディカリズムを教授又は唱道するために作られたグループと任意に集まった者を処罰していた。本法では，唱道は，差し迫った不法な行動の扇動とは区別されていなかった。そのため本法は，合衆国憲法修正１条の表現の自由に抵触し，文面上違憲だと判示された。

　このブランデンバーグ基準からすると，つぎのように理解することができないだろうか。オハイオ州刑事サンディカリズム規制法は，産業又は政治改変を達成する手段としての犯罪行為，サボタージュ，暴力行為又はテロという非合法手段の意義，必要性又は妥当性の唱道及びサンディカリズムを教授又は唱道するために作られた団体，組織又は人々の集まりと任意の会合をもつことについて法律で規制していたが，本件との関係では，産業又は政治改変を達成する手段としての（犯罪行為，サボタージュ，暴力行為又はテロという）違法行為と，それによって生じるであろう重大な実害との関連で唱道の意義を問うていると考えるべきではなかろうか。つまり，「唱道」要件の規定だけをもって本法が禁圧しようとする害悪を生じさせる危険又はそのような危険が生じる可能性のある事態を推定することができるであろうか。ここでは，名誉毀損やわいせつ表現などを規制対象とする立法とは異なり，「唱道」という要件だけで自ずと違法な暴力的行為を誘発する表現行為であると明確に評価することができるのか，それともそもそも処罰するに値しない表現行為も含まれており当罰的行為の範囲が画されていないのではないかという問題を設定したうえで，法令の文面の合憲性を検討する必要がある。[36] 本法が暴力行為を未然に規制することを目的とする立法であるとしても，唱道は，いわゆる単なる唱道では足らず，法令には唱道と暴力の発生との関連そして唱道の行為態様を規定する必要がある。保護法益との関係で考えると，人の生命・身体・財産等の法益に対する侵害・

危険を具体的に誘発する表現行為としての唱道が必要なのであり，このことが
法令に規定されていなければならない。その意味において「明白かつ現在の危
険」の基準は，法令が保護する利益と禁圧すべき実害との関連で理解すべきな
のである。そのため，唱道は，法令における立法趣旨と離れて理解ないし解釈
してはならない。なぜ，単なる唱道（mere advocacy）を処罰することが表現の
自由に抵触するのかというと，その理由は，本法の趣旨から外れて，本来処罰
の対象外とされる表現行為をも処罰するおそれがあるからである。本法では，
「単なる唱道」と「差し迫った違法な行為の扇動」が未分別であり，「唱道」と
しか規定されていなかった。それにより，このような法令は合衆国憲法修正１
条と同14条に抵触するとした。そこで本判決は，「言論，出版の自由に照らし
て，州が暴力や違法行為の唱道を禁ずることができるのは，当該唱道が，差し
迫った違法な行為を扇動し又はこれを発生させることに向けられており，か
つ，違法行為を扇動又は発生させる蓋然性が高い場合に限られる」と判示し
た。本判決では，何ら違法行為を扇動するような危険のない単なる唱道ではな
く，差し迫った違法な行為の扇動に向けられ，かつ蓋然性を有する限定された
表現行為にしぼって法令で処罰することを規定している場合のみ，法令自体の
合憲性が認めることになるが，このことは，本法が保護している利益，禁圧す
べき実害そして表現の自由と関連させて初めて，単なる唱道の処罰だけを規定
する法令それ自体の合憲性・違憲性を明らかにすることができるということを
示唆する。[37]

２　「明白かつ現在の危険」の基準の限界づけ

　本法が禁圧することを意図とする実害に関わって，これを誘発する具体的可
能性のある表現行為に限定して処罰しなければならない。本法は，「唱道」要
件は単なる表現行為を処罰することを可能性にし，これにより，実害の発生又
はその危険のない表現行為をも処罰の射程に含めることになってしまう結果，
本法の本来の意図とは異なるないしその外延にある表現行為をも規制すること
になってしまう。これを回避するために，「明白かつ現在の危険」の基準は，
当該規制立法の保護する利益と禁圧すべき実害と関連させて，法令が合憲性を
担保しうるような処罰に値する表現行為の態様にしぼって（構成要件該当）行

為を規定しているのかについて検討を可能にする。これによって表現者の表現の自由を可能な限り保障する。しかし、「明白かつ現在の危険」の基準は、あくまで表現の自由の権利のなかに包摂される表現行為とそうでないものとを否が応でも区別する基準である。ブランデンバーグ基準が、表現が、その時の状況では、差し迫った違法行為を生ぜしめる蓋然性があったこと、表現者の用いた表現が、せん動を客観的に助長し駆り立てるものであったことの証明がなければ表現者を処罰することはできない、ということを明らかにしたのでいわずもがなであるが、――念を押す意味で述べると――重要なことは、この基準が、「危険な傾向（dangerous tendency）」の基準などと無分別に、――時、場所、態様など具体的な行為事情など個別具体的な表現行為を問題にするのではなく――表現行為自体の危険性を判断対象とした場合には、「明白かつ現在の危険」の基準の意味も変容するということである。その意味で、「明白かつ現在の危険」の基準の判断方法、判断時点、表現行為の事前の客観的（社会）事情並びに判断対象（［その内容も含めた］表現行為そのものか、行為態様も包含した意味での［その内容も含めた］表現行為なのか）を何に求めるのかが重要になる。なぜなら、たとえ戦争時でなくとも、隣国との緊張関係にある国際状況では、Schenck v. United States 判決における表現そのものが国家敵対的であり、かつ利敵的であるとして、「明白かつ現在の危険」の基準を用いても危険性が肯定されることはあり得るからである。「危険な傾向」の基準が明白性の判断に入り込むことで、表現そのものが内包する危険性が明白性概念を規範化（＝「こんな文書が世の中に出回れば危ないに違いない、危ないのは明らかだ」）させることで、「明白かつ現在の危険」の基準は客観性・事実性を失い、規範的・観念的な判断になり、しかもこれに引きずられて現在性判断がより前倒しされる可能性も捨てきれない。浦部法穂は、法令適用の合憲性判断との関連で、「明白かつ現在の危険」の基準とは、規制対象行為と「害悪」発生との間に明白な関連性が認められなければならないということ、その法律が規制対象としている類型ないし範疇に属する行為が、必ず、あるいはほとんど不可避的に「害悪」をもたらすということが証明されなければならないとするものだと説明し、現在性について、法律が、類型的・範疇的に必ず「害悪」をもたらすとはいえない行為を規制対象とする場合には、現実に「害悪」をもたらした行為に限定し

て規制しなければならないとする。このような説示を前提として浦部は,「精神的自由を制限する法律が,その目的において合憲とされるためには,その法律が規制対象としている類型ないし範疇に属する行為が必ず『害悪』をもたらすということを証明されるか,そうでない場合には,法律の規定上現実に『害悪』をもたらした行為のみに限定して規制するものでなければならない,ということになるのである」[41],と指摘する。表現行為との関連で一定の類型ないし範疇に属する行為を規制対象とする法律とは,その罪質を抽象的危険犯とするものが多い。表現行為について一定の類型ないし範疇に属する行為を追求するならば,先の「危険な傾向」の基準を明白性の判断材料に組み込むことによる手法でしかあり得ない。浦部は,経済的自由の規制立法について,「規制対象行為と『害悪』発生との間の関連性が,科学的・経験的な客観的資料に基づき広範囲な社会的・経済的などの事実を調べることによって,合理的な程度には証明されなければならない」[42]と説示するが,これは,規制行為の類型性・範疇性判断にも適用可能な説明であり,このように考えるならば,浦部の理解からすると,表現行為の抽象的危険犯による規制は,「明白かつ現在の危険」の基準に厳密に照らすならば,合憲性を有し得ないということになるのであろうか[43]。

3 「明白かつ現在の危険」の基準とヘイト・スピーチ規制立法

　精神的自由の規制立法について,法令自体が合憲であるためには,「明白かつ現在の危険」の基準が適用されることで,規制対象とされる表現行為と,法令の保護法益とが結びついて法令が禁圧することを意図している「害悪」との明白な関連性について証明が求められ[44],しかも——犯罪構成要件として——害悪発生の危険が法文上に規定されていなければならない。浦部によれば,このことは具体的に問題になる,つまり法令そのものの違憲性が問題になる一つの場面としては,精神的自由に対する過度に広範な規制の場合が挙げられる。Brandenberg v. Ohaio 事件では,「唱道」と規定するだけでは,当該構成要件のなかに「単なる唱道」から(他の者による実行行為を誘発させる)「差し迫った危険を生じさせる扇動」までが包摂されることにより文面上違憲となるように,問題となっている法律規定の定める規制対象行為が,必ず「害悪」をもたらすとはいえず,しかも,現実に「害悪」をもたらした行為のみに限定されて

いないということであり，当該法律による規制が過度に広範か否かの判断にあたっては，「明白かつ現在の危険」のテストが意味をもってくる。[45]

市川正人によれば，「個人の尊厳」原理（憲法13条前段及び同24条2項）に立脚する日本国憲法の下では，少数者集団（マイノリティ）に対する差別を解消し市民の間での平等などを確保すること，少数者集団に対する侮辱的表現によって当該集団に属する個人の名誉感情が傷つけられないようにすることは，国家の重要な課題であろうとされる。[46]このことを大前提として，人種差別撤廃条約4条の人種差別の扇動ないし人種等を異にする集団に対する暴力行為の扇動の処罰規定の制定について，ブランデンバーグ基準を適用する。[47]

市川は，差別的表現も他の表現と同様，例外的にどうしても必要な場合にだけ必要な限りで制約されるにすぎず，また，その際，法令の明確性の原則も妥当すると主張する。[48]その上で，市川は，①人種差別の扇動，②人種等を異にする集団に対する暴力行為の扇動，③人種差別を助長・扇動する宣伝活動等の人種差別的な扇動についてブランデンバーグ基準に合致するような扇動のみが処罰されうるとしつつ，①③については，扇動処罰によって抑止することが正当化できるだけの重大なものでなければならないとして，処罰に値する扇動を限定しようと試みる。[49]具体的に市川は，ブランデンバーグ基準を満たすような人種集団に対する暴力行為の扇動や，侮辱を自己目的とするような特にひどい侮辱的表現を処罰するきわめて限定的な人種差別的表現処罰法ならば，規定の文言が明確であるかぎり，日本国憲法の下でも許容される可能性があると主張する。[50]ここでは，市川は，人種集団に対する暴力行為の扇動と，侮辱を自己目的とするような特にひどい侮辱的表現を処罰可能な人種差別的表現としてあげた。前者は処罰によって抑止することが正当化できるだけの重大なものでなければならないとしているので，いわば扇動表現の聞き手による重大な犯罪の実行の着手の具体的危険性が認められる事態が想定されるが，これに対して，後者は特にひどい侮辱的表現そのものを処罰するのであり，暴力行為の扇動は含まれていない。前者が予備以前の行為の処罰であるのに対して，後者は既遂行為の処罰であることを認識することも大事であるが，より重要なのは，前者はいわば人の生命・身体・移動の自由・財産などの物理的な法益を保護することを想定しているのに対して，後者では，――市川が差別的表現で保護されるべ

き法益としてあげているものとして——市民間での平等の確保（＝社会的法益）と，集団に属する個人の名誉感情（＝個人的法益）という抽象的・観念的な法益を保護することになる。

　前者に関して，暴力の扇動が現実味を帯びる社会状況になったとすれば，すでに標的とされる集団に対する蔑みは強固になっており，それゆえ彼らの生命・身体は軽視されてしまっている可能性があることから，扇動と重大な犯罪の実行の着手との時間的間隔はないか又は前者と後者の区別は実際には区分困難といえる。このことからすると，人種差別に基づく暴力の扇動における本質は，生命・身体などの個人的法益に対する罪はもちろんのこと，扇動の背景にある人種差別的意図や動機に基づく侮辱的表現そのもののなかにあるということができる。市川の見解になぞらえると，人種集団に対する暴力行為の扇動表現行為は，侮辱を自己目的とするような特にひどい侮辱的表現にすでに包摂されるといえる。

Ⅲ　合憲限定解釈のための危険判断の基準としての「明白かつ現在の危険」

1　可罰的ヘイト・スピーチと危険判断

　明白かつ現在の危険の基準は，上記のように違憲立法審査権として法令の文面並び適用の違憲を審査する基準である。刑法の可罰性の有無を判断する以前の問題として，問擬される行為がそもそも憲法上の保障を受けるのかという問題につき，法令適用の違憲ひいては法令の文面の違憲性を審査するための基準である。しかし，日本では付随的違憲審査制を採用していることもあり，主には，法令の文面審査よりも具体的な事件における適用の違憲を審査し，その際，法令について合憲限定解釈をすることで合憲性を担保してきた。そこで明白かつ現在の危険の基準は，適用違憲審査とそのための合憲限定解釈のために機能すると共に，適用合憲性が認められた上で，具体的事件に関する可罰的違法性の判断基準としても機能する。合憲限定解釈と可罰違法性の限定解釈とは，厳密には，前者を前提にして後者の判断が許されることになるが，後者が個別の事件に対する具体的あてはめとその解釈であるのに対して，前者が法令に関する抽象的な限定解釈であるという相違があるものの，両者が法令の構成

要件又は違法性のしぼりを念頭に置いていることは共通しており，──限定解釈は一般抽象的に可罰性の範囲，つまり処罰に値する行為を限定するために適用違憲審査をするわけではなく，具体的事案への対応として行われるわけであるから──かつ同時的でもある。

　明白かつ現在の危険の基準はもっぱら表現行為に対して刑罰を制裁として予定している法令に関してその適用が問題になってくる。そこで刑法において明白かつ現在の危険の基準はどのように扱われているのかが問題になる。日本の刑法の文脈では，明白かつ現在の危険の基準は，主として，法令適用の違憲性の問題の文脈のなかで法令の保護法益に対する侵害・危険との関連でとりあげられる。その際，法文上，構成要件要素として危険の発生が規定されているのか，もし規定されていない場合，行為自体の存在だけで危険の惹起を推定してよいのか，どのような法益に対する危険なのか，また法令の保護法益と刑罰の重さとの関係で可罰的行為と評価することの可能な程度の危険とは何か，等が問題になる[51]。

　法益保護を刑法の任務だとすると，制裁として刑罰を科しているすべての法令は法益を保護していると理解することができ，各法令の保護する法益に対する侵害・危険の発生がなければ刑罰を科してはならないというのが大原則である。これを単なる建前と理解しないならば，必然的に刑罰規定には明文化されていない法益に対する明白かつ現在の危険を検討しなければならない。そこで本章では破防法に関連する判例を取りあげて，表現の自由と「明白かつ現在の危険」の基準の問題を検討することにしたい。

　破防法39条及び40条は扇動を処罰しているが[52]，同法39条「政治上の主義……目的をもつて，刑法第百八条……これらの罪を実行させる目的をもつてするその罪のせん動をなした」と規定されている条文には危険の発生は示されていない。判例では，「表現活動といえども，絶対無制限に許容されるものではなく，公共の福祉に反し，表現の自由の限界を逸脱するときには，制限を受けるのはやむを得ないものであるところ，右のようなせん動は，公共の安全を脅かす現住建造物等放火罪，騒擾罪等の重大犯罪をひき起こす可能性のある社会的に危険な行為であるから，公共の福祉に反し，表現の自由の保護を受けるに値しないものとして，制限を受けるのはやむを得ないものというべきであり，右

第 4 章　ヘイト・スピーチ規制における「明白かつ現在の危険」

のようなせん動を処罰することが憲法二一条一項に違反するものでない」[53]と判示して法令の文面上合憲性を認めている。本法令では危険の発生は犯罪成立の構成要件ではない。本法令の条文の規定をそのまま受け取ると，「扇動」要件に該当する表現行為があれば，形式的にすべて同条の構成要件を充足することになる。このような刑罰規定の罪質は抽象的危険犯とされる。形式的に法文を読むと，犯罪が既遂となるのに危険の発生を考慮することは必要ないともいえる。しかし，何らの「害悪」も生じていないのに刑罰を科すのは思想を処罰するのも同然である。国家権力の発動である刑罰の適用を抑制し，処罰の範囲を明確に画するために，刑法の任務である法益保護の見地から法益に対する侵害・危険がなければ処罰することができないことから，何らかの危険の発生が処罰根拠として求められる。破防法の保護法益は公共の安全であるが，これに照らすと，公共の危険の発生が構成要件とされておらず扇動のみが規定されていることによって，本条の罪質は抽象的危険犯と理解される。ここで，刑法の法益保護原則，法令の保護法益と刑罰の重さそして表現の自由に照らして，可罰的な扇動とそうでないものを画すことを可能にするために「明白かつ現在の危険」の基準が用いられた。このように日本では，「明白かつ現在の危険」の基準は法令の文面の合憲性判断ではなく，法令適用の場面における危険判断の実質化のために用いられてきた。形式犯化させるのを回避し，条文の規定の仕方という制約がありつつも，そのもとで危険判断を実質化させるために「明白かつ現在の危険」の基準が用いられている。その意味で日本において法令の文面自体の合憲性審査の基準としての「明白かつ現在の危険」の基準は意義があまりないとも考えられる。しかし，必ずしもそうとはいえないし，またそのように言い切ってしまうことは妥当ではない。法令適用における危険判断に際して，「明白かつ現在の危険」の基準が，いわば書かれていない構成要件ないし可罰性要件として機能している事実から，法令自体の合憲性を検証する際にも応用可能と思われるからである。[54]「明白かつ現在の危険」の基準を用いた危険判断の実質化による限定解釈が，立法に際してどのような要件を条文に記述すべきなのか，また法令自体の合憲性審査を検討するのに資する。このことは，危険犯における危険判断に際して，裁判官による解釈の負担を軽減すると同時に，法文の明確性をも実現する。しかも，これにより不当に表現の自由を制約

することを回避することで，十全にこれを保障する。

2　東京高裁昭62年 3 月16日判決について

　本章ではこの課題を検討するためにブランデンバーグ基準を判決文のなかで
引用し，法益に対する危険を検討した東京高裁昭62年 3 月16日判決を紹介す
る。少々長く引用するが，「明白かつ現在の危険」の基準の問題を明らかにす
る上でたいへん示唆に富む判例であるので，敢えてそうする。

　「アメリカ国憲法判例の研究を通じて得られた表現犯罪についての諸種の制
約基準がわが国のそれについての制約基準としても紹介提唱されることが多か
つたのであるが，本件の訴訟の経過においても，やはりこの点の理解のしかた
が一つの論議の焦点となつている。ところで，このような制約基準としてあげ
られるもののうち最も人口に膾炙しているものとしていわゆる『明白かつ現在
の危険の原則』がある。これは，かつてアメリカ国連邦最高裁判所において採
られた制約基準の一つであり，わが国でもこれを基調にした裁判例も少なから
ず見受けられた。しかし，この基準はアメリカ国において若干の盛衰を経てい
る。そして，政治的言論の制約について，昨今では，右原則と，言葉の『せん
動』性を重視するいわゆる『せん動』理論とを組み合わせたともいうべきブラ
ンデンバーグ原則（1969年のブランデンバーグ対オハイオ事件においてアメリカ国連
邦最高裁判所が判示した「憲法における言論の自由及び出版の自由の保障は，州に対
し，暴力の行使や違法行為の唱道を，かかる唱道が，さし迫つた違法行為をせん動し，
もしくは生ぜしめることに向けられており，かつ，かかる行為をせん動し，もしくは生
ぜしめる可能性がある場合を除き，禁止することを認めていない。」との原則）が新し
く注目されているといわれる。そしてこの原則の核心は，憲法上禁止できる唱
道の範囲を『さし迫つた違法行為のせん動』であつて，少なくとも『せん動』
の効果発生の『可能性のある（be likely to）もの』に限定した点にあると解す
ることができると考えられるが，いずれにしてもこの原則は，弁護人の消極的
評価（当審弁論要旨三二頁）にもかかわらず，彼我の国情の差を超え，わが国に
おける表現犯罪の解釈に当たつてもきわめて示唆的なものがあるといつてよい
であろう。」

　「一方，以上のような憲法解釈の次元での論議は，刑法理論の次元において

第4章　ヘイト・スピーチ規制における「明白かつ現在の危険」

は，表現犯罪について要求される保護法益に対する『危険性』はどのようなものであるべきかという形に移しかえられて論議される。すなわち，違法行為の慫慂等を内容とする所定の表現行為があれば，法はそれ自体をもつて保護法益たる公共の安全に対する危険が発生しているとみなし，直ちに犯罪が成立すると考える立場（抽象的危険犯説）と，犯罪として成立するためには，表現行為の対象をなしている違法行為を惹起する危険が現実に発生することを要すると考える立場（具体的危険犯説）との対立である。しかし，表現犯罪にあつてこれを単純に抽象的危険犯と解するのは適当ではないと思われる。けだし，法益に対し擬制された危険があるというだけで，その実，何らの脅威をも与えない表現行為は公共の福祉に反するということが困難であり，なかんずくこれを公共の福祉の名のもとに刑罰をもつて規制するのは，表現の自由の重みに照らし許されないと考えるべきであるからである。しかし，さればといつて具体的危険犯と解しなければならぬ必然性はない。もちろん，具体的危険犯と考えるとき公共の福祉に反する程度がより高いとはいえるが，しかし，もし，表現行為がなされた当時の具体的事情のもとで，一般的ないし定型的に見て公共の安全を害する抽象的危険（具体的危険までに至らないその前段階の危険）を感じさせるような場合には，その行為は公共の福祉に反する性質のものということができ，優に可罰性をもち得ると考えられるからである……。してみると，表現犯罪においてこれを具体的危険犯と見るか，上述のような実質的に理解される抽象的危険の発生を必要とする危険犯と見るかは，当該表現犯罪の立法趣旨，立法形式等に照らして検討すべき構成要件解釈の問題であろう。」「『せん動』罪はいかなる性質の『危険犯』と解すべきかであるが，まずこれを具体的危険犯と解するのは立法の趣旨に沿わないといわなければならない。すなわち，ここで考えられている公共の安全に対する具体的危険とは，『せん動』の対象となつている違法行為の実行行為に近接した状態において生じる性質のものであるが，法はこの『せん動』（及び教唆）を実行行為のかなり以前において成立する予備，陰謀と並べて規定し，また文理上具体的危険の発生を要件としていない。のみならず，法が同罪を独立罪とした立法趣旨に照らせば，『せん動』の行為を，その志向する各違法行為実行の気運が現実に熟成するまで可罰性なしとして放置しようとする趣旨であるとは到底考えられない。したがつて，この罪の成立

101

に公共の安全を侵害する危険が具体的に生ずることは必要でないと解するのが相当である。しかしながら，ひるがえつて考えるに，かかる『せん動』罪は，他人の意思と行為を媒介としてはじめて公共の安全の具体的侵害があり得る性質のものであるから，その可罰性獲得のためには『せん動』が右の侵害と全く断絶するものであつてはならず，しかもこの罪は憲法二一条一項の保障する表現の自由と密接なかかわりがあるのであるから，その成立には既述のように少なくとも実質的に理解される抽象的危険の発生は必要と解される。」

「もつとも，右『せん動』罪については，法は『せん動』の語意に関し特に定義規定を設けているので，この定義に沿つて解釈される構成要件に該当する限り，上記の意味の抽象的危険は原則として認められるといつてよい。しかし，そのような構成要件に一応は当てはまる場合でも，『せん動』の内容が荒唐無稽的なものである場合はむろんのこと，例えば単純な興奮のうえで不用意に口走つたようなもの，『せん動』の対象行為がさし迫つていない遠い将来に向けられたもの，『せん動』の相手方やそのなされた四囲の条件上およそ『せん動』内容が実現不能と見られるもの等である場合には，公共の安全に対する抽象的危険すら存在しないと考えられるから，このような場合には，『せん動』罪は成立しないと解すべきものと思料される。このことは，『せん動』罪の成否の認定上，およそ一般的に公共の安全に対し危険を生ずるものではないとの反証を許すことを意味する。」

本東京高裁判決は，扇動行為は具体的危険犯ではないが，さりとて形式的に理解された抽象的危険犯でもないとしつつ，表現行為としての扇動がおこなわれた当時の具体的事情を判断基底にして，当該行為が一般的ないし定型的にみて公共の安全を害する抽象的危険，つまり具体的危険までに至らないその前段階の危険を感じさせるような場合に可罰性をもち得ると判示した。その理由として，せん動罪は，他人の意思と行為を媒介としてはじめて公共の安全の具体的侵害があり得る性質のものであるから，行為の可罰性判断のためにはせん動が（法益）侵害と全く断絶するもの（行為態様）であってはならず，しかも扇動が憲法21条1項の保障する表現の自由と密接なかかわりがあるのであるから，実質的に理解される抽象的危険の発生が行為の可罰性を認めるのに必要とされる。ここで関心をひくのは，実質的に理解されたところの公共の安全という法

第4章　ヘイト・スピーチ規制における「明白かつ現在の危険」

益に対する抽象的危険とは何かということである。個別の行為によって生じる，具体的危険ではなく，――表現行為自体だけで可罰性を肯定する――形式的に理解された抽象的危険でもない，抽象的危険とは何かということである。本判例で示された抽象的危険を実質的に理解することは，扇動行為の存在そのものによって危険判断をするのではなく，扇動行為が公共の平穏という法益侵害の具体的ではないが，ある程度の危険を発生させたのか否かを判断することをさす。このように危険判断を理解するのであれば，それは，表現行為である個別具体的な扇動について，その抽象的危険の有無に関する具体的・個別的判断をすることをさす。あらためていうと，表現行為がなされた当時の具体的行為事情を判断基底に据えて，当該表現行為としての扇動が一般的ないし定型的にみて公共の安全を害する危険を有するのかを検討することになる。簡略化していうと，一般的・定型的危険性の存否を具体的事情に照らして判断するのである。本判例は，行為事情に照らしつつ，せん動の表現内容が荒唐無稽なものである場合は，たとえば単純な興奮のうえで不用意に口走ったようなもの，せん動の対象行為がさし迫っていない遠い将来に向けられたもの，せん動の相手方やそのなされた四囲の条件上およそせん動内容が実現不能とみられるもの等である場合には，公共の安全に対する抽象的危険すら存在しないかのような場合など，具体的行為事情に照らして表現行為が保護法益である公共の安全を何ら震撼させるものではないと評価された場合には行為に可罰性があるとは評価できないことになる。このことを「明白かつ現在の危険」の基準の見地からいうと，「明白かつ現在の危険」には，具体的に差し迫った実害が発生する可能性のある事態と，実害の危険が差し迫っているわけではないが，具体的行為事情のもとで，一般的にみて表現行為が違法行為の実行を行わせる可能性のある事態に区別されることになる。前者が具体的危険犯であり，後者が抽象的危険犯である。

3　「明白かつ現在の危険」の基準と危険判断の具体化・客観化

　曽根は，刑法の見地から表現行為に対する刑事規制の問題に取り組み，規制基準の一つとしての「明白かつ現在の危険」の基準を取りあげる。曽根によれば，そもそも「明白かつ現在の危険」の基準は違憲立法審査権の基準であるこ

103

とにその神髄があるが，「違憲立法審査権基準としての『危険』理論を主張する場合にも，いわゆる危険＝『実質的害悪』及びその重大性の程度，危険の明白性・現存性などの構成諸要素が対立法権との脈略における司法審査の方法・範囲の問題とともに考察されなければならない[56]」として，文面上の違憲並び適用上の違憲の判断基準としての「明白かつ現在の危険」と可罰性判断の基準としてのそれの二つの側面があることを明らかにしたうえで，「人間の社会行動を処罰する第一の根拠は社会的有害性にあるのだから，社会的価値が僅少ないし皆無のものであっても『明白かつ現在の危険』のないものはおよそこれを処罰の対象とすべきではなく，価値の僅少性はこのような『危険』が生じた場合に初めてこれとの比較において意味をもつ[57]」として，法令解釈の可罰性・可罰的違法性判断の基準としても適用可能とする。これは，憲法上は，法令適用の合憲性を前提にした上での限定解釈ということになるのであろう。「明白かつ現在の危険」を可罰性判定基準として適用することにより，第1に，「表現行為は『明白かつ現在の危険』を生ぜしめて初めて可罰性を帯びると解することによって，危険な傾向さえ備わっていれば直ちに処罰しうるとする立場を排除することが可能となる」，第2に，「抽象的に合憲とされた法規といえども，そこで憲法上の審査が終了したというのではなく，さらにかかる法規の適用段階においてもなお憲法が支配している[58]」ことを承認することに道を拓き，適用違憲論や合憲限定解釈をも憲法論を内在させた形で「危険」原則を機能せしめたものといるとされる。

　曽根によれば，「明白かつ現在の危険」の基準は，「利益侵害の具体的危険の発生を現に伴いえない表現行為を処罰の対象としえない，とすることによって，表現の自由の優越的地位に照らして言論に対する規制立法の制定・適用を限定する働きをもつ」としつつ，「『明白かつ現在の危険』が存在するにもかかわらず，明白性・現在性，特に危険性の範囲・程度いかんによって，表現の社会的価値の重要性がこれを上回るときは，当該表現行為をなお法的に是認する余地を認めるべきである[59]」，と主張する。曽根は，これを優越的利益の原理にもとづく優越的法益の侵害・危険のみを違法と解する。

　以上のことを前提としながら，曽根は，近代法理国家の本質的基礎は国民主権，代議制民主主義の原理であり，表現の自由はそのための必須不可欠の要件

第4章　ヘイト・スピーチ規制における「明白かつ現在の危険」

である。このことから，表現の自由の中核部を形成しているのは，政治的なそれであると断定することができる[60]，と述べ，政治的表現が時の政府の施策に対する批判，社会における諸矛盾の指摘を含むことが往々にしてあり，破壊活動防止法や集団行動の規制を内容とする公安条例などが典型であるが，これに対して公共の安全を脅かすものとして規制をかけようとする。破防法の扇動（破防法38条1項）並び文書頒布等（同法38条2項2号）の表現行為に対する処罰規定に関する判例を分析しながら曽根は，（文書頒布につき）「可罰性が認められる前提としての定型的な実行行為であるためには，単に形式的にこれらの要件を満たすだけでは足りず，社会公共の安全福祉に対し『明白かつ現在の危険』が生じているものでなければならない[61]」として，「頒布行為とこれを取り巻く社会的客観的条件から内乱罪という基本的構成要件実現の可能な具体的危険が存する場合に初めて可罰的違法性を付与しうるとするのが，憲法上最低限の要請だというべきであろう。違憲の疑いを多少でも解消するためには，本罪を具体的危険犯と解する必要がある[62]」，と主張する。

　扇動について曽根は，「扇動についても独立教唆の場合と同様，被扇動者に犯罪実行の意思が生じたことを要する，と解することが可能となるのではなかろうか，しかも，実質的な処罰の相当性からみて，犯罪の成立には，被扇動者が，少なくとも外形上犯罪実行の意思が外部から推認できる程度の具体的な準備行為，予備行為あるいは具体的な実行に向かっての共同謀議を行なった段階で初めて扇動罪が成立すると考えるべきである[63]」，と主張する。ここでは，準備行為と実行に向かっての共同謀議の具体性が強調されているようにみえるが，この具体性は明白かつ現在の危険のことをさすのであろう[64]。曽根によれば，「明白かつ現在の危険」の原則は，侵害が切迫しているという高度の危険性を意味するのであり，行為の可罰性が単に形式的な構成要件該当性の完成のみに止まらず，その具体的，個別的危険性の存否にも依存していると理解することで，具体的危険犯として構成することが可能になる[65]。また，教唆・扇動のような前実行的段階にある言動を処罰する場合，表現行為の犯罪化を合憲性の範囲内にとどめるためには，少なくともこれを具体的危険犯として構成しなければならないと主張する[66]。このように刑法理論的根拠としては，抽象的危険犯か具体的危険犯かは，法文の形式から一義的に明らかになるわけではなく，構

105

成要件は，法文に一定の解釈を施して得られる観念像であって，法文それ自体とは厳に区別しなければならないとの理屈がある。[67]

　また，抽象的危険犯の問題に関連して萩原滋は，抽象的危険犯の処罰について特に疑問が持たれるのは，抽象的危険犯としての禁止・処罰が憲法上の諸権利を多かれ少なかれ制限するものである場合であると述べ，[68]そのような場合における法適用の一つの技術として，法律を字義通りに適用するのではなく，その適用を制限ないし縮小することによって憲法の保障条項との抵触を回避しようとする手法があるとする。萩原は，危険犯の場合には，可罰的違法性論を活用することによって又は法定の構成要件上危険の発生が犯罪成立の要件とされていない場合にもこれを具体的危険犯と解することなどの方法によって，具体的事件における刑罰法規の適用を制限する試みがなされていると述べる。[69]萩原は，合憲限定解釈を公共の利益の保護と憲法上個人に保障された権利の保護との調和を目指した解釈技術と解し，当該刑罰法規によって保護される公共の利益との関連性が非常に希薄な行為をなおその処罰の範囲内においておくことは適当ではないとする。[70]

　破防法の文書頒布に関する判例の多数で採用された具体的危険犯説について萩原は，言論の自由を考慮して条文を制限的に解釈する際に持ち出されたのが「明白かつ現在の危険」の理論であると指摘する。[71]萩原は，表現犯罪の可罰性判定基準としての「明白かつ現在の危険」の理論の核心は，無害な表現行為は処罰に値せず，表現行為が少なくとも政府が正当に規制する権限を有する公共の利益に対する危険を内包しているのでなければ，その可罰性は肯定されないとする点に存するとして，このことは，文書が頒布された当時において内乱の勃発というような不穏な客観的情勢がまったく存在しなかったならば，文書を頒布する行為は，単に非合法な見解を発表したというだけの無害な扇動行為に過ぎないと解釈する。[72]

　以上の説示を中山の主張を借りてまとめると，言論犯罪について，その処罰が憲法21条との関連で合憲たり得るためには，その行為から生ずべき法益侵害の「明白かつ現在の危険」が論証されること，したがって犯罪の性格としては常にいわゆる「具体的危険犯」として構成されるべきことが最低の基準でなければならないということになるであろう。[73]ただ，ここで紹介した諸説が説示す

106

る具体的危険犯とは，まさに法益侵害の（切迫した）具体的危険の発生のことを意味するのか，それとも法令の文面上，危険の発生を要求していないことから，法令の保護する利益に照らして，可罰的行為を限定解釈するという意味で，つまり個々具体的な行為事情や行為態様を判断基底に据えて，──一律・形式的ではなく──具体的に危険判断をするという意味で，具体的危険犯と理解しているのかについてはより検討を要する。法令の文面に危険の発生が規定されていないのに（合憲）限定解釈を施すことで妥当な処罰範囲を確定するところに刑法解釈論の意義があるのは言うまでもない。たとえ優れた法令があったとしても，千差万別の行為態様を解釈なしに処罰範囲を確定することは不可能である。しかし，法律解釈の必然性と，法令に「危険の発生」が規定されていないこと，つまり危険の発生が要件とされていないことを理由に危険判断の限定を放棄するのではなく，保護法益に対する危険に関連して可罰的行為の範囲にしぼりをかけることを思考上同列に扱うことが妥当なのであろうか。[74]

つぎに，この疑問を解決するための糸口の一つとして，法令の規定手法によるアプローチを検討する。

IV　問題解決の試みの例としての適性犯概念

1　適性犯概念

曽根は，破防法の扇動罪の処罰範囲を限定するために，規定形式上，抽象的危険犯にみえる扇動罪規定について，本法の保護法益である公共の安全に対する「明白かつ現在の危険」の有無に照らして危険判断を試みた。行為の可罰性が単なる構成要件的行為の充足に止まらず，具体的・個別的判断によって具体的危険犯として構成した。処罰範囲の限定と抽象的危険犯の形式犯的理解を回避するために曽根の解釈手法は妥当といえる。しかし，このような解釈的試みをしなければならなかったのは，そもそも法令の規定の仕方に問題の起源があることは否定できない。[75]危険犯，とりわけ抽象的危険犯の場合には，保護法益が法令の規定中に明文で示されているわけではないので，行為の処罰が形式犯的に扱われるおそれを常に内包している。つまり，法益に対する危険という「実害」との関係が問われないままに可罰性が確定するおそれがある。このよ

107

うな抽象的危険犯に常につきまとう問題を回避するために処罰範囲の限定の試みは肯定的に理解すべきとしつつ，法令の規定形式が危険の発生を示していない場合には，処罰範囲の明確化・限定には自ずと不安定さを伴わざるを得ないように思われる。この問題を解決する一つの試みとして法令の規定に際して行為態様を具体化する手法を紹介する。

ドイツ刑130条1項（民衆扇動罪）の「公共の平穏を乱し得るような態様で」(Wer in einer Weise, die geeignet ist, den öffentlichen Frieden zu stören) とは，公共の平穏を乱すのに「適した」(sein geeignet) 行為態様，ないし公共の平穏を攪乱するのに「適性を有する」行為態様が予定されているといえる。当該刑罰規定の保護法益と関連させて考えると，「適性を有する」とは，単なる法文の規定上，具体的事情を考慮せず，構成要件該当行為（とその結果）が証明されれば既遂となるとして，抽象的危険犯と解することはできない。むしろ，構成要件該当行為を一定の行為類型にしぼることで，形式的な解釈を回避する立法手法といえる。しかし，「公共の危険の発生」が規定されていないことから，具体的危険犯とも言い難い。このような規制形式を適性犯（Eignungsdelikte）とよぶ。

民衆扇動罪では，公共の平穏が実際に危殆化されることを要件としていない。公共の平穏を攪乱する適性を行為が有すると判断されれば足りる。つまり，攻撃が公共の法的安全に対する信頼を震撼させるおそれに対する正当な根拠が存在すれば足りるとされる。Hoyer によれば，判例によると，表現が行為態様，内容そして具体的事情に基づいて，平穏の攪乱となるという憂慮（Besorgnis）を正当化する特性（Eigenschaften）を示す場合に，適性があると認められると述べる。Zieschang によると，「事物の通常の経過」にしたがって予測可能な蓋然的事象経過によれば，公共の平穏の攪乱に至り得ない表現は，この適性要件を媒介にして処罰範囲から除外される。公共の平穏を攪乱する適性とは行為態様（Handlungsmodalität）のことを示している。ここでは，行為によって因果的に惹起された結果ではなく，態度そのものが詳細に規定されており，行為が実行された諸事情が決定的に重要である。一定の攻撃態様が要件であり，この適性要件は表現の諸事情のことを規定している。ドイツの判例では適性要件について，公共の平穏の攪乱に対する適性は抽象的に存在するだけではな

第4章　ヘイト・スピーチ規制における「明白かつ現在の危険」

く，——一般化された考察に基づくのであるが——具体的に確定されなければ
ならないとされており，[83] これに対して，Zieschang によると，適性要件は，
「類型的」という意味での考察方法以上の，すなわち具体的に存在する事情の
考察が行われる場合に構成要件をしぼる意義を獲得することができると主張す
る。[84]

　日本の刑事立法において現在のところ適性犯とみなされる構成要件は見当た
らない。このことを念頭に置きつつも，それでは，抽象的危険犯などの解釈論
において適性犯的な発想を応用することはできるのであろうか。具体的危険犯
が構成要件要素として「危険の発生」要件とすることから，これが記述されて
いない構成要件では，法益侵害の「適性」という要件をハードルにして，当罰
的な行為の態様にしぼりをかけることで処罰範囲を限定することを意図してい
る。抽象的危険犯について危険を単なる立法動機と理解する日本やドイツにお
ける通説的理解のように，行為を一律的に判断することを防ぐ点で適性犯の構
想は妥当である。これにより，抽象的危険犯と解されてきた構成要件の処罰範
囲を限定するための理論的な歩みを進めることになる。

　先に紹介した東京高判昭62年3月16日判決は，「表現犯罪にあつてこれを単
純に抽象的危険犯と解するのは適当ではないと思われる。けだし，法益に対し
擬制された危険があるというだけで，その実，何らの脅威をも与えない表現行
為は公共の福祉に反するということが困難であり，なかんずくこれを公共の福
祉の名のもとに刑罰をもつて規制するのは，表現の自由の重みに照らし許され
ないと考えるべきであるからである。しかし，さればといつて具体的危険犯と
解しなければならぬ必然性はない。もちろん，具体的危険犯と考えるとき公共
の福祉に反する程度がより高いとはいえるが，しかし，もし，表現行為がなさ
れた当時の具体的事情のもとで，一般的ないし定型的に見て公共の安全を害す
る抽象的危険（具体的危険までに至らないその前段階の危険）を感じさせるような
場合には，その行為は公共の福祉に反する性質のものということができ，優に
可罰性をもち得ると考えられるからである……。してみると，表現犯罪におい
てこれを具体的危険犯と見るか，上述のような実質的に理解される抽象的危険
の発生を必要とする危険犯と見るかは，当該表現犯罪の立法趣旨，立法形式等
に照らして検討すべき構成要件解釈の問題であろう。[85]」と判示しているところ

109

に着目して，具体的危険犯ではないが，形式犯的に理解された抽象的危険犯でもない規制形式がヘイト・スピーチ規制においても構想されなければならないと考えられる。本来，抽象的危険犯とみなされるような規定について個別・具体的に法益に対する危険を判断するために「明白かつ現在の危険」の基準が用いられ，具体的危険犯として解釈された。このような法解釈は表現それ自体から危険を判断するのではなく，具体的事情に照らして，一定の危険ないしある程度の危険が発生したことを可罰性の根拠に求めているのであり，「明白かつ現在の危険」の基準もその意味で理解すべきである。

2　刑罰法規における危険の限定

　ある程度の危険の発生を行為の可罰性の要件とすることについて，これを法令の保護法益に照らして法解釈する手法によって実現するのではなく，立法によって実現しようとする場合，ある程度の危険を発生させる態様の表現行為は，法文上どのように規定されるべきであろうか。

　ドイツ刑130条は，人間の尊厳と公共の平穏を保護法益とする。公共の平穏を害する適性という要件は，本罪の抽象的危険犯としての特徴を抜本的に変えるものではない。Lenckner/Sternberg-Lieben によれば，顕示的（offene）又は黙示的（latente）な暴力潜在力（Gewaltpotential）が創出される，つまり生命，身体，財産に対する不安のない共同生活がもはや可能でなくなるとともに，しかも攻撃の対象となった市民において公共の法的安全性に対する信頼が幻滅してしまう場合に法的平穏は害されるとされる。このような事態を惹起する具体的に適性を有する行為が可罰性の対象となる[86]。公共の平穏は，行為によって実際に害される又は具体的に危殆化されることを要件としていない。しかし，行為の有する公共の平穏に対する攪乱の適性が抽象的にしか存在しない場合は除外される[87]。ドイツ刑130条の行為と結びついた一般的危険（generelle Gefähr-dung）は個々の判断すべき事案において確定すべきだとされる[88]。公共の平穏に対する懸念（Sorge）が広がらない場合や，そのような懸念がまったく生じない場合には行為は適性を有していない[89]。Krauß によれば，公共の平穏は，行為によって実際に害された又は具体的に危殆化される必要はない。むしろ，行為が表現の態様及び内容並びにそれが行われた諸事情にしたがって，しかもその

予期される結果効果（Folgewirkungen）及び表現の聞き手の範囲にしたがっ
て，公共の平穏を害するのに具体的に適性を有しているのか否かが問題にな
る。客観的観察者の見地から，公共の平穏の攪乱となるという根拠ある憂慮
（Besorgnis），すなわち行為が相当数の人々を重大に不安に陥れ，そして公的な
法的安全性への信頼を毀損又は公共の不穏，不安又は市民の一部への排除や侮
辱によって特徴づけられる社会的雰囲気（Klima）を創出する手がかりが存在
する場合である。その際，公共の平穏の攪乱に対する適性は抽象的にのみ存在
するというのではなく，具体的に確定されなければならない。表現がその内容
とその表明者に照らして公共の平穏にとって重大視されない場合には適性を欠
く。行為が公共の平穏を害するのに具体的に適性を有するか否かの判断は関連
諸事情の全体評価を前提にする。決定的基準は，第1に，攻撃の内容の強度及
び態様である。たとえば，極右の集会において外国人を排斥するスローガンを
驚異を抱かせるような態様で騒ぎ立てること，外国人局に外国人排斥のパンフ
レットを貼りつけるなどである。第2に，行為時の政治的雰囲気又は社会的状
況，市民又は市民の一部を不安に陥れるネオナチ，人種差別的又は外国人敵対
的な態様の過激な動向や現象との関連に応じて，この種の攻撃について公共に
おいて聴取されること（Empfänglichkeit der Öffentlichkeit）である。

　なお，公共の平穏を害することの適性は，行為が公然と（öffentlich）行われ
ることを要件とはしていない。ドイツ刑130条の構成要件は「公然性」を要件
としていないことから，公共の平穏の危殆化は公然と惹起される必要はなく，
ただ，公共に影響を及ぼす可能性がなければならないとされる。したがって，
表現行為が家族や仲間内等でのごく私的な領域で行われた場合には構成要件に
該当しない。ここでは，具体的行為事情に基づいて，攻撃が公共に広く知れわ
たる又は告知が公共の平穏を害するような争いの対象となることを考慮すべき
であるか否かが重要であるとされる。

V　小　　括

1　ヘイト・スピーチに関する規制範囲

　表現の自由を保障することは，民主主義的な制度のもとで社会における様々

なレベルでの決定をするのに不可欠な権利である。表現することを通じてしか人々は国家や社会について自己の意見などを表明することができないといっても過言ではない。これを制約ないし否定することはこれらの事柄について下々の者は知ることを許さない又は参加することを許さないという帰結的な意味をもつ。表現の自由を保障することは，その社会においてどの程度民主主義が浸透しているのかどうかのバロメーターといっても過言ではない。

　あらためていうと，ヘイト・スピーチ規制を検討するにあたっても表現の自由の保障に配慮することを大前提にするべきである[96]。公共の福祉によって制約を受けるとしても，しかし，このことによって，表現の自由という権利を安易に相対化可能な権利だと解してはならない。問題なのは，個人の名誉との関係では表現の自由は制約を受けることにほぼ異論はないが，特定の属性によって特徴づけられる集団に対する侮辱的表現に対しては，表現に際しての行為態様について議論がないにもかかわらず，表現の自由の保障が強調されることに違和感をもたざるを得ない。攻撃客体の個人的特定性がないことを理由に，名誉毀損・侮辱罪における構成要件該当性を欠くことから，翻って表現の自由となるわけではない。特定の属性によって特徴づけられる集団に対する侮辱的表現は，その集団の構成員を二級市民扱い，ときには人間以下の扱いをし，社会的に従属的な地位に貶める。このことと同時に，当該侮辱表現行為は，その構成員全てにとって集団的経験として受け止められる。なぜなら，ヘイト・スピーチは集団そのものの地位を貶め，その構成員の人間としての承認を否定することに向けられているからである。攻撃客体の個人的特定性がないことをもって被害者がいないとか，「害悪」がないということには決してならない。このような理解は現行法の実定法解釈レベルでのみ理解可能な話にすぎない。それゆえ，侮辱的表現は，個人であれ，特定の属性によって特徴づけられる集団に向けられたのであれ，同じく表現の自由の制約を正当化する根拠となる。

　ただし，特定の集団に向けられた表現は政治的言論であることも多い。扇動などの表現行為に対してブランデンバーグ原則が適用されるべきだと考えられるのも，扇動が多くの場合に政治的な表現行為であるからとの指摘があるように[97]，その規制の議論にあってもあらためて表現の自由の保障を強調しなければならない。

112

第4章　ヘイト・スピーチ規制における「明白かつ現在の危険」

　特定の集団に向けられた表現活動は，しばしば街宣活動やデモなどで，人通りの多い道路や町の一角で公然と（特定・不特定を問わず）多数の人々に聞こえるような態様で行われる。表現の自由を保障する意味で，このような表現行為に対する規制を検討する際には侮辱的表現に随伴する一定の行為態様にしぼりをかけることで処罰範囲を限定する必要がある。典型的には，公然と，街宣活動やデモなどの機会に，攻撃的，脅迫的若しくは侮辱的又は反復的な態様で表現行為が行われるのと，陰湿にこっそりと行われるような差別的表現と区別して，前者のような行為態様で公然と侮辱的表現が行われた場合に限定してヘイト・スピーチ規制をすべきではなかろうか。内野正幸が，差別の扇動は，実際に差別的取扱いを引き起こす現実的な危険をもつものでない限り，憲法上保護される表現行為にあたると述べるように，[98] 表現の自由の保障を十分に尊重したうえで，保護すべき権利行使の範囲から逸脱した表現行為に限って，これを規制するか否かを検討することが許される。特に，ヘイト・スピーチに対して刑事罰を科す場合には上記の行為態様の場合に限定すべきである。

　表現者らの行為態様が具体的に攻撃的なものであれば，それに対しては傷害罪，暴行罪，威力業務妨害罪，強要罪，脅迫罪又は暴力行為等処罰ニ関スル法律等を適用すればよい。それゆえ，行為態様もヘイト・スピーチの際に伴うものを想定しなければならない。

　単なる差別的表現と区別するために，ヘイト・スピーチを法的に規制する場合，公然性，そして表現の行為態様が侮辱的であること，攻撃的であること又は脅迫的であることに照らして，法益に対する危険を要件として想定すべきである。これらの要件は，特に表現の自由の保障と思想・信条の自由への配慮から考案されている。例示的に言うと，客観的観察者が表現の内容とその行為態様を聴いてしかもその現場を見た場合に，[99] 明白に表現の自由の権利の行使と評価できないような，（特定・不特定を問わず）多数の人々に対して，差別と社会からの排除を扇動する目的で，特定の属性によって特徴づけられる集団を攻撃するために，脅迫的又は侮辱的な内容で，かつ攻撃的，脅迫的若しくは侮辱的又は反復的な態様で行われた公然の表現行為に構成要件該当性を限定する。これによって表現の自由の権利の行使とは評価できない表現行為を浮かび上がらせることが可能になる。

113

ヘイト・スピーチ規制を表現行為のなかでも一定の行為態様にしぼるために，規制すべき行為の範囲を，公然と行われた表現行為の場合に限定するべきである。公然性を伴わない差別的表現については思想・信条の自由の観点から法的規制から除外すべきであろう。国家並び社会の事柄についての決定を対等でかつ平等な社会の構成員によってするということは民主政の大前提であることはいうまでもない。差別的表現は一定の人々をその構成員から排除することを示しており，それゆえこのような表現行為は本来許されるべき類の表現ではない。しかし，公然と行われていない陰湿な差別的表現を規制することはプライバシーへの介入を招くおそれがある。街中に監視の目が張り巡らされることを許容することにもなりかねない。民主政を守るために自由を放棄するというのは，民主政において国家又は社会に関する決定主体の喪失を意味する。それはパラドクス以外の何ものでもない。市民の決定主体としての地位の喪失は，民主政の形骸化はもちろんのこと，国家への不信と同時に，国家への過度の信頼という異様な社会状況を生み出すであろう[100]。このような社会事情は，人々の意識のなかに，自分たちの生きている社会は極端な道を歩まないであろう，大丈夫だろう，という朧気な，何らの根拠もない信頼・安心感のなかで起こりうる[101]。ヘイト・スピーチ規制を検討する上でこのような危惧は十分に考慮しなければならない事項であり，表現の自由及びプライバシーの権利に配慮しながら検討を進めなければいけない。その意味でも公衆トイレに入って一人陰湿に差別落書きをする者について規制することは差し控えるべきであろう。このような表現行為は民主政の維持と発展にとって何ら有益とは思われず，しかも社会における差別意識の残存を顕在化させるが，プライバシー権に配慮して私的生活への介入を極力控えるべきであることから，ヘイト・スピーチとしての法的規制はすべきではない[102]。とりわけ刑事規制の対象とすべきではない。

　また，たとえば，政府の外国人政策に対する抗議活動の場合もある侮辱的表現の行為態様について検討する際，単に特定の集団に関係する表現が行われただけでなく，公然と，標的となった集団を攻撃するために，攻撃的，脅迫的若しくは侮辱的又は反復的な態様で表現が行われた場合に限定するべきである。表現の自由を保障するためにもこのような行為態様のしぼりが必要と思われる。このような態様での表現行為が公然と公衆の面前で行われることによっ

第4章　ヘイト・スピーチ規制における「明白かつ現在の危険」

て，（特定・不特定を問わず）多数の人々に対して強く衝撃を与え，特定の集団
に対する敵対心，偏見，差別意識を醸成し（集団への暴力と排除の当然視・正当視
の醸成），標的となっている集団を社会から排除しようとする。それによって
具体的に社会的平等に対する危険が発生したといえる。特定の属性によって特
徴づけられる集団に対する侮辱的表現は人間の尊厳及び社会的平等を毀損する
ことにその害悪の本質がある。当該表現行為に関連する公然性，表現行為態様
の攻撃性，扇動性そして法益に対する危険という要件は，表現者の思想・信条
の自由並び表現の自由を保障するために設けられたのであり，これによって単
なる陰湿な差別表現と，法的規制に値する——刑法的規制をするならば，当罰
的な——ヘイト・スピーチを区別する機能を有する。それゆえ，公共の平穏そ
のものがヘイト・スピーチ規制の保護法益ではない。ヘイト・スピーチ規制の[103]
主眼は，なによりも特定の属性によって特徴づけられる集団を二級市民・人間
以下扱いする内容で，かつ攻撃的，脅迫的若しくは侮辱的又は反復的な態様で
行われる場合がきわめて悪質であり，それゆえ，このような行為態様の表現行[104]
為を規制することにある。

2　ヘイト・スピーチ規制における危険の限定

　本章のまとめは，以下の通りである。

　日本の憲法理論では，「明白かつ現在の危険」の基準は法令自体の合憲性審
査の基準として用いられたのに対して，刑法理論では，法令適用の合憲的限定[105]
解釈のために適用されてきた。両者は，表現行為に対する法的規制について，
処罰に値する表現行為とそうでないものをできるかぎり明確に線引きをするこ
とを課題としている点で共通する。けれども，法令の文面審査の問題として方
向づけるのか，それとも法令の適用審査のそれとするのか，それぞれ「明白か
つ現在の危険」の基準を用いる位相を異にする。

　しかし，社会的法益を保護することを意図しており，危険の発生を規定して
いないことから罪質として抽象的危険犯と理解される法令は，「明白かつ現在
の危険」の基準が憲法の問題であり，かつ同時に刑法の問題でもあることを明
らかにする。特に，表現行為を規制する法令の場合にそういえる。その意味
で「明白かつ現在の危険」の基準は，法令文面自体そしてその適用・解釈のい

115

ずれにおいても，法令の保護する利益に対する害悪の発生ないしその現実的な危険，つまり害悪としての危険を制裁賦課の要件として求めるのである。中山が強く主張するように，禁止と処罰の限界自体が個別的・具体的な立法的表現の形をとるべきことが要請される[106]。立法過程の場面，法令の文面審査の場面，法令適用の場面そして可罰性の解釈の場面のいずれにおいても，規制対象とされる行為の現実的な法益連関の存在が厳格に求められるところに「明白かつ現在の危険」の基準がもつ共通の意義を認めることができる[107]。

　確かに，法令自体の違憲性を争うことが困難な状況からすると，また，司法が具体的事案の解決を目的にする以上，憲法判断についても適用審査を原則にすべきとも考えられる[108]。それゆえ，法令適用のレベルで処罰範囲を明確にして可罰的行為にしぼりをかける方向に（裁判，とりわけ弁護）実務の関心が向くことになる。それゆえ，構成要件又は違法性段階で行為の構成要件該当性又は可罰的違法性を限定するために「明白かつ現在の危険」の基準を用いるという解釈手法にも首肯するところ大である。けれども，そのような解釈による解決は，法令の文言との関係で，つまり危険の発生が規定されていないことにより，裁判官による広い解釈ないし裁量の余地を与え，また裁判官に多大な負担を与えるのであり，かつ何よりも不安定といわざるをえない。

　これらのことを回避するためには，いわゆる抽象的危険犯と解されてしまうような規定の方法をとらないようにすることはもちろんのこと，「明白かつ現在の危険」の基準がもつ当罰的行為のしぼり機能を生かした規定方法を考案すべきである。そこでドイツにおける立法技術である適性犯の概念は，表現内容の侵害性並びに表現態様の侵害性を法令に規定することで当罰的表現行為を限定することに優れており，その意味でヘイト・スピーチに対する立法を議論するうえで参考になると思われる。

　以上のまとめから，未だ暫定の域を超えないが，差別扇動表現に対する法的規制として以下のことを構想する。

　たとえば，街宣活動やデモの際に，公然と，マイクや拡声器等を用いて又は大声で，殊更に参加者以外の（特定・不特定を問わず）多数の人々に聞こえるような方法で，しかも攻撃的，脅迫的若しくは侮辱的又は反復的な態様で，「殺せ，殺せ，○○人！！」，「日本から出て行け，出て行け，ゴキブリ○○人」，

116

第4章　ヘイト・スピーチ規制における「明白かつ現在の危険」

「○○人たち，日本から出て行かなければ，南京大虐殺のつぎは鶴橋大虐殺をするぞ」等の発言して，（特定・不特定を問わず）多数の人々に差別や排除を扇動する表現行為を典型的な事案として規制対象とすべき構成要件該当行為として想定することができる。

　「公然と，殊更に広く（特定・不特定を問わず）多数の人々に対して認識可能な態様で，民族，世系又は出自等の属性を共通する集団又はその集団に属する構成である個人に対して，その属性を理由に，差別的意識を助長し又は誘発する目的で，その生命，身体，自由，名誉又は財産に危害を加える旨を告知し又は著しく侮蔑して，地域社会から排除することを煽動した者は，……の刑に処する。」[109]

[注]
1)　朝日新聞2014年8月18日。
2)　2014年3月8日，浦和レッズ対サガン鳥栖戦。
3)　CCPR/C/111/1/Rev.1.
4)　静岡地判平11年10月12日判時1718号92頁。
5)　札幌地判平14年11月11日判時1806号84頁。
6)　大阪高判平26年7月8日刊行物未登載。
7)　ヘイト・スピーチの定義はないといわれる。「差別，敵意又は暴力の煽動となる国民的，人種的又は宗教的憎悪の唱道」（自由権規約第20条2項）等がこれに当たるとされてきたが，1997年に採択されたヘイト・スピーチに関する欧州審議会閣僚委員会勧告97（20）が，これについて定義している。「『ヘイト・スピーチ』という用語は，人種的憎悪，排外主義，反ユダヤ主義を流布，喚起，促進又は正当化するあらゆる形態の表現，ならびに，不寛容にもとづく他の形態の憎悪を含むものとして理解されねばならない。マイノリティ・移民，移民を起源とする人々に対する，攻撃的ナショナリズム，自民族中心主義，差別及び敵対によって表現される不寛容も含まれる」（The Council of Europe's Committee of Ministers Recommendation 97(20) on "hate speech")。Anne Weber, Manual on hate speech, 2009, P.3. また，人種差別撤廃委員会一般的勧告35では，人種主義的ヘイト・スピーチとしてまず挙げられるのは，人種差別撤廃条約4条が規定するすべての表現形式であり，条約1条が認める集団を対象にしたものである。条約1条は，人種，肌の色，世系又は民族的若しくは種族的出身に基づく差別を禁止しているので，たとえば，先住民族，世系に基づく集団，ならびに，移住者又は市民でない者の集団が対象となる。移住者又は市民でない者の集団には，移住家事労働者，難民及び庇護申請者が含まれる。人種主義的ヘイト・スピーチとして次に挙げられるのは，上記集団の女性及び他の脆弱な集団の女性に対して向けられたスピーチであるとされる。ここでは，「人権原則の核心である人間の尊厳と平等を否定し，個人や特定の集団の社会的評価を貶めるべく，他者に向けられる形態のスピーチ」（人種差別撤廃委員会一般的勧告35の10）と示されるにいたっており，ヘイト・スピーチの定義は明確になりつつあるといってよい。けれども，ヘイト・スピーチの定義が定まっていない一因は，「特定

117

の属性によって特徴づけられる集団」のなかに肌の色，国籍，民族，出自，性別等，どのような ファクターを含めるのか，また何をもってマイノリティとして扱うのかということにあるのはたしかである。しかし，それは個々の社会が抱える特殊性に配慮して決めざるを得ない。婚外子に対する法的ならび社会的差別は日本固有の問題であって，彼らに対する差別は根強く残っている。個別の社会事情に配慮することはヘイトスピーチ規制のもつ特殊性ともいえる。法の下の平等に対する攻撃から社会的マイノリティを保護する一翼を担うのがヘイト・スピーチ規制の機能であるとすると，現実に不当に低い地位に貶められている社会集団に着眼しなければ規制することの本来の意義が曖昧になる。たとえば，軍隊の軍人は，社会における割合からみればマイノリティに属するが，国家を代表する集団・団体とその構成員とみればマジョリティであることに最大限の注意を払わなければならない。

8) 毛利透『表現の自由──その公共性ともろさについて』（岩波書店，2008年）18頁。

9) 毛利・前掲注8) 19頁。

10) 毛利・前掲注8) 27頁。

11) 毛利・前掲注8) 33頁。

12) 毛利・前掲注8) 33頁。

13) 毛利・前掲注8) 43頁。

14) 毛利・前掲注8) 277頁。「確かに『兵士は殺人者だ』という言明は国家権力批判の一環であり，それを罰しようというのは国家からの報復的制裁に他ならない。侮辱罪の適用に当たってこの視点ぬきにすることはできない。しかし，生き生きとした批判的言論を保障するには，権力自体の批判を超え，その担い手たる個人への批判や，社会的影響力を持つ者への批判も広く許されている必要があるのではないか」（毛利・前掲注8) 301頁）。

15) 毛利・前掲注8) 278頁。

16) 毛利・前掲注8) 282頁以下。

17) 佐々木弘通「表現行為の自由・表現場所の理論・憲法判断回避準則」戸松秀典・野坂泰司編『憲法訴訟の現状分析』（有斐閣，2012年）252頁。前者が表現内容規制，後者が表現内容中立規制とされる。

18) 芦部信喜著・高橋和之補訂『憲法〔第5版〕』（岩波書店，2011年）188頁。

19) 芦部著・高橋補訂・前掲注18) 188頁。

20) 伊藤正己『憲法〔第3版〕』（弘文堂，1995年）305頁以下。

21) 曽根威彦『表現の自由と刑事規制──刑法学』（一粒社，1985年）36頁。

22) ヘイト・スピーチの刑事規制について人種差別撤廃委員会は，人種主義的表現形態を犯罪とするにあたっては重大なものに留めるべきであり，合理的な疑いの余地がないところまで立証されなければならないことを勧告する。一方，比較的重大でない事例に対しては，とりわけ標的とされた個人や集団への影響の性質及び程度を考慮して，刑法以外の措置で対処すべきであると勧告する。刑事処罰の適用は罪刑法定主義，均衡性及び必要性の原則に則ってなされるべきであるとしている（人種差別撤廃委員会一般的勧告35の12）。

23) 曽根・前掲注21) 24頁。

24) 人種差別撤廃委員会一般的勧告35の26。

25) 私見は，ヘイト・スピーチの害悪とその法的規制の際の保護法益について，つぎのように考える。民族，出自，性別等の特定の属性に向けられる侮辱的表現，つまりヘイト・スピーチには，個人に対する社会的評価の低下の側面とは異なっている。たしかに権利は主観的なものであるが，それを取り巻く客観的な環境が主観的権利に諸々の影響を及ぼすことがあり，客観的環境が或る形で存在することが主観的権利にとって望ましい又は求められる。ま

第 4 章　ヘイト・スピーチ規制における「明白かつ現在の危険」

とめると，平等に関して，権利保障の不十分さだけや不当に重く義務が課されることだけを問題にするのではなく，権利・義務の不平等分配の背後に，不平等処遇の犠牲者たる人々の社会的地位の格下げという害悪とこれによる自尊の侵害を見て取るべきである。このような意味を込めて，このようなヘイト・スピーチは社会的な平等関係（の構築）を阻害し，集団に属する人々の社会参加をする機会を阻害する側面をもっている。なぜなら，ヘイト・スピーチは，人を人として見ない，人に格差をつけること，つまり「二級市民」，「人間以下」として蔑むことに本質があるからである。憲法14条は，法の下の平等を保障しているが，ここでは，法適用の平等性・公正性，権利・義務の公正な分配，法的保護の平等性，生きる権利の平等な保障と考えるべきである。特に，最後の生きる権利の平等の保障とは，法が保護すべき根本的権利である生存権保護の平等を意味するが，属性に対する侮辱的表現は，集団に属する人々に対して平等に法適用，権利保障そして権利の行使を否定している。「二級市民」，「人間以下」とは，「人間じゃない」ということであり，同じ人間として，対等かつ平等な人として法の下に平等に生きることを否定している。

　特定の属性を有する人々一般に向けられたヘイト・スピーチは，表層的には，人格権の否定（自分が人間としての自分であることを否定される）そして生存権の否定（対等な人間として生きる権利・法の下において平等であることを否定される）が問題になる。しかし，その実態としては，特定の属性をもつ人々が生きながらして人格権・生存権を否定されながら生き続けるという意味において，その侵害は継続している状態にある。ここでは，不平等，つまり，個人を特定できないということではなく，公共の場において特定の属性に向けて侮辱的発言をすることで「民主主義社会における根本基盤である，同じ人間として対等で平等に生きること」（＝社会的平等）を否定している。

26）　曽根・前掲注21）14頁。

27）　二重の基準論の根拠は，「表現の自由を中核とする精神的自由は，人権のカタログにおいて経済的自由よりも価値の高い『優越的地位』を保有し，したがってそれを制限することは原則として許されず，例外的に一定の属性によって特徴づけられる集団の制限を認めることができるとしても，経済的自由の規制立法の合憲性判定基準である『合理性』より厳格な基準によって，その合憲性が審査されなければならない」（芦部信喜・池田政章・杉原泰雄編『演習憲法』（青森書院，1984年）258頁）ということに求められる。

28）　木下智史「違憲審査基準としての『明白かつ現在の危険』基準・再考」佐藤幸治先生古稀記念論文集『国民主権と法の支配（下巻）』（成文堂，2008年）297頁。

29）　最判昭48年4月25日刑集27巻4号547頁。

30）　芦部著・高橋補訂・前掲注18）200頁。「二重の基準」論における精神的自由については厳格な基準を，という点は，ほとんどまったく生かされておらず，精神的自由の規制立法が問題になったときには，簡単にそれを合憲としている。

31）　「明白かつ現在の危険」の基準の歴史について，参照，木下・前掲注28）299頁以下。

32）　249 U. S.47［1919］.

33）　久保田きぬこ「言論の自由に関するアメリカ判例の一考察」宮沢俊義先生古稀記念『憲法の現代的課題』（有斐閣，1972年）241頁。

34）　木下・前掲注28）297頁。樋口範雄は，「本件のパンフレット配布が，本当に『近接性と程度の問題』としてどれだけ『明白かつ現在の危険』を有していたかを検証した跡が見えない」として，「明白かつ現在の危険」の具体的判断がされていないと批判している（樋口範雄『アメリカ憲法』（弘文堂，2011年）341頁）。Schenck v. United States 判決では，戦時であることとリーフレット配布との関係で「明白かつ現在の危険」の有無が判断された。しか

119

し，徴兵・徴用妨害が具体的に生じる危険のある態様でリーフレット配布が行われたのかを問うていないので，リーフレット配布と（個別の）徴兵・徴用妨害との関係で「明白かつ現在の危険」は問われていない。徴兵制反対のリーフレットの配布が具体的な行為事情のもとでどのような現実的影響力を有するのか，全く内容において荒唐無稽と評価されるものであったのか，被告人の周辺の関係者のみに配布されたのか，それとも，戦時にそのような内容のものを配布すること自体として危険性を内包している等の検討が示されていない。

35) 395 U.S. 444［1969］.

36) なお，ヘイト・スピーチ規制を標的となっている集団又は集団の構成員である個人に対する暴力的行為の具体的な扇動又は発生の可能性に関連させて論じる必要性は必ずしもない。

37) したがって，法令の合憲性判定は，法令に規定されている（処罰すべき）行為と並んで，本来的には，当該規制立法の保護する利益と禁圧すべき実害が何であるかについてもその対象となるであろう。

38) この基準に照らして全ての表現行為に対する規制が人の生命・身体・財産等に対する侵害を具体的に誘発する表現行為でなければいけないというわけではない。

39) 芦部信喜「『明白かつ現在の危険』の基準」法学教室201号（1997年）101頁。

40) 浦部法穂『憲法学教室〔第3版〕』（日本評論社，2016年）97頁。

41) 浦部・前掲注40）90頁。

42) 浦部・前掲注40）92頁。

43) また，浦部は，「類型的・範疇的には，『害悪』発生との間に明白な関連性が認められる行為であったとしても，実際に問題とされた具体的な行為が，通常の考えられ得る状況に属さないきわめて例外的なケースとして，現実には『害悪』をもたらさないものであったときには，その具体的な行為は規制されるべきではない」，として，「明白かつ現在の危険」の基準により可罰性判定によりしぼりをかける（浦部・前掲注40）90頁以下）。

44) 浦部・前掲注40）89頁。

45) 浦部・前掲注40）99頁。

46) 市川正人『表現の自由の法理』（日本評論社，2003年）58頁。

47) 市川によれば，ブランデンバーグ基準をより厳密に解釈した基準として，「明白かつ現在の危険」（言論が重大な害悪を発生させる明確かつ現在の危険の危険を生ぜしめる場合にのみ処罰しうる，とする基準）の基準を理解する。市川によれば，「明白かつ現在の危険」の基準とは，――言論内容が直ちに違法行為を引き起こそうというものでなくとも――扇動された結果，重大な犯罪がなされる危険が切迫している場合には扇動を処罰できることだと指摘する。ここでは，扇動によって感化された者が犯罪の実行に着手する具体的危険性，つまり実行の着手の直前段階の事態が発生した場合に処罰できるとされる。ブランデンバーグ基準では，言論の「内容」が犯罪を直ちに引き起こそうと呼びかけるものであり，しかも，聞き手が犯罪に走る可能性が高い場合に，扇動を処罰することができるとする。ここでは犯罪に走る可能性が高い場合であるから，未だ重大な犯罪がなされる危険が切迫している段階にまで達していない事態ないし場合といえる。このように実行の着手までの遠近で考えると，「明白かつ現在の危険」基準もブランデンバーグ基準も，具体的に切迫した危険の発生を処罰の要件としており，それによって，当罰的な表現行為をしぼることで，処罰範囲をより明確に画することを意図していることがわかる。しかし，ブランデンバーグ基準の場合も扇動の聞き手が犯罪に走る可能性が高いかどうかは，扇動が行われた後の聞き手の行動によってしか判断できないと思われる。表現行為後の事情を考慮しなければ，まさに単なる言論を処罰してしまう可能性も捨てきれない。そうなってしまうと，両基準には具体的な相違はなく

第 4 章　ヘイト・スピーチ規制における「明白かつ現在の危険」

なってしまいかねない。このことは十分に注意すべきことと思われる。

48）　市川・前掲注46）61頁。

49）　市川正人「人種差別撤廃条約と差別的表現の規制」法学セミナー504号（1996年）84頁。

50）　市川・前掲注49）84頁。市川は，その前提として，「ただ，少数者集団に対する特にひど
い侮辱表現が当該集団に属する個人に直接向けられていない場合にも処罰する法律が許され
るかどうかを判断するためには，我が国における少数者集団に対する差別の歴史と現状，当
該集団を侮辱する表現がその集団に属するものに与える衝撃の程度，当該集団を侮辱する頻
度などを考慮する必要があろう」と指摘する（市川・前掲注46）63頁）。この指摘はもちろ
んだといえる。しかし，ヘイト・スピーチについて，実害と被害実態そしてこれを規範化し
た法益の点において何が個人に対する名誉毀損と異なるのか，将来の暴力行為への波及力の
相違などは明確に説示できていない。

51）　アメリカにおける議論では，刑罰規定に書かれている行為の向けられる対象に対する明白
かつ現在の危険を要求することになるのであろう。アメリカの文脈からすれば，名誉毀損と
は異なり，具体的に特定の個人を特定できない集団に対する侮辱的表現は，それだけでは規
制しにくい。つまり特定されない人の名誉に対する危険を認定することが困難であるからで
ある。

52）・破防法39条（政治目的のための放火の罪の予備等）
「政治上の主義若しくは施策を推進し，支持し，又はこれに反対する目的をもつて，刑法第
百八条，第百九条第一項，第百十七条第一項前段，第百二十六条第一項若しくは第二項，第
百九十九条若しくは第二百三十六条第一項の罪の予備，陰謀若しくは教唆をなし，又はこれ
らの罪を実行させる目的をもつてするその罪のせん動をなした者は，五年以下の懲役又は禁
こに処する。」
・同法40条（政治目的のための騒乱の罪の予備等）
「政治上の主義若しくは施策を推進し，支持し，又はこれに反対する目的をもつて，左の各
号の罪の予備，陰謀若しくは教唆をなし，又はこれらの罪を実行させる目的をもつてするそ
の罪のせん動をなした者は，三年以下の懲役又は禁こに処する。
一　刑法第百六条の罪
二　刑法第百二十五条の罪
三　検察若しくは警察の職務を行い，若しくはこれを補助する者，法令により拘禁された者
を看守し，若しくは護送する者又はこの法律の規定により調査に従事する者に対し，凶器又
は毒劇物を携え，多衆共同してなす刑法第九十五条の罪」

53）　最判平 2 年 9 月28日判時1370号42頁。

54）　参照，佐藤幸治『憲法訴訟と司法権』（日本評論社，1984年）217頁以下。市川正人「文面
審査と適用審査・再考」立命館法学 5・6 号（2008年）30頁以下。

55）　東京高判昭62年 3 月16日判時1232号43頁。

56）　曽根・前掲注21）23頁。なお，曽根も述べているように，刑事立法一般では，危険概念を
表現犯に限定する必要は必ずしもない（曽根・前掲注21）23頁）。ただし，そうだからと
いっていかなる程度の危険であっても処罰根拠となることを全面的に肯定するのではなく，
「明白かつ現在の危険」の発生が必要と考えるべきである。これはまさに抽象的危険犯にあ
てはまる問題である。

57）　曽根・前掲注21）24頁。

58）　曽根・前掲注21）24頁。

59）　曽根・前掲注21）25頁。

121

60) 曽根・前掲注21）36頁。

61) 曽根・前掲注21）40頁。

62) 曽根・前掲注21）41頁。

63) 曽根・前掲注21）49頁以下。

64) 参考，曽根・前掲注21）52頁。

65) 曽根・前掲注21）53頁。

66) 曽根・前掲注21）54頁。

67) 曽根・前掲注21）252頁。

68) 萩原滋『実体的デュー・プロセス理論の研究』（成文堂，1991年）131頁。

69) 萩原・前掲注68）132頁。

70) 萩原・前掲注68）132頁。同148頁。

71) 萩原・前掲注68）133頁。「明白かつ現在の危険の危険」の基準の可罰性判断基準としての意義について，萩原・前掲注68）134頁。

72) 萩原・前掲注68）134頁。

73) 中山研一『争議行為「あおり」罪の検討——判例の変遷とその異同の分析』（成文堂，1989年）11頁。

74) なお，本章ではもっぱら「扇動」との関係で明白かつ現在の危険の基準を取りあげたが，公共施設の利用に関係しても明白かつ現在の危険の基準が問題になる。これについて，市民会館使用許可申請に対して，泉佐野市総務部長が，本件集会が開催されたならば，少なからぬ混乱が生じ，その結果，一般市民の生命，身体，財産に対する安全を侵害するおそれがある，すなわち公共の安全に対する明白かつ現在の危険があると判断し，市立泉佐野市民会館条例7条1号の「公の秩序をみだすおそれがある場合」にあたるとして泉佐野市長の名で，本件申請を不許可とする処分をした（最判平7年3月7日判時1525号34頁）。本判決では，不許可処分は，本件集会の目的やその実質上の主催者と目されるXという団体の性格そのものを理由とするものではなく，また，被上告人の主観的な判断による蓋然的な危険発生のおそれを理由とするものでもなく，Xが，本件不許可処分のあった当時，関西新空港の建設に反対して違法な実力行使を繰り返し，対立する他のグループと暴力による抗争を続けてきたという客観的事実からみて，本件集会が本件会館で開かれたならば，本件会館内又はその付近の路上等においてグループ間で暴力の行使を伴う衝突が起こるなどの事態が生じ，その結果，グループの構成員だけでなく，本件会館の職員，通行人，付近住民等の生命，身体又は財産が侵害されるという事態を生ずることが，具体的に明らかに予見されることを理由とするものと認められ，したがって，本件不許可処分が憲法21条，地方自治法244条に違反するということはできない。

表現の自由と関連して本判決は，本件集会が開かれることによって前示のような暴力の行使を伴う衝突が起こるなどの事態が生ずる明らかな差し迫った危険が予見される以上，本件会館の管理責任を負う被上告人がそのような事態を回避し，防止するための措置を採ることはやむを得ないところであって，本件不許可処分が本件会館の利用について上告人らを不当に差別的に取り扱ったものであるということはできない。それは，上告人らの言論の内容や団体の性格そのものによる差別ではなく，本件集会の実質上の主催者と目される中核派が当時激しい実力行使を繰り返し，対立する他のグループと抗争していたことから，その山場であるとされる本件集会には右の危険が伴うと認められることによる必要かつ合理的な制限であるということができると判示した。

本判例で問題なのは，暴力の行使を伴う衝突が起こり一般市民の生命，身体，財産に対す

第4章　ヘイト・スピーチ規制における「明白かつ現在の危険」

る安全を侵害する事態が生ずる明らかな差し迫った危険が予見されることを理由に使用許可の申請を不許可とした。刑法的には，衝突の原因を招いた側に法的帰責原因を求めることから，単にXが集会を開催するという理由だけで一般市民の生命，身体，財産に対する安全を侵害する事態が生ずる明らかな差し迫った危険があるとして使用を認めないというのはXにとって明らかに不利益であるということになるが，本件は行政上の措置の適法性を問題にしていることから，本件施設を利用した場合，使用者側と使用者に反対する人々の間における衝突による様々な法益の侵害の危険を問うたといえる。とりわけそのことから本件は，暴力行為による生命・身体・財産法益の侵害の明白かつ現在の危険が問題になった。

　ヘイト・スピーチに関連して，施設使用の許可と明白かつ現在の危険の基準を問題にするならば，各自治体の条例では，施設の使用許可申請に対して，——あくまで例であるが——①「公の秩序又は善良な風俗を害するおそれがあると認めるとき」，②「集団的に又は常習的に集団的に又は常習的に暴力的不法行為等を行うことを助長するおそれがある組織の利益になると認めるとき」，そして③「会館の管理運営上支障があると認めるとき」等に使用を許可しない又は一旦許可したものを取り消す規定がある。ここでは，①ないし③に関係して，「公の秩序又は善良な風俗を害する」ことの解釈として，単に漠然と法益に対する危険を論じるのではなく，人種差別撤廃条約やヘイト・スピーチ規制法の趣旨に則して，人種差別が行われる明白かつ現在の危険の有無を検討する必要がある。ここでは，使用申請者の使用目的趣旨に照らして，申請者の言論の内容や団体の性格そのものによる差別ではなく，講演ないし集会の主催者が人種差別撤廃条約における人種差別に該当する侮辱的表現行為を伴うデモや街宣活動を繰り返していることなどを検討材料にして，人種差別に行われることの明白かつ現在の危険を問うべきである。なお，「公の秩序又は善良な風俗を害するおそれがあると認めるとき」の有無の判断の際，主観的・恣意的判断ではなく，客観的に「おそれ」を判断すべきという目的で明白かつ現在の危険の基準が適用されるわけであるが，ここでは「おそれ」という要件の有無を具体的に判断するため，つまり，ヘイト・スピーチが行われ，これにより人種差別という事態を生ずることが具体的に明らかに「予見」されるか否かを判断するものとして明白かつ現在の危険の基準が用いられる。あくまで予見であって，将来において生じる可能性のある事態に関する判断であって，危険の現在性は，現状から鑑みて施設を使用する将来の時点で法益に対する侵害が生じる可能性を具体的に判断するということである。

75)　保護責任者遺棄・不保護罪（刑218条）でも，単なる置き去りや不保護だけをもって可罰性を肯定するのであれば，その処罰範囲の限界は不明確にならざるを得ず，生命・身体に対する具体的危険の発生を可罰性の要件とすることで具体的危険犯と位置づける説が有力である。

76)　ドイツ刑130条1項（民衆扇動罪）

　　「公共の平穏を乱し得るような態様で（sein geeignet），

　1　国籍，民族，宗教，又はその民族性によって特定される集団，住民の一部に対して，又は上記に示した集団に属することを理由に若しくは住民の一部に属することを理由に個人に対して憎悪をかき立て若しくはこれに対して暴力的若しくは恣意的な措置を求めた者，又は

　2　上記に示した集団，住民の一部又は上記に示した集団に属することを理由として個人を冒涜し，悪意で侮蔑し若しくは中傷することにより，他の者の人間の尊厳を害した者は，3月以上5年以下の自由刑に処する。」

77)　BGHSt 16, 49. Lenckner/Sternberg-Lieben, in: Schönke/ Schröder, Strafgesetzbuch Kommentar, 28. Auflage, 2010, S.1414.

78) BGHSt 34, 329.

79) Andreas Hoyer, Die Eignungsdelikte, 1987, S.139.

80) Frank Zieschang, Die Gefährdungsdelikte, 1998, S.278.

81) Zieschang, a.a.O. S.278f.

82) Zieschang, a.a.O. S.279.

83) BGHSt 46, 212.

84) Zieschang, a.a.O. S.280. なお，Zieschang は危険犯の再分類を試みることに本来の研究意
図があり，その一類型として民衆扇動罪を扱っている。具体的危殆犯（konkrete Gefähr-
dungsdelikte）（危殆化結果の惹起を要件とする犯罪類型），潜在的危殆犯（potentielle Ge-
fährdungsdelikte）（危険な状態の惹起を要件とする犯罪類型），具体的危険性犯（konkrete
Gefährlichkeitsdelikte）（類型的に危険な行為を要件とする犯罪類型）を刑法における正当
な危険犯類型としつつ，抽象的危険性犯（abstrakte Gefährlichkeitsdelikte）の刑法典から
の排除を主張する。民衆扇動罪は，具体的危険性犯に区分される。Zieschang の見解の紹介
について，振津隆行『抽象的危険犯の研究』（成文堂，2007年）105頁以下。振津によれば，
日本で抽象的危険犯とされている犯罪全ては，『『抽象的危険性犯』として捉えてよいと思料
される（なぜなら，ドイツ刑法と異なり，具体的危険性犯が問題となる『適性犯』は存在せ
ず，ツィーシャンクの提案にかかる潜在的危殆犯も見出しえないから」と主張する（振津・
同書150頁）。振津の主張からは，日本における危険犯とされる犯罪類型が合憲性を維持する
には，特に，抽象的危険犯とされる犯罪類型を規定する法令については，その規定形式を変
更することが要請されることになろう。

85) 東京高判昭62年 3 月16日判時1232号43頁。

86) Lenckner/Sternberg-Lieben, Schönke/ Schröder, Strafgesetzbuch Kommentar, S.1414.

87) Jürgen Schäfer, Münchner Kommentar StGB, 2. Auflage, 2012, S.656.

88) Heribert Ostendorf, in: Nomos Kommentar StGB, 4. Auflage, 2013, S.676.

89) Ostendorf, a.a.O. S.681.

90) Mattias Krauß, Leipziger Kommentar StGB, 12. Auflage, 2009, S.480f.

91) Krauß, a.a.O. S.481.

92) Krauß, a.a.O. S.481f.

93) Krauß, a.a.O. S.482.

94) Ostendorf, a.a.O. S.681.

95) Krauß, a.a.O. S.483.

96) 参照，横田耕一「『差別表現』についてどう考えるべきか」法学セミナー475号（1994年）
59頁。

97) 阪口正二郎「表現の自由」法学教室357号（2010年）30頁。

98) 内野正幸『差別的表現』（有斐閣，1990年）163頁。なお，内野の言う「現実的な危険」と
は，「明白かつ現在の危険」の範疇で理解しても誤りではないと思われる。

99) Schäfer, a.a.O. S.656.

100) 決定主体である市民は，常に国家・政府と緊張関係にあるとは限らない。政府よりの市民
は厳然と存在する。民主主義の形骸化は，時として選挙を媒介にした民主主義システムの手
続を経ることでも生じる。

101) 議会制民主主義制度の下では，危険な政権に対しては次の選挙で不信任を突きつければよ
い，とのきわめて明快で論理的な説明がされることがあるが，けれども，いつの時代にも政
権を担えるオールタナティブとしての勢力があるとは限らない。権力の濫用が懸念されなが

第 4 章　ヘイト・スピーチ規制における「明白かつ現在の危険」

らも現政府に対抗する勢力が形成されていない状況を視野に入れると，立法者並び政府に対する法による縛りの重要性はより現実味を帯びてくる。

102)　このような落書き行為については，各都道府県の美観条例の適用の可能性が検討可能であるし，またトイレ等での落書きの場合には軽犯罪法 1 条 1 号（「人が住んでおらず，且つ，看守していない邸宅，建物又は船舶の内に正当な理由がなくてひそんでいた者」）の適用も可能と思われる。

103)　そもそもすべての刑法の刑罰規定は，公共の平穏のために存在する。その意味で，公共の平穏を保護法益として把握することは処罰範囲の限定の手がかりをみいだすことを困難にし，それにより当該刑罰規定の形式犯を招くおそれがある。

104)　内野は，「悪質なヘイトスピーチは今後，処罰の対象にすべきであるにしても，人種優越思想の表明・流布を全て包括的に処罰対象にするとしたら，憲法21条の『表現の自由』規定に違反するおそれが出てくる」，と処罰の対象とすべき行為を限定するべきと指摘している（内野正幸「ヘイトスピーチ」法学教室403号（2014年）61頁）。

105)　君塚正臣「明確性の原則」戸松・野坂編『憲法訴訟の現状分析』（有斐閣，2012年）337頁。

106)　中山・前掲注73）7 頁。

107)　刑法理論からすると，「明白かつ現在の危険」の基準は，表現犯に限定されて適用される基準ではなく，形式犯ないし抽象的危険犯とされる刑罰規定全般に関係する。とりわけ，刑罰的介入を帰結とする刑法では表現犯以外の法令自体の合憲審査において明白かつ現在の危険かつ現在の危険の基準の適用の必要性が求められる可能性が十分ある。ただ，憲法では，表現の自由の保障に配慮して，現実的な害悪を生じさせない単なる表現までも処罰してしまう可能性のある法令（その文面，たとえば「扇動」という文言のように，構成要件要素としての行為と，場合によって，これに付随する行為態様について，過度に広汎な表現行為を処罰範囲に包含するおそれのあるような規定がおこなわれた結果，明確でない法令）が制定・現存することによる不当な表現の萎縮が生じないようにするために，特に「明白かつ現在の危険」の基準が合憲審査において適用されたと考えられる。参照，横田・前掲注96）59頁。

108)　君塚・前掲注105）337頁。

109)　または，（たとえ各都道府県の公安委員会から道路使用許可を受けた街宣やデモでの表現行為であっても）そのような表現行為に対して権限ある公務員による禁止命令があったにもかかわらず，これに従わず，止めない場合に処罰するという間接罰方式も検討に値する。

第 5 章
ヘイト・スピーチの定義

I　ヘイト・スピーチの定義

1　ヘイト・スピーチの態様

　本章のはじめに，どのような場でヘイト・スピーチは発せられるのかについて示すことにする。今日では，情報発信並び表現行為の発信は，デモや街宣活動のようにある具体的な場所で人々の前で行われることや，書物やビラなどの文書を通じて人々に訴えかけるといった，いわば伝統的な発信形態だけでなく，インターネットという電信通信を通じた表現の発信がめざましく発達しており，もう一つの「世界」を築かれている。もう一つの世界とは，現実の人が目と目を合わせて（議論や意見表明），耳と声で（電話）意見を表明する等，語り手と聞き手の目や声を知ることができる「現実」の空間だけが表現の発信の場ではない。互いに誰であるかを知ることなく（名前，顔，姿），直接，声も聞くことなく，その意味で「バーチャル・仮想」の空間で様々な表現が発信が行われている。差別表現の一形態であるヘイト・スピーチを考える際，これら二つの空間を考慮しなければならない。

　このような空間を考慮にした場合，ヘイト・スピーチには次のような類型がある。

① 　自分のノートに差別表現を書き連ねる。友人など限られた特定の人たちの間で差別表現をすること
② 　口頭や文書で，特定の個人に対して差別表現をすること（例外：連続大量差別はがき事件などはここに含まない）
③ 　公園や街頭でのデモ・集会等で差別表現をすること

第5章　ヘイト・スピーチの定義

④　インターネット上で差別表現を書き込むこと（ブログ，２ちゃんねる，Twitter，Facebook 等のソーシャルネットワーク）

⑤　デモや街宣などの現場をインターネットで生中継し，そこで差別表現をすること，インターネット上にデモや街宣などの動画を掲載すること

⑥　インターネット上に独自のサイトを開設し，たとえば，被差別部落等に関する歴史資料等を掲載して閲覧可能な状態に置くこと

2　ヘイト・スピーチの類型

つぎに，ヘイト・スピーチを二つの類型に区分する。ヘイト・スピーチと呼ばれる表現行為の類型には，次のようなものが想定される。

(1)　特定の属性によって特徴づけられる集団又はその属性を有することを理由とした個人に対する表現行為による攻撃

(2)　歴史的事実を否定，再肯定する表現行為による攻撃

(1)　特定の属性によって特徴づけられる集団又はその属性を有することを理由とした個人に対する表現行為による攻撃の行為態様

　　①　公衆便所の壁や町中の電柱などに「○○人死ね」，「○○民，死んでしまえ」などと，誰にも見つからないように一人こっそりと陰湿に落書きなどすること

　　②　デモや街宣活動などで，公然と，拡声器などを使って，「○○人を殺せ，海にたたき込め」，「○○人，お前ら日本に住ませてあげているんや。隅の方歩いといたらええんや」，「約束というものは人間同士がするものです。○○人とは約束できません」等と，攻撃的，脅迫的若しくは侮辱的又は反復的な態様で暴力を扇動することや，誹謗や中傷すること

　　③　ある有力団体のリーダーが，公然と，「○○人は我々にとって脅威だ。抹殺しなければ我々が抹殺される。それが世界の摂理だ」などと，人々に向かって，民族など特定の属性によって特徴づけられる集団の虐殺を扇動すること

(2) 歴史的事実を否定，再肯定する表現行為による攻撃の行為態様

④　デモや街宣活動などで，公然と，「従軍慰安婦は，単なる商業売春婦
だ」，「アウシュヴィッツでのガス殺害はユダヤ人のつくりあげたでっち
上げだ」などと，歴史的事実を否定すること

⑤　デモや街宣活動などで，公然と，「○○人は未開の野蛮人で，その国
を併合したのは植民地支配などではなく，文明化してあげたのだ」など
と，国や政府などが反省した歴史的事実を再肯定すること

これら二つの類型を前提としたうえで，本章では，(1)について，その定義を
広義・狭義・最狭義に分けて示すことにする。

（広義のヘイト・スピーチ）

広義のヘイト・スピーチの定義を示す。

人種差別撤廃条約の趣旨に反して，[1] 肌の色，人種，民族，出自，性別又は性
的指向等によって特徴づけられる集団に対して又はこれに属することを理由に
個人に対して，集団に対する誹謗若しくは中傷すること又は社会的排除若しく
は暴力を扇動すること。

日本語で表現すると，差別表現。①②③が該当する。

（狭義のヘイト・スピーチ）

広義のヘイト・スピーチを前提にして，国内法による刑事規制などの対象と
なりうる，狭義のヘイト・スピーチを定義する。

人種差別撤廃条約の趣旨に反して，公然と，（特定・不特定を問わず）殊更に
広く多数の人々に対して認識可能な態様又は方法で，肌の色，人種，民族，出
自，性別又は性的指向等によって特徴づけられる集団に対して又はこれに属す
ることを理由に個人に対して，攻撃的，脅迫的若しくは侮辱的又は反復的な態
様で，集団に対する誹謗若しくは中傷すること又は社会的排除若しくは暴力を
扇動すること。

日本語で表現すると，暴力扇動表現行為，差別扇動表現行為。②が該当す
る。

第5章　ヘイト・スピーチの定義

（最狭義のヘイト・スピーチ）

　　国内法による刑事規制の対象となりうる，最狭義のヘイト・スピーチとは，

　　特定の有力な者によって，公然と，（特定・不特定を問わず）殊更に広く多数の人々に対して認識可能な態様又は方法で，彼らを扇動することを主たる目的として，標的となった集団の虐殺を扇動すること。

　　日本語で表現すると，集団虐殺扇動表現。③が該当する。

3　ヘイト・スピーチ固有の害悪

　法的規制の対象となりうる表現行為を明らかにすることを目的として，[2]ヘイト・スピーチの定義をした。以上のヘイト・スピーチの定義について，以下，その理由を説明する。

　ヘイト・スピーチは，ある社会において，いわゆる支配的マジョリティとそれに属するとされる人々が，肌の色，人種，民族，国籍，出自又は性別等の属性を根拠に自らを社会の正統な構成員として自己規定し，自分たちとは異なる人々を社会を脅かす存在又は「異質」なものとみなし，[3]標的となった集団とその構成員の社会的地位とその承認を低下又は否定するために，彼らを不当ないし低劣なものとして貶めることを意図して誹謗中傷や罵詈雑言など表現行為をする。そして場合によっては，社会を構成する主体たる市民ではなく，暴力を向ける客体へと標的となった集団を貶める。ヘイト・スピーチは特定の集団とその構成員である諸個人を社会的に無視ないし否定しようとし向けるための試みである。これは，その表現者である人間が，標的対象である人間集団を否定することにその本質があるとすると，標的となった集団そのものとその構成員が社会の構成員であること，ひいては人間であることの否定を意味する。それゆえ，ヘイト・スピーチは，個人に対する害悪を超越する。これは，特定の集団そのものの否定，つまり共存の否定を意味していることから，社会的衝撃を与える。なぜなら，ヘイト・スピーチは，差別，排斥，隔離，退去，暴力，究極的には大虐殺へと至る，将来の甚大な攻撃の基本的端緒であり，これらのそれぞれのプロセスのなかで蔓延し，人々の意識のなかに浸透する。[4]ヘイト・スピーチは，これら後者の諸行為の前触れであり，かつこれらに常に付随して行われる。[5]差別の問題は，入居差別，入社差別等に始まり，社会的ないし制度的

129

排除に至るまでの差別的取り扱いに限定されるのではなく，その厳然たる背景でありかつ前段階として，二級市民や敵とみなすなどの社会的地位を貶める行為のことでもある。後者なしに前者は現実味を帯びない。ヘイト・スピーチは後者の問題である。

ヘイト・スピーチは，「生身の人間を傷つける。そして，人間を抱える社会そのものを傷つける[6]」。特定の集団又はその構成員に対する不寛容によって，その構成員が彼の人権を行使することを阻害し，しかもこれを同時に正当化する。これによって，標的となった集団がこれに対処することを妨げ，沈黙そして無力化させ，社会への参加を阻害する。それゆえ，ヘイト・スピーチは，同時に，社会の民主政をも損なうことになる。

このようなヘイト・スピーチの危険性は，従来，日本社会ではあまり着目されてこなかった。そのためか，「差別的表現」として一括りに理解されてきたきらいがあり，上記の①から⑤までが無意識的に包含されてきたといえる。端的に，特定の属性によって特徴づけられる集団に対して侮辱する表現行為として理解されてきたのであろう。もっというと，①の行為類型を念頭に置いて議論が展開されてきたのであり，公然と，インターネットを通じて，また拡声器などを使って大声で攻撃性と扇動性を伴って表現行為が行われることなど想定されていなかったのであろう。そのため，差別的表現の法的規制の議論になると，「明白かつ現在の危険」の基準に基づいて暴力犯罪の現実的可能性の有無に規制法令の（適用の）合憲性を委ねてきたのが実情といえよう。明白かつ現在の危険の基準に依拠することで可罰性評価を厳格にして，可罰的行為の対象をしぼる・限定する意図は理解できないわけではない。しかし差別的表現という一つの類型にくくるだけしかせず，「明白かつ現在の危険」の基準にだけ合憲性基準と可罰性基準を求めることには唐突の感を否めない[7]。差別的表現といわれるもののなかでの歴史的文脈，社会的意味そして社会と被害者に与える衝撃の程度の差異には関心が向けられておらず，単にそこでは暴力犯罪，より正確にいうと，暴力犯罪のカテゴリーに含まれる法益侵害の前段階行為を規制しているのであり，まさに暴力犯罪の一類型としてのみ位置づけているといわれても仕方がない。差別と社会からの排除を扇動する目的で，多数人によって大声で攻撃性を伴って公然と行われる，攻撃的，脅迫的若しくは侮辱的又は反復

第5章　ヘイト・スピーチの定義

的な態様での誹謗中傷又は罵詈雑言などの表現行為のもつ固有のダイナミクスというべき害悪と被害を考慮してこなかったかに等しい。

4　「不快」規制としてのヘイト・スピーチ規制？

憲法98条2項は，「日本国が締結した条約及び確立された国際法規は，これを誠実に遵守することを必要とする。」と規定している。本規定の文言である「誠実に遵守」するとは，条約は国際法であるけれども，日本国内において国内法として通用することを意味する。これは，日本政府が批准又は加入した国際条約について，これを遵守するという文言に関連して，条約が国内法として通用することを意味する。1995年に日本政府が加入した人種差別撤廃条約もその一つである。それによれば，同条約1条1項「この条約において，『人種差別』とは，人種，皮膚の色，世系又は民族的若しくは種族的出身に基づくあらゆる区別，排除，制限又は優先であって，政治的，経済的，社会的，文化的その他のあらゆる公的生活の分野における平等の立場での人権及び基本的自由を認識し，享有し又は行使することを妨げ又は害する目的又は効果を有するものをいう。」名誉侵害罪における侵害の特徴が，個人に対する攻撃と個人のプライヴァシーの暴露であるのに対して，ヘイト・スピーチのそれは，日本社会に存在する特定の集団への排外的又は差別的な攻撃にある。ここにおいてヘイト・スピーチが特定の属性によって特徴づけられる集団の排除又は差別をその真のメッセージとして社会に発していることを見逃してはならない。差別目的をもって行われた業務妨害が並び名誉毀損について損害賠償を認めた判例は，「我が国の社会から在日朝鮮人を排斥すべきであるとの差別目的で行われることを認識しながら，積極的に参加していたといわなければならない。」として差別目的を認定し，「被控訴人の関係者や警察官に対する発言であっても，在日朝鮮人をあざけり，日本社会で在日朝鮮人が日本人その他の外国人と共存することを否定する内容であ」り，「控訴人らが，在日朝鮮人及び被控訴人の人格を否定し，在日朝鮮人に対する差別の正当性を世に訴え，我が国の社会から在日朝鮮人を排斥すべきであるとの見解を公開の場所で主張した」として排斥・排除することを強調し，「在日朝鮮人及びその子弟を教育対象とする被控訴人に対する社会的な偏見や差別意識を助長し増幅させる悪質な行為」である

131

として，当該行為が単発的ではなく，害悪を助長し増幅させるとしつつ，しかも「控訴人は理不尽な憎悪表現にさらされたもので，その結果，業務が妨害され，社会的評価が低下させられ，人格的利益に多大の打撃を受けており，今後もその被害が拡散，再生産される可能性があるというべきである。」として，被害が拡散，再生産されることに人種差別の特殊性をみいだし，「在日朝鮮人を嫌悪・蔑視してその人格を否定し，在日朝鮮人に対する差別意識を世間に訴え，我が国の社会から在日朝鮮人を排斥すべきであると主張することに主眼があった」と判示した[8]。ヘイト・スピーチは，マイノリティ[9]の「幸福を追求する権利」を否定し，民主主義の基盤である「法の下の平等」それ自体を破壊する暴力に他ならないとの中村一成の指摘があるように[10]，社会からの排除，つまり集団とその構成員の存在の否定という意味をもつ。このことから，ヘイト・スピーチは個人的利益にもまして社会的利益に対する侵害・危険としてクローズアップされる。つまり，人種や民族を背景とする特定の属性を有する集団に属する人々を法的保護の対象外とみなし，社会的に排除することから，個人の問題としてだけでは処理しきれない集団的排除であることに照らすと，まさに人間の尊厳の否定の問題であり，同時にそれが属性を理由に行われることから法の下の平等の侵害の問題である。つまり，属性を理由とする人間の尊厳の否定である。そもそもすべての法的問題を個人の法的権利の問題として対処できるのであれば，憲法14条の「法の下の平等」の存在意義は失われるか又は単なる確認規定にすぎなくなる。属性に関する誹謗中傷が集団そのものに対する誹謗中傷を意味することはいうまでもなく，その上，その効果と真のメッセージとして集団そのものを不当に低い地位に貶めるというヘイト・スピーチの害悪がある。これは，属性に対する攻撃が当該属性をもつ人々を劣等なものとして対等とみなさず別扱いし，社会において従属的地位に貶め，社会構成員たる主体としてではなく，攻撃と排撃の客体とみなし，その人々の社会的地位を貶めることである。その実態とは，同じ人間であることの否定と，社会における平等関係を危険にさらすことである。ヘイト・スピーチを法の下の平等の問題として扱うことで，それが，攻撃対象となる集団そのものを「二級市民」ないし「人間以下」扱いし（＝個人の尊厳と生存権の否定），社会における存在の否定を明らかにすることができる。つまり，特定の属性を理由にある集団に対して侮

辱的表現をすることは，その集団そのものを否定するところに最大の特徴を持つ。法の下の平等への抵触を根拠として，あらためて集団の個々人の尊厳の問題へと還元される。それゆえ，属性を理由に人間扱いしないことは，まさに特定の属性を有する人々・集団の基本的人権の尊重，人間の尊厳，生存権の危殆化そして法の下の平等に抵触する。「人間以下」の扱いと生存権の危殆化について補足すると，ヘイト・スピーチをする側の前提は，国籍や民族など自分たちとは異なるファクターを（攻撃することを正当化する）背景にして，ヘイト・スピーチによる攻撃の標的とされた集団に対して，排除又は同化（従化）の選択を迫る。ここにおいて同化を拒否することは，まさに人間の尊厳を堅持するための理論的かつ身体的実践であるが，これは，国家そしてこれを盾にとるマジョリティの前で，拒否に対する反応としての「人間以下」の扱いによって（形式としての）諸権利の前提としての（実質としての）人間の尊厳が否定されることで，人間の尊厳の堅持と否定が並存する事態が生じる。この危機的な「並存」状態を解消するために同化（従化）させることは，生存の保障のために人間の尊厳を自己放棄させることを強制することである。それは，いわば人間の尊厳なき生存なのである。同化を迫る側は，生存の保障の外面だけを見て，被強制者を「普通」の存在であり，「自然な」かたちで生活していると見なし（勘違いし），これによって彼の諸権利を保障したと考える。けれども実質としての人間の尊厳の保障は当然の法理として否定する。このような状態での生存は，彼が生存する限り，彼に対して永遠の服従を強いることなのである。

　ヘイト・スピーチは人種に基づく社会的排除を促進かつ固定化し，同時に暴力犯罪の前段階として把握する必要がある。そこに至るまでの過程において，ヘイト・スピーチは，マイノリティへの悪意を社会に充満させ，マイノリティへの社会的そして法的保障からの排除，そして暴力とそれを正当視・当然視する社会的環境の醸成，極端な場合には他民族の虐殺そして戦争へと導くものであり，平等と平和をめざす社会を破壊する点で社会的にきわめて危険である。ヘイト・スピーチが単なる表現にとどまらず，公の場において何らの規制もなく行われることでその害悪は社会において常態化し，特定の集団に対する蔑視感ないし敵対感を醸成し，これらを固定化し，そのような社会的環境の下で将来において重大な犯罪を生じさせる行為であることを確認する必要がある。[11]

ヘイト・スピーチの背景には，自分たちのみが日本で権利を行使できる存在と自認し，自分たちとは違う人々を共生のパートナーとするのではなく，「異質」なもの・エイリアンと捉えて排撃しようとする。このように思考するまでに至る過程には様々な経緯があると思われるが，共通しているのは，なぜ差別してはいけないのか，表面上のちがいなどがあるのになぜ平等でなければいけないのかについて，学校教育や家庭教育で教えてこられなかったところにも一因がある。せいぜいのところ，差別するようなことを言ってはいけないという「タブー」にすぎなかった。差別表現をする機会を少なくさせてきたと同時に，差別問題について議論し合う状況をも減少させもしてきた[12]。そのため，社会情勢や世界情勢の変化に伴い，「被害者感情」の吐露のような装いをもって，異質な人々を攻撃する表現行為が現れるようになる。ヘイト・スピーチが蔓延する社会では，攻撃対象となる集団に対する無意識の蔑みが広まることにより，同時に人権の享有主体であることを社会的に否定する。このことに対する社会的批判もすでに弱化させてしまうおそれがある。ヘイト・スピーチの先にある人種差別に基づく暴力犯罪は，まさに標的となった人々を客体化し，「二級市民・人間以下」と見なし，「人」として承認せず，人として扱わないことを前提にして行われる[13]。それゆえ，ヘイト・スピーチは，単に「不快」，「聞いていて気分が悪くなる」，「腹が立つ」という個人的な不快感情や気持ちのレベルの問題ではすまされない。

II　検討課題

公然のヘイト・スピーチ

　本章では，冒頭に示した①②③の事例を検討対象とすることを前提にして議論を進める。④⑤については別の機会にで検討することにする。

　日本において外国人などを標的にして彼らを排斥しようとするデモや街宣などの活動が深刻な問題になっており，街頭やインターネット上で，聞くに堪えない・見るに堪えない言論が横行している[14]。これらは特定の集団をターゲットにして，その構成員の個人の人格に関係することなく，専ら属性を根拠に集団とその構成員を攻撃対象とする。読んで字のごとく，ヘイト・スピーチという

用語は英語である。日本社会では日常用語化している単語や用語もある。その意味ではヘイト・スピーチという用語もその一つかもしれない。現に，日本社会においてすでにヘイト・スピーチという用語が定着した感もある。また，日本語の言語的限界から外来語を用いた方が的を射た表現になる場合もあることをこれまた否定できない。[15]それではヘイト・スピーチもそうなのであろうか。たとえば，在日朝鮮人（ここでは朝鮮籍並び韓国籍を総称する[16]）の人々への偏見や差別は今に始まったことではなく，かつてからあった。その意味ではヘイト・スピーチは新奇な現象といえない。けれども近年，公の場で（インターネットを含む），差別的，侮辱的又は脅迫的な表現内容で，大勢の集団できわめて攻撃的又は反復的な態様で行われるに至っている。ここでは多数人に向けた表現行為の，公然性，攻撃性・強迫性そして扇動性という特徴をみることができる。公然性に関して，表現を認識することの可能な範囲の広範性や人目をはばからない行為態様が顕著である。侮辱的であること・脅迫的であることについて，拡声器等を用いて多数人が一度に誹謗中傷する表現行為をする。そして扇動性については，もっぱら「殺せ」，「海にたたき込め」などと単に脅迫だけでなく，（特定・不特定を問わず）多数の人々を煽っている点で，単なる差別や蔑視とは異なる。このように，従来，差別表現と呼ばれてきた行為態様とは異なる表現行為が社会において看過できないほど現象するに至ったことから，これがヘイト・スピーチと呼ばれるようになった。つまり，日本社会としては想定してこなかった現象であるという意味でこの用語が使われるに至った。ただし，このヘイト・スピーチがかつて日本社会にはなかったとの主張に対しては大いに疑問のあるところであるが，しかし，その真偽はさておくとして，近年のヘイト・スピーチの公共の場での多発という深刻な事情を前にして，社会的にヘイト・スピーチの法的規制が迫られているのはいうまでもない。

　なお，ヘイト・スピーチ規制を検討するにあたって表現の自由の保障に配慮すべきことはいうまでもない。民主主義を社会的決定プロセスの根幹に置く社会では，民主主義という自己統治にとって政治的表現の自由は不可欠であるといわれる。民主主義を健全な形で維持するためには，政治的な意思決定に必要な多様な情報が常に社会の草の根のレベルから国会の議論に至るまでのすべての過程に流通している必要があると同時に，すべての人々が自己の意見を発表

できる自由が保障されている必要がある。[17] 公共の福祉によって制約を受けるとしても，表現の自由という権利は安易に相対化可能な権利だと解してはならないことが大前提である。しかし，個人の名誉との関係では表現の自由は制約を受けることにほぼ異論はない。ヘイト・スピーチは，個人であれ，特定の属性によって特徴づけられる集団に対してであれ，同じく表現の自由を逸脱する行為である。

それでもしかし，特定の集団に向けられた表現は政治的言論である場合も多い。それゆえ，その規制の議論にあたってもあらためて表現の自由の保障を十全にしなければならない。表現行為に対する規制が問題になると，表現活動の萎縮と憲法の保障する表現の自由の制限，そして民主主義にとっての危機という問題が常に出てくる。表現の自由は民主政と密接に関連している。

もちろん，規制に対する積極的立場だけでなく，否定又は消極的立場もあることはいうまでもない。いずれの立場をとるにせよ，まず，ヘイト・スピーチとは何かを明らかにする必要がある。そのための理論的探求がなければ，いかなる行為について規制すべきなのかまったく判然としないことはいうまでもない。ここでは，ヘイト・スピーチの害悪と被害の実態からヘイト・スピーチの具体的内容を明らかにし，日本においてヘイト・スピーチに対する法規制がない現状でヘイト・スピーチとは何か，つまりその定義を明らかにすることは，これに対する法的議論の前提になる。

III　名誉毀損，脅迫，強要の保護法益と保護対象

1　ヘイト・スピーチとは？

ヘイト・スピーチとは，一般的な意味のレベルでは，個人又は集団に対する憎悪に基づく表現行為と理解される。特に，特定の人々の集団に対する侮辱，誹謗中傷又は罵詈雑言などにより，差別，社会的排除又は暴力の扇動をするために用いられる表現行為である。この用語の射程は，人種憎悪，差別そしてこれらの動機に基づく暴力の助長又は扇動から，人種差別撤廃条約に始まり，ジェノサイド条約，とりわけ同条約3条(c)の民族虐殺（Genozide）の扇動にまで及ぶ。[18] その意味で，民族虐殺の扇動までを含む法的規制の対象となるヘイ

136

ト・スピーチは，狭義のヘイト・スピーチ，そして民族虐殺の扇動という究極の表現行為を最狭義のヘイト・スピーチであるということができる[19]。しばしば統一的に承認されたヘイト・スピーチの定義はないといわれているが，その理由は，いかなる集団又は個人を被害対象にするのか[20]，そしていかなる表現行為を禁止するのかということについて各国において歴史事情や社会事情がさまざまであることに基因する。これらの二つのファクターの把握の仕方によってヘイト・スピーチの理解が微妙に異なってくることに異論を見ない。しかし，このことをもってヘイト・スピーチ規制がその害悪ないし社会侵害性が不明確な事象を規制しているとの批判はあたらない。むしろ，構成要件の多様性は個別の歴史的背景や社会事情がそうさせるのであり，逆に，不明確ではなく，ヘイト・スピーチが市民の共存と民主政の維持とその保障に密接に関係しているからであり，それゆえ当該社会にとって不可欠であることが多様性の所以であると考えるべきである。

　ヘイト・スピーチの定義については，――上記でも若干言及したが――いわゆる「差別表現」として扱う向きがある。たとえば，「自己と異なる人種・民族の集団に対する差別行為を禁止するとともに，そうした集団に対する偏見や憎悪の表現（以下，ヘイトスピーチと記す）[21]」，「人種，民族，宗教，性別等の集団に対して，憎悪等を表明する表現[22]」，「ヘイトスピーチがヘイトスピーチであることの決定的な条件は，それが『相手が属する集団』それも『本人の意思では変更が難しい集団』に基づいて，侮蔑や扇動，あるいは脅迫が行われること[23]」，「人種，民族，宗教等に基づいて認識されるマイノリティーを誹謗する差別的表現[24]」などと定義されるが，これらにおいては，いわゆる属性に対する攻撃に重点が置かれている。これに対して，一人陰湿に差別落書きをすることと，公然と大勢で，攻撃的，脅迫的若しくは侮辱的又は反復的な態様で特定の属性によって特徴づけられる集団に対する，誹謗中傷又は罵詈雑言などの表現行為をすることとは区別されていない。それによりヘイト・スピーチ規制の議論の際の批判として規制範囲を限定できないとのそしりを受けることになる。このような批判を回避するためには，当然，規制すべき範囲を限定し，しかもできる限り明確にしなければならない。そのための手法として，制裁として刑罰を想定したヘイト・スピーチ規制に限定することで法的規制すべき範囲がか

なり明確になるのではなかろうか。たとえば，殺人罪のような古典的な犯罪についても，国によって規定の仕方は異なる。故意の殺人について，日本の刑法のように「人を殺した者は，死刑又は無期若しくは五年以上の懲役に処する。」との規定形式はきわめて簡潔である。故殺や謀殺の区別もなく，一つの殺人罪の法令適用のもとで量刑判断に委ねられる。その意味では，どのような規定の仕方をしているのか，またいかなる対象を保護としているのかは本質的な問題ではないのかもしれない。表現規制の文脈でいえば，現行の名誉毀損罪や脅迫罪などを解釈することで適用することも不可能ではないように思われる。しかしいずれの法令も特定個人を保護対象としており，これにより処罰範囲を限定している。このような保護対象の限定が演繹される理由は，これらの法令の保護法益が特定個人の名誉や意思活動の自由を保護対象としていることによる。ここで立法目的から導出される保護法益と法令の保護対象並び構成要件該当行為の連関が問題になる。ヘイト・スピーチ規制の場合であれば，ヘイト・スピーチと名誉毀損罪との異同である。名誉毀損が個人の名誉（社会的名誉）を保護法益として特定個人を保護対象としており，その侮辱的表現行為は特定の個人に対して向けられることを予定している。このことは，名誉の帰属主体が特定の個人であることからの帰結といえる。

　これに対してヘイト・スピーチは，特定の属性によって特徴づけられる集団を保護対象とする。ヘイト・スピーチでは，侮辱的表現行為は（特定・不特定を問わず）多数の人々に訴え，彼らを扇動することに主眼が置かれている。このことを通じて，当該社会に存在するマイノリティ集団を攻撃する。標的となった特定の属性を有する集団の構成員は現実に存在するが，集団そのものは肌の色，人種，民族，出自又は性別等の属性によって構築されることから，一様の特徴があるわけではない。しかし，当該社会においてマイノリティであり又は社会的弱者であることから，マジョリティによるその社会的な支配的立場・地位を盾にした不当な攻撃を受けやすい集団である。人種差別撤廃条約の前文が「国際連合が植民地主義並びにこれに伴う隔離及び差別のあらゆる慣行（いかなる形態であるかいかなる場所に存在するかを問わない。）を非難してきたこと並びに1960年12月14日の植民地及びその人民に対する独立の付与に関する宣言（国際連合総会決議第1514号（第15回会期））がこれらを速やかにかつ無条件に終了

138

第5章　ヘイト・スピーチの定義

させる必要性を確認し及び厳粛に宣明したことを考慮し」と規定しているところからも，単なる集団に対する攻撃を問題にしていないことを読み取ることができる。ここでヘイト・スピーチが特定の属性によって特徴づけられる集団に対する攻撃的な又は侮辱的表現行為であるとしても，特定人の名誉を毀損するわけではないことから，そのため「人の名誉を毀損した」と規定するだけでは足りない。ヘイト・スピーチは標的となっている集団を攻撃し，社会的に不当な地位・立場に貶める又は社会的に排除するために行われることから，表現行為の態様について様々な規定の仕方があり得るように思われる。

　このことを前提にしてヘイト・スピーチの定義に言及すると，まず何よりも依拠すべきは人種差別撤廃条約である。その前文で，「人種，皮膚の色又は種族的出身を理由とする人間の差別が諸国間の友好的かつ平和的な関係に対する障害となること並びに諸国民の間の平和及び安全並びに同一の国家内に共存している人々の調和をも害するおそれがある」ことを大前提にしながら，そのうえで，本条約1条で，「『人種差別』とは，人種，皮膚の色，世系又は民族的若しくは種族的出身に基づくあらゆる区別，排除，制限又は優先であって，政治的，経済的，社会的，文化的その他のあらゆる公的生活の分野における平等の立場での人権及び基本的自由を認識し，享有し又は行使することを妨げ又は害する目的又は効果を有するものをいう。」と規定している。ヘイト・スピーチの定義としては，「差別，敵意又は暴力の煽動となる国民的，人種的又は宗教的憎悪の唱道」（国連自由権規約第20条2項）がこれにあたるとされてきたが，1997年に採択されたヘイト・スピーチに関する欧州審議会閣僚委員会勧告97(20)では，この人種差別の定義をヘイト・スピーチに結びつけて，「『ヘイトスピーチ』という用語は，人種的憎悪，排外主義，反ユダヤ主義を流布，喚起，促進又は正当化するあらゆる形態の表現，ならびに，不寛容にもとづく他の形態の憎悪を含むものとして理解されねばならない。マイノリティ・移民を起源とする人々に対する，攻撃的ナショナリズム，自民族中心主義，差別及び敵対によって表現される不寛容も含まれる」とされている。そして，これらをより発展させるものとして，人種差別撤廃委員会一般的勧告35では，人種主義的ヘイト・スピーチとして，人種差別撤廃条約4条が規定するすべての表現形式であり，条約1条が認める集団を対象にしたものであるとする。条約1条

139

は，人種，肌の色，世系又は民族的若しくは種族的出身に基づく差別を禁止している
ているので，たとえば，先住民族，世系に基づく集団，並びに，移住者又は市民でない者の集団が対象となる。移住者又は市民でない者の集団には，移住家事労働者，難民及び庇護申請者が含まれる。また，人種主義的ヘイト・スピーチとして，上記集団の女性及び他の脆弱な集団の女性に対して向けられたスピーチが挙げられる。

　以上の国際レベルのヘイト・スピーチの定義の明確の試みを念頭に置いてその規制を検討する場合，その土台となる規定は人種差別撤廃条約4条である。

　本条約4条(a)は，「人種的優越又は憎悪に基づく思想のあらゆる流布，人種差別の扇動，いかなる人種若しくは皮膚の色若しくは種族的出身を異にする人の集団に対するものであるかを問わずすべての暴力行為又はその行為の扇動及び人種主義に基づく活動に対する資金援助を含むいかなる援助の提供も，法律で処罰すべき犯罪であることを宣言すること。」を刑事規制の内容として示している。

2　各国のヘイト・スピーチ立法制と行為態様

　——とりわけドイツ語圏内に限定して——国内法としては，ドイツのように人種差別撤廃条約に先駆けてヘイト・スピーチ規制に乗り出した国，そしてこれに対して，人種差別撤廃条約に批准してヘイト・スピーチ規制をした国々がある。

（ドイツ刑130条1項）
「公共の平穏を乱し得るような態様で，
　1　国籍，民族，宗教，又はその民族性によって特定される集団，住民の一部に対して，又は上記に示した集団に属することを理由に若しくは住民の一部に属することを理由に個人に対して憎悪をかき立て若しくはこれに対して暴力的若しくは恣意的な措置を求めた者，又は
　2　上記に示した集団，住民の一部又は上記に示した集団に属することを理由として個人を誹謗し，悪意で侮蔑し若しくは中傷することにより，他の者の人間の尊厳を害した者は，3月以上5年以下の自由刑に処する。」

140

第5章 ヘイト・スピーチの定義

（スイス刑261^{bis}条）

「1．公然と，個人又は人々の集団に対して，人種，民族又は宗教を理由
に，憎悪又は差別を呼び起こした者

2．公然と，人種，民族又は宗教の構成員に対する制度的侮辱又は誹謗す
る思想を普及した者

3．上記と同じ目的をもって宣伝行動を組織，促進又はこれに関与した者

4．公然と，言葉，文書，画像，挙動，行動又は他の方法で，個人又は
人々の集団に対して，人種，民族又は宗教を理由に，人間の尊厳に抵触
するやり方で侮辱又は差別，又は同じ理由から民族虐殺又は人道に対す
る他の罪を否定，ひどく矮小化又は正当化しようとした者

5．個人又は人々の集団を，人種，民族又は宗教を理由に，公共のために
当てられた給付について拒絶した者は，
3年以下の自由刑又は罰金の刑に処する。」

（オーストリア刑283条）

「(1)　公然と，公共の秩序を危険にさらす態様で，又は，広く公共に対して
認識可能な態様で，教会若しくは宗教団体，又は人種，皮膚の色，言
語，世界観，国籍，世系，民族的出自，性別，障害，年齢若しくは性的
指向を基準として定義される集団又はその構成員に対して，集団に属す
ることを理由に暴力を求め又はかき立てた者は，2年以下の自由刑に処
する。

(2)　広く公共に対して，1項で規定された集団に対して，人間の尊厳を侵
害する態様で侮辱若しくは中傷しようした者も同じく処罰する。」

これら三つの刑罰規定に共通することは，ヘイト・スピーチと呼ばれる表現
行為のなかで，とりわけ刑事規制の対象となる行為態様を，肌の色，人種，国
籍，民族，出自，性別又は性的指向等，人種等の共通の属性を有する集団に対
して当該属性を理由として又はこれに属することを理由に個人に対して，その
属性に関連して，公然と，脅迫若しくは暴力の扇動又は侮辱若しくは中傷する
ことである。ここで一般・抽象的に刑罰の対象となるヘイト・スピーチは，特

141

定の属性によって特徴づけられる集団に対して，（特定・不特定を問わず）多数の社会の人々に差別，社会的排除ひいては暴力を扇動すること，それにより当該集団を蔑むことを社会的に広めることにあること，そして表現行為内容が攻撃的，脅迫的又は侮辱的であるといえる。

3　脅迫について

　脅迫罪（刑222条）における脅迫とは，生命，身体，自由，名誉又は財産に対し害を加える旨を告知して人を脅迫することであるが，その保護法益を，①生命・身体などの安全感，私生活の平穏とする説と，②意思決定の自由とする説との対立があるが，②説であっても強要罪との関係から侵害犯と解することには無理があり，危険犯と解することになる。意思決定の自由に対する危険が発生する事態とは，自己の安全感や平穏が侵害されている状態であり，その意味で両説にはそれほどの深刻な相違はないといえる。ここで脅迫が心理的・精神的存在である人に向けられることに着目するならば，一般人をして畏怖せしめるに足る害悪の告知によって，[27]　人の意思決定の自由に対する阻害的働きかけである。判例は自然人のみ被害者たり得るとしている。[28]　自然人に対して将来において害悪を加えることを告知することで成立する。脅迫罪は人の個人的法益に対する罪として理解されることから，害悪の告知によって被害者を畏怖させ，それによって意思決定の自由を阻害することとされる。ここでは特定人が行為客体であり，当該被害者に害悪の告知が行われることを予定している。ヘイト・スピーチの場合にも特定の属性によって特徴づけられる集団に対して生命，身体，自由，名誉，財産又は貞操に対する害悪の告知を表現内容に含みうる。その点では脅迫罪における脅迫と異ならない。けれども脅迫罪における脅迫が個人に向けられるのに対して，ヘイト・スピーチにおける脅迫は，属性を理由に標的となった集団そのものに対して向けられる。と同時に，より重要であり，本質的なのは，社会の（特定・不特定を問わず）多数の人々に向けて攻撃を扇動ないし推奨するところである。ここでは脅迫は，社会における（特定・不特定を問わず）多数の人々に向けて暴力を呼びかける表現を反復して扇動する側面を併せ持っている。前者の場合のように標的となった集団に対して直接的に害悪が告知される場合はもちろんのことであるが，デモや街宣活動で拡声

142

第5章　ヘイト・スピーチの定義

器などを用いて特定の属性によって特徴づけられる集団に対する攻撃を扇動する場合には後者の側面が問題になる。たとえば，公然と，街宣などで拡声器を用いて「〇〇人を殺せ」と叫ぶことは，「殺すぞ」という脅迫の意味と「殺せ」という多数人に向けられた扇動の意味を併存している。標的となった集団にとってこの「殺せ」とのヘイト・スピーチが単なる不快ではおさまらない生命・身体に対する侵害の危険を意味することに留意する必要がある。後者の場合には，本来，直接，行為時に標的となった集団の構成員が行為者の面前に現在することは必ずしも必要ない。なぜなら，ヘイト・スピーチをする者にとっては，脅迫などの表現行為を用いて標的となった集団に対する攻撃を，公衆つまり（特定・不特定を問わず）多数の人々に向けて扇動ないし推奨することが表現行為の目的であり，しかもより重要だからである。²⁹⁾脅迫罪が個人の意思決定の自由に対する危険犯として構成されるのであれば，害悪の告知によってその内容が相手方に覚知されなければならない。判例によれば，「害悪ヲ加フヘキコトヲ相手方ニ知ラシムヘキ行爲ヲ爲スコトヲ要シ從テ犯人ノ行爲カ相手方に覚知シ得サル段階ニ於テハ同罪ノ成立ナキモノトス」³⁰⁾との判示があり，相手方が覚知することが必要とされる。これに対して，ヘイト・スピーチでは，必ずしも脅迫の相手方，つまり被害者が覚知することは必ずしも必要ではないと思われる。もちろん，標的とされる集団の構成員に覚知されることで具体的な被害当事者を心理的に恐怖に陥らせ，かつ畏怖させることは当然にあり得る。ここで注意すべきことは，ヘイト・スピーチの場合にも具体的な客体への覚知を必要とすると，行為客体が存在しない場合はヘイト・スピーチではないと判断される可能性がある。つまり何らの害悪と被害もないということになる。しかしこのような判断の前提には，ヘイト・スピーチも一面的に被害者の心理や感情に影響を及ぼす表現行為であるとの理解が潜んでいる。そうであるとすると，やはり，被害者が現在しない事情の下での攻撃的な差別表現は法的規制の対象とはそもそもならないことになる。このようなことは，標的とされる集団に対する差別，社会的排除そして暴力の扇動を本質とするヘイト・スピーチを十分に理解していない。殺害を例にすると，ヘイト・スピーチは，被害者本人に対して「殺すぞ」と表現するだけではなく，（特定・不特定を問わず）多数の人々に向けて，標的となっている集団を「殺せ」，「海にたたき込め」と扇動し

143

ている。ヘイト・スピーチにおいて脅迫の側面は扇動というファクターに内在して理解すべきである。ただし，扇動を実質とするにもかかわらず，なぜ脅迫的側面をなお強調する必要があるかといえば，（特定・不特定を問わず）多数の人々への扇動を通じて，標的となった集団の構成員に対して著しく生命，身体及び財産に対する侵害を畏怖させるからである。重要なことは，扇動は，標的となった集団とその構成員に対する脅迫を含意していることである。ここで脅迫は，脅迫罪における生命，身体，自由，名誉又は財産に対し害を加える旨の告知を社会における（特定・不特定を問わず）多数の人々に向けて表現することであり，その本質は，暴力の扇動にある。

4　扇動について

　扇動について，破壊活動防止法の「せん動」との関係では，表現行為の扇動性について，「もとより本件の各演説の内容だけではなく，当該演説をした被告人の経歴，当該被告人が所属する団体の政治目的，闘争方針等，当該所属団体における被告人の地位，当該演説が行われた集会の目的，主催者等，当該集会における聴衆の総数，構成，反応等を総合して判断するのが相当」との判示[31]はヘイト・スピーチにおける扇動性に関しても参考になる。これに対して，破防法の「せん動」との相違が問題になる。「破防法三九条，四〇条のせん動罪は，政治上の主義若しくは施策を推進し，支持し，又はこれに反対する目的（以下「政治目的」という。）をもつてなす現住建造物放火罪等の犯罪（以下「特定の犯罪」という。）のせん動を処罰するものであり，同法四条二項によれば，せん動とは特定の犯罪を実行させる目的をもつて文書若しくは図画又は言動により，人に対し，その犯罪行為を実行する決意を生ぜしめ，又は既に生じている決意を助長させるような勢のある刺激を与えることをいうというのであるから，右せん動罪が成立するためには，被せん動者による特定の犯罪の実行行為はもちろんのこと，被せん動者に犯罪実行の決意が現実に生じたことも必要としないことは右の規定自体から明らかであり，……しかしながら，せん動罪が，当該表現の内容そのもの，あるいは，表現活動が本来有しているところの他に対する影響力をとらえてこれを処罰しようとするものではなく，当該表現活動が客観的に見て，人に対し特定の犯罪を実行する決意を生ぜしめ，又は既

第5章　ヘイト・スピーチの定義

に生じている決意を助長させるに足りるものに限りこれを処罰しようとするものであることは右のせん動の定義規定からして明らかである。[32]」としつつ、「破防法所定のせん動罪は、政治上の主義もしくは施策を推進し、支持し、又はこれに対する目的、すなわち政治目的をもってする特定重大犯罪のせん動を処罰するもので、右のせん動とは、同法四条二項が規定するように、特定の犯罪を実行させる目的をもって、言動等により、人に対し、その犯罪行為を実行する決意を生ぜしめ又は既に生じている決意を助長させるような勢のある刺激を与えることをいうのであるから、表現活動のすべて、ことに表現の内容そのものあるいは表現活動が本来有しているところの他に対する影響力をとらえてこれを処罰しようとするものではなく、表現活動のうち右のようなもの、すなわち被せん動者による実行行為をまつまでもなく、右特定犯罪の予備陰謀と同様、社会的に危険な行為と評価することができるものに限り、処罰しようとするものであって、憲法二一条といえどもこのような危険性を有する表現活動の自由まで保障するものではない旨を説示しており、この判断は十分首肯するに足りる。このように、せん動という行為はそれ自体法益侵害ないし刑法的意味における危険性のあるもの[33]」と判示している。破防法では同法4条に規定されている特定重大犯罪の扇動が問題であるのに対して、ヘイト・スピーチでは、社会的排除と暴力の正当視・当然視するような社会環境を醸成するために、広く社会の多数の人々に向けて表現行為をする。ここでは、表現行為によって標的とされた集団に対して差別、蔑みそして敵視する社会的意識を創り出そうとすることが問題である。それゆえ、ヘイト・スピーチにおける扇動は、特定犯罪ではなく、社会的排除と差別の扇動、つまり、人間の尊厳の否定と社会的平等の侵害の扇動をさす。

5　侮辱について

　つぎに侮辱の側面をみてみよう。ヘイト・スピーチは暴力の扇動だけでなく、侮辱的表現によっても行われる。標的となった集団を蔑むのである。たとえば、「キムチ臭い」、「日本に住まわせてあげているのだから、端の方を歩いとけ」等、枚挙にいとまがない。侮辱によるヘイト・スピーチは蔑視の表れであるが、行為者はこのような蔑視を多数の人々に向けて表現する。

145

たとえば，ドイツの民衆扇動罪は，誹謗，悪意の侮辱及び中傷を処罰対象としている。本規定で対象とされる表現行為は，単なる侮辱ではなく，特に重大な形態の毀損，つまり，特に激しい攻撃によって共同体における平等な人格としてのその根本的な生存に必要な諸権利において被害者を侵害することであるとされる。これによって取り去ることのできない人格の中核領域が侵害される。ここでは特にひどい憎悪と粗暴さが要件とされるが，これらのことは，人間の尊厳に対する攻撃を要件とすることによって担保されることになる[34]。その際，人間の尊厳とは，人間の尊厳を重大に侵害した国家社会主義の凄惨な犯罪に基づいて，立法者は人間の尊厳の保護を基本法の最初に据えたのである。人間の尊厳の侵害の典型例は，拷問，奴隷，民族，国籍，人種又は宗教的集団の迫害，強制連行，非人間的な刑罰や処遇，完全な権利剥奪，絶滅である[35]。ここで問われなければならないことは，尊厳によって基礎づけられ，しかもその侵害に対する防壁としての法的地位とは何かである。それは，人間は人間として人格（Der Mensch ist als Mensch Person）であるということである。その人格の尊厳は，人間として彼に固有であり，この尊厳は誰も否定されない。しかも同時に彼は人間であること（Menschsein）を否定されない[36]。人間の尊厳とは，人間が人間であることを理由に与えられる社会的価値要求及び尊重要求を意味する。人間は個人として尊重される前に人間としての尊厳が保護される。言い方を変えると，人間であると同時に（個人的）人格なのである。単に人格性が保障されるのではなく，人間であることの承認の下に人格が保障されると理解すべきである。その上で，各人は固有の価値を持つ同等の社会の構成員として承認される。それゆえ，人は主体であり，客体ではない。人間の尊厳は，あらゆる実際上の相違にもかかわらず，すべての人の基本的平等を包摂する[37]。人間の尊厳は，他人との基本的な平等が疑問視される場合，つまり各人が二級市民のように扱われる場合に毀損される。なぜなら，法的平等の重大な毀損が包摂されているからである。ここにあらゆる形態の人種差別的動機に基づく差別が包摂されている[38]。たとえば，外国人に敵対的な主張（「おまえたち外国人はユダヤ人のようにガス死させられるべきだ」との発言，「あり得ない」「人種の混合は民族虐殺だ」と書いた横に肌の色の異なるカップルを描いた張り紙，「おまえたちはエイズを広める価値のない奴らだ，こどもを惑わす麻薬の売人，詐欺師，寄生虫の怠け者」とのプ

第5章　ヘイト・スピーチの定義

ラカード，そして外国人排撃のための集まりにおいて外国人収容施設前で「外国人出て
行け」と叫ぶこと），反ユダヤ主義的なアジテーション（ハーケンクロイツを書い
て「ユダヤ人くたばれ」と車上に書くこと），そして職業活動や社会的機能に対す
る表現（「価値のない，しかも撃ち殺してもよい紙切れみたいな存在として「資本主義
者」を描くこと）等が挙げられる[39]。

　名誉毀損及び侮辱罪も──事実の摘示の要否は別として──特定人を侮辱す
ることを実行行為とする。日本の名誉保護法制は，特定人に対する表現による
攻撃や侮辱も区別しておらず，社会的名誉の低下によってのみ違法性を判断す
る。これに対してヘイト・スピーチは，公然と多数の人々に向けて，特定の属
性によって特徴づけられる集団に対する侮辱的又は脅迫的な表現行為により，
暴力，社会的排除若しくは差別を扇動する又は酷く貶めるために行われる。個
人に向けられた脅迫と異なり，特定人に対する侮辱的表現行為もヘイト・ス
ピーチも必ずしも標的となった個人又は集団の現在は必要としない点では共通
する。個人の社会的評価の低下を違法性の実質とする名誉毀損罪と異なる。こ
こでは特定個人の個性は無視され，集団とこれに属することそのものが問題な
のである。極端にいうと，集団自体並び集団に属すること，つまり属性を有す
ることが蔑むことの本質的な理由となっている。これが意味するところは，ヘ
イト・スピーチが，特定の属性によって特徴づけられる集団とその構成員を社
会の構成員としての彼の属性に関連してその地位とひいてはその存在を否定す
ると同時に，しかもそのことによって共同体社会全体そのものを攻撃する。

6　人間の尊厳と平等侵害に関する脅迫，侮辱そして扇動の意義

　先に示した3カ国のヘイト・スピーチ規制法令では，侮辱，誹謗又は中傷す
る表現行為については「人間の尊厳」に対する攻撃又は侵害する行為態様を要
件としている。そのため単なる特定の属性によって特徴づけられる集団に対す
る誹謗中傷だけでは構成要件を満たさない。憎悪をかき立てること又は暴力的
若しくは恣意的な措置を求める場合には，社会の（特定・不特定を問わず）多数
の人々に訴えかけるところに表現行為の主眼がある。これに対して，誹謗や中
傷は，社会の（特定・不特定を問わず）多数の人々に訴えかけるところは同じで
あるが，表現行為の内容は，集団とその構成員の平等かつ対等な人間性の否

147

定，つまり格下げ，ひいては個人である前に人間であることを否定することをその本質とする。[40] 名誉毀損罪が名誉を保護するのに対して，ヘイト・スピーチ規制は人間の尊厳を保護する。いずれも単なる誹謗，侮辱又は中傷は，憎悪をかき立てたり，暴力を扇動したりはしない。[41] むしろ集団を蔑み，それにより自分たちとは異なる「異質な」又は「低劣な」集団・人々とみなすことに本質がある。[42] とりわけ，それが公然と行われる場合には，そのようにみなすことを（特定・不特定を問わず）多数の人々に訴え，社会的にみなさせようとする。そこで，単なる悪口や差別表現と区別するために構成要件にしぼりをかけているといえる。[43]

ヘイト・スピーチ規制において憲法13条の個人の尊重と人格権から導出される個人の名誉とは異なる。名誉と尊厳との本質的な相違は，人間の尊厳の普遍的手がかりの根本的な特徴にある。尊厳に関して，個々人がそれ自体として拘束的に承認又は拒絶することのできる要素はまったく存在しない。尊厳は各々の個人に同様に同じ内容で付与される。これに対して名誉という概念は個人的概念と結びつく。尊厳は人の地位に関係なく認められるべきであるが，名誉は役割や期待と関係し，これに比例する。名誉という概念が個人の役割に応じて高低するのであり，それゆえ必ずしも各人に同等ではない。これに対して尊厳はそれによらない。[44] 名誉が相対的概念であるのに対して，尊厳は相対化を許さない普遍的概念である。ヘイト・スピーチの被害理由に着目すると，これが集団に向けられ，個人的理由はない場合が多い。つまり，ヘイト・スピーチは集団を理由とする個人への攻撃ということが正確である。もう少し説明すると，人であることの否定は，個人的理由の場合もあれば，集団的理由も場合もある。これらではどちらも人間の尊厳が否定されている。しかし両者では攻撃の範囲と規模が異なる。つまり，1人—集団ということである。ドイツ基本法1条の人間の尊厳規定の生成の意味が，歴史に対する反省にあるということからすると，ヘイト・スピーチやジェノサイドに関しては集団そのものを捉えて同じ人間であることを否定とその帰結としての人間の尊厳の侵害をみるべきではなかろうか。同時に，人間であることの否定は社会の形態・構成をひどく歪めてしまう。それゆえ，ここに人間の尊厳の否定，平等の侵害そして民主主義の自壊をみることができる。[45] 集団に対する攻撃を個人の問題に矮小化すると，人

第5章　ヘイト・スピーチの定義

間であることを否定されているという事実を無視してしまうおそれがある。つまり，同じ人間であることを否定されると，権利の享受主体ではないとみなされ，殺してもかまわない客体となってしまう。そこで人間の尊厳は個人である前に人間としての尊重を強調する。個人の尊重が集団主義からの離別であり，個人として何かすることを尊重する。それはそれとして重要であることはいうまでもない。しかし，人間とは，そもそも人間であることを認められたうえで，個人としての尊重があるというべきである。その際，平等に生きる人間とは集団を介在させた問題であり，ここでも個人の評価以前に同じ人間であることの否定の問題が出てくる。ここでは個人の社会的名誉が問題ではなく，特定の属性によって特徴づけられる集団がその人間性そのものを否定されるということが問題である。このことは，名誉の侵害との関連で，低い価値の者という排除的かつ侮辱的評価を必要とする。⁴⁶⁾

　人間が個別的・個体的存在であるがゆえに，その虐待を受けるのは個人に向けられる。個々の個人に迫害が向けられ，個人が侵害されるので，その限りで個人的法益に対する侵害といえる。けれども虐待の根拠が個人ではなく，被害者の属性に理由がある限り，個人のみの侵害として捉えるのではなく，社会的法益ないし量的な意味での個人的法益に対する侵害（quantitative Rechtsgutsverletzung）と理解すべきである。それゆえ，ヘイト・スピーチでは，人間の尊厳が否定されているところに，名誉毀損では把握しきれない害悪がある。集団としてしか認められないことからの回避としての「個人の尊重」と集団を理由に同じ人間であることの否定を回避するための「人間の尊厳」ということができる。⁴⁷⁾ここで注意すべきことは，「個人の尊重」には「人間の尊厳」も含まれているのではないかということである。このような疑問は正しい。しかし，攻撃が個人を理由でなく，集団を根拠に行われる場合，その攻撃の広がり・範囲を正しく理解できないことも知る必要がある。また，集団に対して侮辱が行われる場合には，個人に向けられていないことを理由に「被害者がいない」という帰結に陥る可能性があることも知らなければならない。つまり，すべての構成員に対して人間であること，つまり人間の尊厳を否定している。

　これに対して，日本の憲法では人間の尊厳を明文で保障していない。ドイツ基本法において1条で人間の尊厳を規定した根底には，「ナチ時代にユダヤ人

149

など様々な集団を差別・虐待し，人権を蹂躙したことへの真摯な反省がある。基本権の第1章に配置され，その他の章でもその保護規定が盛り込まれたのはその表れである[48]」。日本憲法では人間の尊厳が憲法に規定されていない以上，他の規定に保護法益の根源を求めなければならない。もっとも，クローン規制法（ヒトに関するクローン技術等の規制に関する法律）1条が「人の尊厳の保持」を規定しているように，個別立法による対応も可能であるかもしれないが，ヘイト・スピーチによって表現行為者が，本来，対等かつ平等であるはずの人・人々に対してその属性を理由に対等性並び平等性を否定することに照らして，ヘイト・スピーチに対する保護法益をみつけることも可能と思われる。そこで，憲法的根拠をみいだす試みとして，ヘイト・スピーチによる攻撃と社会的排除が集団を標的にすることがまさに差別を意味することから，——後の章で述べることにするが——憲法13条の問題としてだけでなく，同9条及び14条の法の下の平等の問題として扱い，ここから導出される社会的平等に対する侵害として理解すべきである。それゆえ，侮辱的表現行為であることを共通とするものの，名誉毀損とヘイト・スピーチでは侵害法益が異なると理解すべきである。

Ⅳ　最狭義のヘイト・スピーチとしての民族虐殺の扇動

　以上のことを整理すると，ヘイト・スピーチは，①一人で陰湿に行われるような表現行為，②公然と公共の場で，多数の人々に向けて，標的とする集団に対する誹謗，中傷又は暴力を扇動することといえる。これら二つに加えて，ドイツにおけるユダヤ人の大虐殺やルワンダにおける民族虐殺では，いずれも前触れなく虐殺が行われたわけではなく，明らかな社会的排除と暴力の扇動のプロセスを経て，虐殺が行われた。

　ヘイト・スピーチの蔓延は，それが様々なやり方で重大な害悪を引き起こすか又は促進するので，大規模な侵害に対する警笛を打ち鳴らす。これは直接的には標的となった集団に対して，脅迫，攻撃，侮辱そして誹謗することによって影響を及ぼす。また，これは二次的には，恐怖によってその集団の人々を沈黙させる。憎悪，差別そして非人間化は，暴力へと至るプロセスのそれぞれの

段階である。Benesch によれば，民族虐殺の扇動は，特定の人々によって，特定の環境において行われると指摘する。表現行為者は，聴衆に対して権威を有する者や影響力を持つ者でなければならず，聴衆はすでに彼の言葉に反応するように刺激を受けているか，条件づけられていなければならない。Beneschは，民族虐殺の扇動を，①表現行為が民族虐殺を遂行するための要請として聴衆に理解されるか，②表現者は聴衆に影響を及ぼすことが可能であるか，そして聴衆は民族虐殺をすることは可能であるか，③標的となった集団は最近暴力の被害を被っているか，④「思想の自由市場」はなお機能しているか，⑤表現行為者は標的とされた集団を非人間化し，そして殺害することを正当化するか，⑥聴衆はすでに類似のメッセージを受け取っているか，という 6 つの基準を立てて判断する。

なお，民族虐殺の扇動については，きわめて有力な公人や政治的リーダーによることが予想され，しかも公然と公共の場で，大勢で，社会の一般の多数の人々に向けて，標的となった集団に対する誹謗，中傷又は暴力を扇動する場合を超えて，民族虐殺の扇動が行われる場合には，すでに警察当局並び司法当局も監視機能も働かない可能性が高い。そのため，民族虐殺の扇動の処罰は事後的でかつ象徴的な処罰とならざるを得ないように思われる。そのため大惨事が起こってからの制裁としての意味合いが強い。したがって，国内法上，規制されていたとしても，他国の人々に向けて，他国に存在する集団を標的して表現された民族虐殺の扇動を訴追・処罰することはあり得ても，自国のきわめて有力な公人や政治的リーダーによるそれを訴追・処罰することは困難ではなかろうか。国際刑事裁判所においても，起訴されるのは，すでに発生した民族虐殺の事案を事後的に扱うことになるであろう。国内法で民族虐殺の扇動そのものを訴追することは困難といえる。

Ⅴ 小 括

かねてより憲法の議論において差別的表現の問題が取りあげられてきた。その意味では新しい問題領域ではない。けれども，そこでの議論において典型的に念頭に置かれている表現行為態様は，今日ヘイト・スピーチと呼ばれるそれ

とは暴力性，攻撃性そして扇動性の点でかなり異なる。その意味で従来の差別的表現の問題として検討されてきた議論枠組みを超える必要があるのではなかろうか。そうでなければ，ヘイト・スピーチそれ自体のもつ人間の尊厳及び社会的平等の侵害の扇動そして民主政の自壊のダイナミクスを理解することなく，規制すべき対象が粗暴犯として扱われるような行為態様に限定されることになる。それであれば，表現の自由の保護対象とならない表現行為は，生命・身体・財産などの古典的法益に対する粗暴犯の枠組みで扱った方が適切と言える。それであれば，従来の粗暴犯の問題を，問題の裏返しとして表現の自由の見地から検討しているにすぎないといえる。人間の多様性や差異に関係して社会的少数者や弱者が存在する状況では，彼らに対してその属性を理由にして投げかけられる表現行為がある。それが投げかける真意を探るとき，当該表現行為がもたらす独自の害悪をみることができる。ヘイト・スピーチ規制では，人種差別撤廃条約の趣旨に照らして，ヘイト・スピーチによる社会的排除によって人間の尊厳が否定され，法の下の平等が侵害され，そして将来の暴力を当然視・正当視する社会的環境を醸成する。

そこで，まず，一人で行う，陰湿で見つからないような態様のものも含めた，刑罰による規制の対象とならない広義のヘイトスピーチとは，次のことを要件とする。

① 特定の属性によって特徴づけられる集団又はこれに属することを理由に個人を標的対象
② 集団に対する誹謗，中傷又は暴力の扇動
③ 公然性
④ 一度の表現行為による認識可能な範囲が広くない
⑤ きわめて陰湿であるが，攻撃性が弱い

人種差別撤廃条約の趣旨に反して，人種，民族，出自，性別又は性的指向等によって特徴づけられる集団に対して又はこれに属することを理由に個人に対して，集団に対する誹謗若しくは中傷すること又は社会的排除若しくは暴力を扇動すること。

たとえば，公衆便所の壁や町中の電柱に「○○人死ね」などと，誰にも見つからないように一人こっそりと陰湿に落書きすること等を挙げることができ

る。

　このようなヘイト・スピーチの一般的定義を前提にして，刑事規制の対象となる狭義のヘイト・スピーチは，次のことを目的とする。

　法令は，差別が，被差別者の心身及び日常生活に深刻な悪影響を与えるのみならず，自由・平等・平和な民主主義社会の実現と諸国間の友好的・平和的な関係を構築する障壁となることに鑑み，人種差別撤廃条約，市民的及び政治的権利に関する国際規約並び日本国憲法13条及び14条を具体化し，人間の尊厳と法の下の平等の侵害，差別を許さない社会の構築を図り，もってヘイト・スピーチを根絶し，ヘイト・スピーチによる被害とそれによる社会的排除をなくすことを目的とする。

　なお，「差別」とは，人種差別撤廃条約の趣旨に即して，人種，肌の色，世系，民族，国籍若しくは社会的身分によって特徴づけられる集団又はこれに属する個人に対して，属性に基づく区別，排除，制限であって，政治的，経済的，社会的，文化的その他のあらゆる公的生活の分野における平等の立場での自由及び権利を認識し，享有し又は行使することを妨げ又は害する目的又は効果を有するものをいう。

　この目的を前提にヘイト・スピーチは次のことを要件とする。

①　特定の属性によって特徴づけられる集団又はこれに属することを理由に個人を標的対象

②　公然性

③　（特定・不特定を問わず）多数人に認識させるのに可能な態様又は方法

④　一度の表現行為による認識可能な範囲が広範であり，かつ伝播可能性がきわめて高い（街宣，デモ，そしてインターネットでの動画生中継やアップロードによる視聴可能性）

⑤　差別扇動目的

⑥　きわめて攻撃的，脅迫的若しくは侮辱的又は反復的な態様での表現行為

⑦　集団に対する誹謗若しくは中傷又は社会的排除若しくは暴力の扇動

　人種差別撤廃条約の趣旨に反して，公然と，（特定・不特定を問わず）殊更に広く多数の人々に対して認識可能な態様又は方法で，人種，民族，出自，性別

又は性的指向等によって特徴づけられる集団に対して又はこれに属することを理由に個人に対して，攻撃的，脅迫的若しくは侮辱的又は反復的な態様で，集団に対する誹謗若しくは中傷すること又は社会的排除若しくは暴力を扇動すること。

　日本社会並びその法制度において規制されてこず，近年，社会問題化した表現行為であることから，日本語として適当な用語がなかった意味でヘイト・スピーチという英語を用いることは社会において問題意識を喚起する上では意味がありしかも効果的であったといえる。しかし，アメリカではヘイト・スピーチは法的規制から外れる表現行為であり，ドイツなどでも民衆扇動表現行為が規制対象であって，ヘイト・スピーチそのものではない。このような意味で，ヘイト・スピーチという用語が法律用語としては適切でないかもしれない。それゆえ，ここで法的規制の対象となる表現行為は，日本語で表現すると，暴力扇動表現行為又は差別扇動表現行為といった方がより適切ではないだろうか。

　たとえば，デモや街宣活動などで，公然と，拡声器などを使って，「〇〇人を殺せ，海にたたき込め」，「〇〇人，お前ら日本に住まわせてあげているんや。端の方歩いといたらええんや」，「約束というものは人間同士がするものです。〇〇人とは約束できません」等と，脅迫的な態様で暴力を扇動すること，又は侮辱的な態様で，誹謗や中傷すること等を挙げることができる。

　最狭義のヘイトスピーチとして，ジェノサイド条約にいう民族虐殺の扇動を示す。
① 　特定の属性によって特徴づけられる集団又はこれに属することを理由に個人を標的対象
② 　公然性
③ 　（特定・不特定を問わず）多数人に認識させるのに可能な態様又は方法
④ 　扇動目的
⑤ 　集団に対する誹謗若しくは中傷又は社会的排除若しくは暴力の扇動
⑥ 　特定の有力な者による扇動表現行為
⑦ 　⑤を超えて，特定の属性によって特徴づけられる集団の虐殺を扇動
　特定の有力な者によって，公然と，（特定・不特定を問わず）多数人に認識可

第5章　ヘイト・スピーチの定義

能な態様又は方法で，彼らを扇動することを主たる目的として，標的となった集団の虐殺を扇動すること。

　たとえば，ある有力団体のリーダーが，公然と，「○○人は我々にとって脅威だ。抹殺しなければ我々が抹殺される。それが世界の摂理だ」などと，民族等特定の属性によって特徴づけられる集団の虐殺を扇動することを挙げることができる。

[注]

1)　なお，本定義のなかに，女子差別撤廃条約（女子に対するあらゆる形態の差別の撤廃に関する条約）や障害者権利条約（あらゆる障害者（身体障害，知的障害及び精神障害等）の，尊厳と権利を保障するための人権条約）の趣旨も加えるべきであると考えている。なお，ヘイト・スピーチは，いわゆる差別の一類型であるが，ヘイト・スピーチを論じる前提として差別とは何かについて一定言及する必要がある。差別とは，区別や分別など，本来的には価値中立的な言葉から発生している概念であるが，社会関係における特別の事態をさす場合に用いられる。つまり，人々や物に対して反目することをさす区別の特別の形式である。人種差別撤廃条約1条に照らすと，人々を一定の集団に配属させ，この集団を他の集団と区別して評価し，このような評価を基礎として集団の構成員が他の人々と同等の人権を求めることを否定又は拒絶することといえる。一般化して説明すると，差別とは，区別，排除，不利に扱うこと又は優遇することとして示される作為又は不作為であり，このような作為又は不作為が一定の理由から行われ，これらが，人権の承認，享受又は行使を阻止又は困難にする一定の誘因又は明確な効果を有していることをいう。その際，忘れてならないことは，差別とは常に歴史的文脈のなかでみなければいけない。歴史と関係のない差別概念はない（Marcel Alexander Niggli, Rassendiskriminierung, 2.Aufl, 2007, S.331f）。

2)　Tatjana Hörnle, Criminalizing Behaviour to Protect Human Dignity, Criminal Law and Philosophy 3 (2012), S. 317.

3)　森千香子によると，「人間の不安はレイシズムと自然に結びつくのではなく，人為的に『結びつけられる』ものである」とし，これを結びつけるのは「国家であり，一部のマスコミの作用であるとの仮説を立てる」（森千香子「ヘイト・スピーチとレイシズムの関係性」金尚均編『ヘイト・スピーチの法的研究』（法律文化社，2014年）11頁）。その例として，森は，外国人に不利な措置を講じたり，移民を犯罪視するような政策をとったり，外国人への恐怖を煽るような報道をしたり，間接的かつ「洗練された」かたちで，国家やマスコミはレイシズムを涵養していると指摘する。このような社会的「雰囲気」のなかで，自分たちはこの国の正統な構成員なのに不安に陥らせられ，その上，不安を作り出している「異質な」人々が「対等」を要求したときに，自分たちの意識下にその存在があらわれ，自分たちは「被害者」であるとの不満を募らせ，彼らに対する攻撃が始まる。

4)　国連の集団殺害罪の防止及び処罰に関する条約（ジェノサイド条約）と国際刑事裁判所に関するローマ規程は「集団殺害犯罪」（集団殺害とは，国民的，人種的，民族的または宗教的集団を全部又は一部破壊する意図を持って行われた行為（ジェノサイド条約2条）を規定するが，ヘイト・スピーチによる人間の尊厳と社会的平等の侵害が社会において常態化することで起こりうる事態として想定することができる。マイノリティに対する社会的排除や暴

155

力行為が突発的に始まるようなものではなく，まずは，端緒としての悪意なき先入観が社会に浸透していることが土壌となって，偏見に基づく具体的なヘイト・スピーチが行われるようになり，さらにこうした行為の数が増えるなかで制度的な差別，そしてついには暴力行為が発生し，当初は散発的なものが徐々に社会全体に蔓延するところまで発展していく。

・ジェノサイド条約3条（処罰すべき行為）

「次の行為は処罰する。

　(a)　集団殺害（ジェノサイド）

　(b)　集団殺害を犯すための共同謀議

　(c)　集団殺害を犯すことの直接且つ公然の教唆

　(d)　集団殺害の未遂

　(e)　集団殺害の共犯」。

・国際刑事裁判所に関するローマ規程6条（集団殺害犯罪）

「この規程の適用上，「集団殺害犯罪」とは，国民的，民族的，人種的又は宗教的な集団の全部又は一部に対し，その集団自体を破壊する意図をもって行う次のいずれかの行為をいう。

　(a)　当該集団の構成員を殺害すること

　(b)　当該集団の構成員の身体又は精神に重大な害を与えること

　(c)　当該集団の全部又は一部に対し，身体的破壊をもたらすことを意図した生活条件を故意に課すること

　(d)　当該集団内部の出生を妨げることを意図する措置をとること

　(e)　当該集団の児童を他の集団に強制的に移すこと」。

Vgl. Katrin Gierhake, Begründung des Völkerstrafrechts auf der Grundlage der Kantischen Rechtslehre, 2005, S.299.

5)　その付随性は，ヘイト・スピーチをすることそのもの，その表現内容そしてこれらの行為について，自己と聴衆に正当化を与える意義をもつ。その背景には，「自分たちこそは社会の真の構成員だ。それなのに自分たちは被害者であり，差別されている」との心理がある。

6)　安田浩一「新保守運動とヘイト・スピーチ」金尚均編『ヘイト・スピーチの法的研究』（法律文化社，2014年）33頁以下。

7)　参照，棟居快行「差別的表現」ジュリ増刊『憲法の争点〔第3版〕』（有斐閣，1999年）104頁。

8)　大阪高判平26年7月8日判時2232号34頁。

9)　マイノリティとは，――Capotortiの定義にしたがい，――「ある国でその他の人々に比して数が少なく，支配的な立場にはなく，そのほかの人々とは異なった民族的，宗教的，そして言語的特徴をもち，黙示的であれ自分たちの文化，伝統，または言語を保持しようとする連帯意識をもっている集団」と定義する（Francesco Capotorti, Study on the Rights of Persons Belonging to Ethnic, Religious and Linguistic Minorities: UN Doc. E/CN.4/Sub.2/384/Rev.1, para. 568.）。

10)　中村一成「ヘイト・スピーチとその被害」金尚均編『ヘイト・スピーチの法的研究』（法律文化社，2014年）51頁。

11)　ヘイト・スピーチが蔓延すると，標的となった集団そのものを嫌悪し，自らを優越視する不健全な空気が拡散する。人々の間に広がる排他と不寛容の風潮は，一度蔓延すると容易に消すことができない。

12)　参照，遠藤比呂通『希望への権利』（岩波書店，2014年）139頁。遠藤によれば，課題とす

第5章　ヘイト・スピーチの定義

べきでは，差別的表現をなくすことで差別感情もなくすことではなく，差別感情に基づく差別的表現によって被害者がどのような苦しみを受けるであろうかという問いを追求することである。

13）Susan Benesch, Defining and Diminishing Hate Speech; in State of the World's Minorities and Indigenous Peoples 2014, P.19.

14）インターネット上のヘイト・スピーチについて，参照，高史明『レイシズムを解剖する』（勁草書房，2015年）121頁以下。

15）アピールする，メイク・アップする，フィットする，カテゴリー，フィーリングが合う等，日本社会に定着し，日常用語化している英語はたくさんある。

16）旧外国人登録法から出入国管理及び難民認定法及び日本国との平和条約に基づき日本の国籍を離脱した者等の出入国管理に関する特例法において，「朝鮮」籍とは，単に出身植民地をあらわし，その後，「韓国」籍に変えなかった人たちをさし，「朝鮮」籍イコール「朝鮮民主主義人民共和国」籍ではない。したがって，「朝鮮」とは単なる日本の行政実務上の標記にすぎない。

17）人種差別撤廃条約第1回・第2回定期報告（仮訳）」（2000年1月）51パラグラフ。

18）Susan Benesch, Vile Crime or Inalienable Right: Defining Incitement to Genocide, 48 Virginia Journal of International Law, 2008, P.487. ジェノサイド再発防止のためのジェノサイド条約は，1948年12月9日，国連第3回総会決議260A（III）にて全会一致で採択され，1951年1月12日に発効された。

19）ただし，特定の属性によって特徴づけられる集団に対する侮辱的な表現行為は，それが社会的に蔓延し標的となった集団に対する社会的排除と暴力の正当視・当然視の社会的環境が醸成されことによって，次の段階として，民族虐殺の扇動が行われると考えると，前者の表現行為は，民族虐殺の扇動の前段階に位置づけられる。

20）なお，この集団のなかに国籍，民族，出自，性別等，どのようなファクターを含めるのか，また何をもってマイノリティとして扱うのかということは，それぞれの社会が抱える特殊性に配慮して決めざるを得ない。このことがヘイト・スピーチの定義の不明確と直結するわけではない。たとえば，婚外子に対する法的並び社会的差別は日本固有の問題であって，彼らに対する差別は根強く残っている。ある社会において攻撃の標的となっている集団に対して，その属性を理由に暴力の扇動，誹謗又は中傷することをヘイト・スピーチの基本としながら，これに個別の社会事情に照らして保護すべき客体を選定するべきである。このような配慮をすることは，ヘイト・スピーチ規制が歴史的又は社会的文脈に由来する害悪と被害に着目した規制であることからの必然であり，その特殊性というべきである。法の下の平等に対する攻撃から社会的マイノリティを保護する一翼を担うのがヘイト・スピーチ規制の機能であるとすると，現実に不当に低い地位に貶められている社会集団に着眼しなければ規制することの本来の意義が曖昧になる。

21）小谷順子「アメリカとカナダの違いに学ぶヘイトスピーチ規制の法律と判例」Journalism（2013年11月号）58頁。

22）桧垣伸次「ヘイト・スピーチ規制と批判的人種理論」同志社法学61巻7号（2010年）232頁。

23）エリック・ブライシュ（明戸隆浩ほか訳）『ヘイトスピーチ──表現の自由はどこまで認められるか』（明石書店，2014年）276頁。

24）奈須祐治「ヘイト・スピーチの害悪と規制の可能性（1）」関西大学法学論集53巻6号（2004年）54頁。

157

25) 小谷順子「表現の自由の限界」金尚均編『ヘイト・スピーチの法的研究』(法律文化社, 2014年) 78頁。

26) 参照, 石田勇治・武内進一編『ジェノサイドと現代世界』(勉誠出版, 2011年) 20頁。

27) 大判明43年11月15日刑録16輯1937頁。

28) 東京高判昭50年7月1日刑月7巻7・8号765頁, 大阪高判昭61年12月16日高刑39巻4号592頁。

29) このような扇動又は推奨は個人に対して行われる可能性も捨てきれない。その意味では相違はまったくないが, 特定の属性によって特徴づけられる集団に向けられる場合にはその害悪と被害の規模は個人の場合に比して大きく, その点において大きく異なる。

30) 大院判昭18年7月31日判例大系34巻658頁。

31) 東京地判昭60年3月4日判時1146号35頁。

32) 東京地判昭60年10月16日刑事裁判月報17巻10号953頁。

33) 東京高判昭63年10月12日判時1308号157頁。

34) Jürgen Schäfer, Münchner Kommentar, 2.Aufl, 2012, S.666.

35) Hömig(Hrsg.), Grundgesetz, 10.Aufl, 2013, S.55.

36) Harro Otto, Über Menschenrechte und Bürgerrechte, in: Festschrift für Bernd Schünemann, 2014, S.211.

37) Jarass/Pieroth, Grundgesetz Kommentar,10.Aufl, 2009, S.41.

38) Jarass/Pieroth, a.a.O. S.43.

39) Schäfer, a.a.O. S.668f.

40) Hörnle 2012, P. 318. Hörnle によると, 市民 (co-citizens) として承認されるべき人格的権利 (the persons' right) が否定されると主張する。

41) ブライシュによれば,「ヘイトスピーチに有罪判決を下す際には, きわめて煽情的な表現であるということをもってすることのほうがはるかに多い。そして実刑による投獄は, 攻撃的で反省の色もない, ごく少数の常習犯に対してのみ用いられる集団にとどめられている」(エリック・前掲注23) 250頁以下), と指摘するように, 刑罰の対象となるヘイト・スピーチは扇動性と攻撃性等の要件によってしぼりがかけられる。

42) この蔑みは, 集団に対する暴力の心理的ないし集団心理的前提になる。ここにヘイト・スピーチが (支配的で優越していると自認する) マジョリティによって, (劣っているとされる) マイノリティに対して行われる根拠がある。

43) ただし, 人間の尊厳という要素は, 事実的ではなく, 規範的要素であり, それゆえ違法要素というべきである。誹謗, 侮辱又は中傷を処罰するヘイト・スピーチ規制では, その構成要件に違法要素が混在している。

44) Vgl. Georgia Marfels, Von der Ehre zur Anerkennung ?, 2011, S.93f.

45) 人であることの否定の場合,「人」ではないから, 違法の意識が機能しない。

46) BGE 123 IV 202 S. 209.

47) このことは平等の観点からも把握可能である。Vgl. Paul Kirchhof, Die Verschiedenheit der Mensch und die Gleichheit vor dem Gesetz, 196, S.9.

48) 石田勇治『過去の克服——ヒトラー後のドイツ』(白水社, 2002年) 87頁。

49) Benesch 2014, P.19.

50) Benesch 2008, P.494.
Benesch は, 民族虐殺の輪郭づけをする目的から, ヘイト・スピーチとそれとの区別をする。ヘイト・スピーチは, 集団又は個人に対して, 集団の特徴とされるタイプを理由に攻撃

第 5 章　ヘイト・スピーチの定義

することである。聴衆は，二つの形式でヘイト・スピーチの有害な効果を経験する。一つは，表現行為者は，聴衆を直接的に攻撃，排斥，侮辱するために，述べようとした人又は集団を名宛人とする。二つめとして，憎悪をかき立てる表現は間接的に被害者集団に影響を及ぼす。ここでは表現行為は，表現において明示又は暗示された見解と共有し，そして被害者集団に対して憎悪，差別又は暴力で対応するようにさせるために，主として別の異なる聴衆に向けられている。表現行為がその聴衆からの反応を誘発する場合には，そのような反応は発話媒介行為である。憎悪表現は聴衆に対して他人又は集団を害するよう刺激する。これは間接的効果であり，しかも成功した扇動である。

　多くの扇動は，また，直接的効果も持つ。なぜなら，被害者集団が表現行為にさらされる限りで，第三者に対して被害集団を害するように動機づけようとする表現行為は直接的に被害者集団を害することになるからである。これとは対照的に，多くの直接的に被害者集団に向けられたヘイト・スピーチは，間接的効果を持たない。それゆえ，扇動を構成しない（Susan Benesch, Incitement as International Crime Contribution to OHCHR Initiative on Incitement to National, Racial, or Religious Hatred, February 2011)。Benesch の見解は，主として，扇動が，直接的に被害者集団以外の社会一般の聴衆に向けられており，その被害は標的となった集団にとって間接的であるとする。ただし，開かれた社会において，被害者集団を攻撃する表現行為が，当該集団とその構成員のみに認識可能という事態は稀であり，それゆえ，扇動とは切り離された，いわゆる純粋ヘイト・スピーチはきわめて稀ということになる。これに対して，ヘイト・スピーチは，通常，多数の人々の認識や行動を扇動する側面をもつことになろう。

51）　Benesch 2008, P.520-522.

第6章

ヘイト・スピーチとしての歴史的事実の否定と
再肯定表現に対する法的規制

Ⅰ　問　題

歴史的事実の否定の問題性

　「○○人は，税金をむさぼりとるゴキブリだ。こんな奴らは人間じゃない。
日本からたたき出せ」などの特定の属性によって特徴づけられる集団に対し
て，——従属又は排除の効果をもつ——彼らの社会的地位を格下げ（「二級市
民」ないし「人間以下」）をする誹謗中傷的又は侮辱的表現や，「○○人を殺
せ」，「○○人を海にたたき込め」など，公共の場での暴力扇動表現は，いわゆ
るヘイト・スピーチの典型事例といえる。このような特定の属性によって特徴
づけられる集団に向けられた，いわば攻撃的でしかも排撃的な誹謗中傷的又は
侮辱的表現や差別扇動及び暴力扇動表現行為とは別に，ヘイト・スピーチの別
の類型として，「アウシュヴィッツ収容所でのユダヤ人の虐殺は，でっち上げ
だ」という表現行為，いわゆる「アウシュヴィッツの嘘」（Auschwitzlüge），
「ホロコースト否定」（Holocaustleugnung）として典型的に称される歴史的事実
を否定する表現行為，つまり，かつてのナチス政権時代のユダヤ人やロマ人な
どに対する迫害や，第三帝国時代のナチス政権による他国への侵攻を賛美した
り正当化する表現行為や，第二次世界大戦後にその虐殺を政府が認め，反省し
た過去の歴史的事実に対する（再）肯定評価をする表現行為がある。これらの
歴史的事実を否定する表現行為について法的に規制する国がある。これらは，
歴史的事実に関する意見表明であり，一見したところ，「直接的に」特定の属
性によって特徴づけられる集団に向けられた侮辱的表現とはいえないようにも
思える。そのため，単に歴史的出来事について説示・意見表明したにすぎず，

160

第6章　ヘイト・スピーチとしての歴史的事実の否定と再肯定表現に対する法的規制

何らかの効果を生じさせるわけではないともいえる。また，歴史的出来事に関する意見表明は，それ自体としては単なる自説の表明の域を超えるものではなく，それゆえ，特定の属性によって特徴づけられる集団に対する侮辱をしていない，つまり攻撃していないようにもみえる。したがって，このような歴史的出来事の否定や賛美の表現行為は表現の自由の範疇にあてはまる表現行為のようにも思える。

　それでは，歴史的出来事に対する否定表現行為を規制している国々では，当該刑罰法規において何を法益として保護しているのであろうか。別の言い方をすると，そもそも，なぜそのような表現することを禁止しているのであろうか。また，法的規制するからには，歴史的出来事の否定表現が単なる意見表明を超えて，当該社会にとっていかなる意味をもっているのであろうか。表現の自由という民主主義制度と自由の保障のための背骨ともいえる権利を制限することに当該社会において正当化する意味は何であろうか。

　ドイツの判例は，第二次世界大戦中の強制収容所のガス室でのユダヤ人の大量虐殺は，歴史上の事実として明らかであると判示している[1]。政治的なアジテーションによってこの明白な歴史的事実を否定する場合，その態度に対して寛容の見地からみることは許されないと判示する[2]。ドイツ刑130条，131条（暴力の記述罪），185条（侮辱罪）及び189条（死者の追想に対する冒涜罪）の抵触に基づく「アウシュヴィッツの嘘」の処罰の肯否が問題になった事例に関して，Schmidt は，歴史的事実の否定では，ドイツ基本法１条及び２条から導出される死者の人格権保護が問題である，つまり，人間の尊厳は人の死を超えて保護が必要であり（schutzbedürftig），かつそれゆえ——限定的であるにせよ——継続して人間の尊厳があるとの見解に傾いている。その死の特別の事情も人間の尊厳の一部であり得ると指摘する[3]。

　歴史的事実を否定する表現行為の背景には，現実に迫害を受け，その結果，殺害された人々がおり，またこのような歴史を背景に持ちつつ現在するその子孫がいることを忘れてはならない。問題となる歴史的事実の否定とは，一度は政府が反省した歴史的事実に対する再評価・肯定である。それは，迫害の被害者とその子孫に対して，彼らの存在の歴史的背景，それに基づく当該社会における存在根拠及び社会的地位に関連して，ひどく侮蔑することになりかねな

161

い。また，このことを念頭におきながら敢えてこれらの表現行為が行われる場合もある。そうであるとすると，そのような歴史的事実に関する表現行為も特定の属性によって特徴づけられる集団に対する侮辱的表現行為ともいえる。それゆえ，このような表現行為は迫害や侵略などによって被害を受けた人々（殺害された被害者，死亡した被害者，そして生きている被害者）に対する侮辱でもあるとの疑念が生じる。ドイツでいえば，ナチス政権の国家社会主義体制の下での暴力的かつ恣意的支配による殺害や迫害の被害者の存在と彼らが生きてきた，出生から死亡に至るまでの歴史に対する侮辱である。このことは同時に，国家的に反省した過去に対する肯定的再評価であり，迫害や侵略を正当化する点で，現行国家の根本的政治理念と反するといえる[4]。このような疑念に対して，ドイツでは，ドイツ刑130条3項で，「国際刑法典第6条第1項に挙げる態様での国家社会主義の支配下で行われた行為を正当と認め，存在しなかったと主張し又は些事に見せかける」表現行為，同条4項で，「国家社会主義の暴力支配又は恣意的支配を是認し，賛美し，正当化する」表現行為を処罰している[5]。前者は，ナチス政権時代におけるホロコーストの否定を，後者は，同じくナチス時代におけるポーランド侵攻などの正当化・賛美など，いずれも歴史的事実そのものに対する表現行為を規制対象としている。

　ドイツ刑130条では，同1項及び2項において特定の属性によって特徴づけられる集団に対して向けられた侮辱的表現行為を，同3項において，——賛美することも含まれてはいるが——主としてホロコーストなどの歴史的事実を否定する表現行為を，同4項では反省された歴史的事実に対する（再）正当化・賛美する表現行為を規制している。すなわち，ドイツ刑130条は，

① 特定の属性によって特徴づけられる集団に対する侮辱的表現行為による攻撃

② いわゆる歴史的事実の否定・修正

③ 国家社会主義時代のナチス政権による暴力及び恣意的支配の正当化

以上，その（表見的）趣旨において一見異なる表現行為を刑事規制している。

　①の表現行為も，過去の迫害や植民地支配に由来する特定の集団に対する蔑視観に基づいて攻撃的な侮辱的表現が行われることも事実であるが，蔑視観又は敵視観はこれだけを理由とするのではない。他方で，②・③では，歴史に関

第6章　ヘイト・スピーチとしての歴史的事実の否定と再肯定表現に対する法的規制

する意見表明であって，特定の属性によって特徴づけられる集団に向けられた攻撃的な侮辱とはいえないようにも思われる。これに対し，攻撃客体は，現存している人々というよりもむしろ迫害などを受けて既に死亡した人々や生き残った人々であるといったほうが率直であろう。②・③は，その迫害の規模の大きさ，期間の長さや被害者の多さに特徴がある。これらのことからすると，より厳密には，攻撃客体は死亡した人々というべきではなかろうか。なぜなら，生存している人々がすべて死亡してしまえば，これらの表現行為は社会に何らの害悪も生じさせないのかといえば，それ自体疑問である。そのように考えると，あらためて死者に攻撃が向けられていると理解するべきではなかろうか。

　そうであれば，①は生きている人々を攻撃対象とする点において②・③との間には法令における保護法益にも相違があるのではないかとの疑問が生じるのも無理はない。法は生きている人を対象とする見地からすれば，②・③は何も保護していないという結論に至る可能性もある。そのため，これらの表現行為に対する規制について，その保護すべき利益の特徴並び異同の検討なしに，十把一絡げにヘイト・スピーチの枠組みにあてはめることは，法理論的にはかなり無理があるように思われる。一括りにすることは，特定の集団や歴史に対する「批判」というフィルターだけを通しただけにすぎず，表現行為によって何が侵害・危険にさらされ，誰が被害対象なのかを明確にしていない。

　本章では，とりわけ，国家的に反省した歴史的事実の否定又は正当化・賛美・肯定する表現行為に対する法的規制において，何を保護法益として理解するべきなのかを検討する。

Ⅱ　歴史的事実の否定，再肯定表現に対する規制の保護法益

1　ドイツにおける歴史的事実の否定並び賛美に対する規制

　まず，どのような表現行為が歴史的事実の否定として問題になるのかを明確にするために一つの判例を示す。

　2000年12月12日，ドイツ連邦通常裁判所は，オーストラリア国籍を持つ被告人が，確定した歴史的事実を否定する文書をインターネット利用者に閲覧可能

163

にした。彼による３つのインターネットへの掲載について判示した[6]。

（第１事例） 1997年から99年の間に次のような英語で書かれた記事をオーストラリアに設置されたサーバコンピュータに３つの記事（１. アデレード研究所について，２. アウシュヴィッツの印象，３. アウシュヴィッツについてさらなる印象）を記録，保存して，ウェブサイト上に掲載した。そこで次のように示されている。「この間，私たちは次のようなことを確認した。400万人のアウシュヴィッツの死者数は，高く見積もっても80万人である。このことだけでも既によい知らせである。しかもこのことは，おおよそ320万人がアウシュヴィッツで死んでいないことを意味する。これは祝うべき証拠だ」，「私たちは誇りをもって，今日に至るまで数百万の人々がガス室で虐殺されたことの証拠は存在しないことを宣言する」，「このような主張のいずれも，しばしば熱狂的な思想から発する疑わしい証人の証言をのぞいて，何らかの事実又は文書による資料によって確証されていない」。

（第２事例） 被告人は，オーストラリアのアデレード研究所のホームページに次のことを掲載した。「私は1997年にアウシュヴィッツを訪問し，私の独自の調査に基づいて，次のような結論に達するに至った。つまり，戦時中，収容所では一度もガス室は機動していなかった」。

（第３事例） 1998年の12月末から1999年１月の最初頃，被告人は，アデレード研究所のホームページに英語で，「1999年始にあたって」と題する記事を掲載した。「今世紀最後の年の最初の月に私たちは５年間にわたる研究作業を振り返り，次のことを確証する。ドイツ人は，一度も，ヨーロッパにいるユダヤ人を，アウシュヴィッツの強制収容所にあるガス室又は他の場所で殺害したことはない。それゆえ，全てのドイツ人とこれに由来を有する者は，強いられた債務を負うことなく生きることができるのだ。ドイツ人はいじの悪い考えによって50年もの長きにわたりこの負債に隷属させられてきた」，「ドイツ人はホット息をつくことができたとしても，組織化されたユダヤ系オーストラリア人のジェレミー・ジョーンズのような人々は，一晩では根本的には変わらないので，再びドイツ人は蔑まれることを肝に銘じなければならない。ジョーンズが表したように，アウシュヴィッツという棍棒は，彼らにとって格好の武器である。これをもってして，自分たちの政治的確信を機能させるために，この確信

164

に同意しない者たち全てを消し去ってきた」。本判決では，第1と第3の事例においては，それぞれ，重大なアウシュヴィッツの嘘にあたり，ドイツ刑130条1項1号，同2号そして同3項に該当するとした。

　ドイツの判例によれば，ドイツ刑130条3項で規制されているホロコーストを否定する表現行為について，「そのような表現は，共同体全体にとって耐え難いほど，生存者の尊厳や尊重だけでなく，殺された人々とその親族の尊厳と尊重をも侵害する」のであり，このような表現は，「戦後苦労を重ねて再び確立した国際的な尊敬の念を害する結果となり得る[7]」と判示している。この判例が示しているように，ホロコースト否定表現に対する規制の保護法益は，アウシュヴィッツ収容所などでガス殺害された被害者，生き延びた被害者（すでに死亡した被害者と存命の被害者）とその親族の尊厳である。ここでは，尊厳の享有主体は，現在生きている人だけでなく，殺害された人々も含んでいる。Ostendorfによれば，「攻撃客体は，明らかに住民の一部，場合によっては特定の属性によって特徴づけられる集団（qualifizierte Gruppen）である。このことは，ドイツ刑130条3項及び4項にも妥当する。この行為によって，ナチス支配によって暴力と恐怖を味わった一定の範囲の人々（Personenkreise）が攻撃される。この一定範囲の住民（Bevölkerungskreise）は，その人間の尊厳において保護される。これは，一定範囲の住民の中に包摂される多数人の人間の尊厳である。つまり，複数の人々の人間の尊厳である（quantative Menschenwürde）。人間の尊厳に対する基本権は常に個人関係的であるということは，多数の人間をその人間の尊厳において保護することを排除しない。……保護財をできる限り具体的かつ個人主義的に規定すべきとの法治国的義務づけに照らすならば，数量的な意味での人間の尊厳が保護財である。個人的法益である生命や身体の完全性又は被害集団構成員の法的地位へとより一貫して個人的法益に還元させることは，ドイツ刑130条から民衆扇動罪の構成要件としての独自の特徴を奪うことになる。このことは，2011年3月16日の法改正後も妥当する。これによって同1項及び2項では個々人も保護されることになった。個々人は，特定の集団又は住民の部分に属することを理由に保護されるのである。住民の一部と同様，特定の集団に対する侮辱としての差別は同1項及び2項で禁止されている。なぜなら，これによって暴力行為を招きうる憤激が掻き立てられるから

である。ドイツ刑130条3項及び4項では，国家社会主義の被害者を，その受けた被害の真実性に対する要求，つまり歴史的アイデンティティにおいて保護するために数量的な意味での人間の尊厳に対する攻撃が刑罰で禁止される。『新たな』4項では明示的につぎのように表現されている。つまり，公共の平穏の攪乱では十分ではなく，国家社会主義による暴力的かつ恣意的支配の被害者の尊厳を侵害するような態様で行われなければならない。被害者とは殺害された人々や生き残った人々である」，と。Ostendorfの指摘では，ドイツ刑130条3項及び4項は，人間の尊厳を法益として保護しているのが明白である。ここで注目すべきは，人間の尊厳は生きている人だけでなく，殺害された人々そして既に死亡した被害者も保護対象として包摂しているところである。このことは，人間の尊厳が，個人の人格やその評価に対する評価的尊敬の問題ではなく，そもそも人間であることの否定という国家的かつ社会的認識を前提として行われた殺害の歴史的事実に照らして，人間としての承認的尊敬に関連することを強く示唆する。

　判例によれば，ドイツ刑130条4項の保護法益は，公共の平穏（öffentliche Friede）と国家社会主義時代の暴力及び恣意的支配の被害者の尊厳（Die Menschenwürde der Opfer der nationalsozialistischen Gewalt- und Willkürherrschaft）とされる。「ドイツ刑130条4項は，ドイツ基本法3条1項に抵触しない。多面的な見地で各々の歴史的次元を超えた，国家社会主義時代の暴力的かつ恣意的支配によるドイツ国民の名の下でドイツ人によって行われた人権侵害に照らして，同じ態様及び同じ重要なものを平等に扱うべきとのドイツ基本法3条1項の要請を考慮しても，ドイツ刑130条4項が国家社会主義時代の暴力及び恣意的支配を積極的に評価することを制限することに異議を唱えることはできない。この点において，ドイツ基本法3条3項の平等原則の特別規定の侵害も存在しない。」なお，ここで「国家社会主義時代の暴力的かつ恣意的支配とは，国家の全体的権力要求と，人間の尊厳，自由そして平等の否定によって特徴づけられる。」「仮にドイツ刑130条4項が『一般法』として性格づけられないとしても，本規定はドイツ基本法5条2項の個人の名誉の権利によって正当化される。名誉保護規定は，特別法としても意見そのものに対してその内容を理由に禁止することが許される。この規範が個人の名誉を保護に資するということ

第6章　ヘイト・スピーチとしての歴史的事実の否定と再肯定表現に対する法的規制

はその構成要件の形態並び立法資料から明らかである。このような規範に対する理解は，個人の名誉の権利の担い手が生きている人に限るのに対して，ドイツ刑法130条4項が死亡した被害者の尊厳の保護のみを目的とするということに異議を差し挟むものではない。『被害者』という言葉が，生存している被害者をも示すことはいうまでもない。このことを度外視すると，国家社会主義の被害者の尊厳の侵害とその子孫の尊厳の侵害にも結びついてくる。最終的に，規範は死亡した被害者の死後の人格権をも保護し，かつ，このような見地のもとでも個人の名誉という障壁に支えられうる。これは単に個別の識別可能な個人のみを保護することができるとの批判は誤っている。死後の人格権に関するそのような狭い理解は，場合によっては『通常』の状況ではもっともである。国家社会主義による犯罪の被害者との関係では，いずれにせよそうではない。」「被害者の尊厳の侵害という要件も十分に明確である。『被害者』という概念は死亡した被害者だけでなく，国家社会主義による迫害に対して生き延びた者も包摂している。被害者の尊厳の侵害とはドイツ基本法1条1項に基づく人間の尊厳の侵害のことである。[11]」この判例から明らかなように，ナチス政権による暴力的かつ恣意的支配の犠牲者については，死後の人格権も肯定される。これは，いわゆる「通常」の人間の尊厳の享有主体の射程範囲に比して明らかに特別に認めている。その意味でこの判例の射程範囲は広くはない。

　人間の尊厳という権利が個人的な権利でありかつ集合的なそれでもあり，そして死者についても肯定されているところに，ナチス政権の暴力的かつ恣意的支配下での虐殺，迫害そして侵略に関する歴史的事実に関する表現行為に対する規制としての民衆扇動罪の真骨頂がある。ドイツ刑130条1項及び2項では，いわゆる特定の属性によって特徴づけられる集団に向けられた侮辱的表現を規制しているのに対して，同3条及び4条では，歴史的事実に関する表現行為を規制している。なお，判例では，ドイツ刑130条1項及び2項も公共の平穏，人間の尊厳を保護法益と理解しているが，これらの規定では生きている人の人間の尊厳が保護されており，侮辱的表現が特定の属性によって特徴づけられる集団とその構成員に対して，現在生きている社会における地位の格下げと排除という実質的効果を想像するに難くない。

167

2　歴史的事実の否定並び賛美に対する規制の保護法益

　ドイツの判例によれば，ドイツ刑130条３項及び４項は，ナチス政権の国家社会主義体制の下での暴力的かつ恣意的支配による殺害や迫害の被害者の人間の尊厳が保護法益であると理解されているが，これとは異なる見解も存在する。それは，本規定は法益を保護するのではなく，それにもかかわらず規制する必要性が強い理由を突き詰めると，実際のところ，社会に深く根づいた文化的確信を保護するのであり，これに抵触する態度を規制すると考える見解である。たとえば，ドイツ刑86条ａ（憲法違反組織の象徴物の使用罪），刑166条（信条，宗教団体及び世界観を共有する団体に対する冒涜罪），刑167条ａ（葬儀の妨害罪），刑168条（死者の安息の妨害罪），ドイツ刑173条（親族との性交罪），ドイツ刑183条（露出行為罪），ドイツ刑183条ａ（公の不快感の惹起罪），ドイツ刑184条１項６号（ポルノ文書の要求に基づかない交付罪），胚保護法６条（クローン産生禁止），そしてドイツ刑130条３項及び４項がその典型例としてあげられる。まず，疑問として，これらの刑罰規定について，それぞれの規範が，その承認が価値共同体として私たちにとって重要であり，その侵害が当罰的であると感じられるほどであるという理屈をもって正当化することができるであろうか。

　歴史的事実の否定の処罰についても，当該刑罰規定は法益を保護するのではなく，国家社会主義の支配下で行われた事実を正当化ないし否定することが社会の文化確信に抵触する可能性があることに求める見解がある。Wohlers は，民族虐殺の否定若しくは矮小化又は他の人間性に対する犯罪並び民族差別扇動，民族差別的イデオロギーの普及及び挙動又は口頭による差別の罪を態度犯（Verhaltensdelikte）として理解する。[12]　態度犯とは，当該社会における一定の価値観を刑罰で保護するに値するとして，これに抵触する行為を規制する。多元主義と規範的個人主義の価値に基づいて構築されている社会では，規範的基本コンセンサスは，財に関する様々な概念が国家の影響から解放された自由市場の下で互いに競い合い，そしてこの市場が機能する枠組み条件を保護することに国家を制限する点にある。このことは，近代ヨーロッパ社会では，信条，確信そして価値観はそれ自体の保護のために刑罰を用いることは許されないことの根拠であるとされる。Wohlers は，しかし，例外的に，行為態様が，財の別の概念を攻撃的に排除し，（又は）その上特定の集団について社会のなかで社

第6章　ヘイト・スピーチとしての歴史的事実の否定と再肯定表現に対する法的規制

会の同等の構成員としての地位を否定又は拒絶するような一定の生活様式を宣伝し，そして（又は）それを具現した信条，確信及び価値観を表明し，（又は）具現する場合だけは別である，と指摘する。それは名誉毀損罪や上記の一連の人種・民族差別に対する罪である[13]。問題とされている行為態様によって，社会の基本的価値観が侵害されるのか，それとも同等の権限をもつ人格としての地位の承認に基づいて構成された標的となった社会の構成員の法益が攻撃されたと論じるのか否かはここでは未だ明らかでないままである。決定的なのは，今述べた理屈をもってしては正当化することができないような刑法規範は，近代の多元主義的社会においては必然的に正当ではなく，それゆえ廃止すべきだということである[14]。

　Hefendehl によれば，刑事立法者は，深く根づいた文化的確信に対する抵触に処罰を限定する場合にのみ彼の権限を逸脱しない又は公共道徳的な操作や別の信条を持つ者に対する不寛容を助成しない。Hefendehl は，態度犯では，他人（国家）の行為観念を押しつけることではなく，社会に既に存在する確信を反映させることが重要である。この確信は事実上存在する社会システムに立ち返る。ここで社会において強く結びついた文化確信の基礎は，諸個人のコンセンサスから構築される人格による必要性のなかにみいだされるのであり，それゆえ，国家やその存続条件の保護のための態度犯は想定できない，と述べる[15]。Hefendehl は，まさに歴史的事実の否定構成要件が例外事情としての態度犯であると指摘する。これは，極右やネオナチの展開に対する政治的対応と解釈される，計画的なナチの暴力的不法の矮小化や否定に対する独自の処罰は，社会におけるこれに対応した確信に帰着するのだとする[16]。

　Hörnle は，ドイツ刑166条（信条の冒涜罪）及び同130条3項に関係して，一定の表現に対して刑罰を科すことが自由主義的で法治国的な国家において適切でありうるかどうかを問うことは，そこでのテーマは「犯罪化の正当化」を問うことであり，このことは表現犯と関連しており，その際，意見表明に対する刑法上の制裁は高度な正当化を必要とすると指摘する[17]。Hörnle は，適切な犯罪化の見地から，感情の保護に寄与するという単純な理由づけでは刑法上の禁止を正当化することはできないとする[18]。Hörnle によると，ドイツ刑法学の通説は，刑法は，単なる道徳に反する態度の保護に寄与してはならず，刑法は単

169

なる感情も保護してはならないとしているが，もっとも，このことは以下の問いを投げかける。つまり，「他者に対する侵害ないしは危殆化」のみを正当化事由として是認する理論は，ドイツ刑法典の各則におけるすべての構成要件に適合するのであろうか。ドイツの性刑法は，20世紀の70年代において，単なる道徳違反をもはや処罰しないという目的で改正された。しかし，刑法の他の部分における規範はどうなのであろうか。Hörnle は，この問いをドイツ刑166条（信条，宗教団体及び世界観を共有する団体に対する冒瀆罪）と同130条３項において検討することができるとする。とりわけ後者について，「アウシュヴィッツの嘘」もしくは「ホロコーストの嘘」という標語に要約される態度が問題であるとされる。[19] Hörnle はつぎのように指摘する，つまり，国家社会主義の時代に，絶滅収容所もしくはガス室は存在しなかった，又はそこで亡くなった人々の数は，一般に知られている説明よりも非常に少ないのだ，と書籍やインターネットのページや学会で主張している人がいるとしよう。信条の冒瀆罪に関して，不快な発言をする人と同じ考えの持ち主か，表現によって攻撃されたと感じる者のいずれかが暴力行為へと動機づけられる。ドイツ刑130条３項に関しては後者はほとんどあり得ない。たしかに，ホロコーストの否定を不快に思う多くの人々がいることを予想することができる。歴史の教訓から学ばない人々のパンフレットを読むことによって，その頑迷さに感情を害されるであろう。きっとそれは，ヨーロッパにおける多くの人々も同様であろう。しかし，憤慨させられた読者，聴衆又はユダヤ教信者が，その後に暴力的な暴徒になって集まるという予測は，経験上のテーゼとしてとりわけ納得のゆくものではない。ここに，ムハマドに関する風刺画に関係する信条の冒瀆との相違がある。極右主義的な否定論者と同様の考えの持ち主についてはどうであろうか。将来の侵害の危険を持ち出す場合に，とりわけその人的領域を顧慮するべきであろう。極右主義的な集団のなかでホロコーストの否定は，明らかに認識的な機能と結合的な機能を満たすようである。儀式的行事に関していうと，これによって相互的に一定の世界観の担い手であるということが確証される。このような世界観が普及した場合にこの世界観が危険となることは，おそらくさらに他の証拠を必要としない。しかし，儀式的行事から実際の危険へと至る因果経過は，たとえば，外国の家系の人又はユダヤ教信者にとって，信条の冒瀆による侵害を

170

第6章　ヘイト・スピーチとしての歴史的事実の否定と再肯定表現に対する法的規制

惹起することよりも一層複雑である。まず最初に，より多くの中間段階を超えて，他者に対する危険へと接近することになるであろう。つまり，考えを同じくする人々の間での仲間関係への寄与→これを通して強固にされる結びつき→これによる暴力行為の準備の要請→実際の暴力行為，の流れである。こうしたすべての場合にどの程度まで直接的に象徴が影響力をもつのかは疑わしい[20]。しかも，アウシュヴィッツ＝ビルケナウ又は他の絶滅収容所でガスによる殺害がなかったと主張する者は事実を疑っている。しかし，この意見の中身には将来の暴力行為との関連が欠けている[21]，と。

　Hörnle は，ドイツ刑130条3項を「侵害の阻止のための禁止」として位置づけたい場合には別の方法が取られなければならないだろうし，そして否定行為によって人的に被害に遭っている人々に焦点があてられなければならないだろう，つまり，国家社会主義による迫害の被害者にであると指摘する。この関連で，侵害とは，身体的な侵害又は器物損壊のような自然にはっきり現れる侵害ではなく，非物理的侵害である。これについて，何人かの論者は，当事者の人格的な尊重要求を考慮に入れている。ときおり当事者の権利は，人間の尊厳と同等に扱われる。Hörnle によると，しかしながらこのことは，否定や量的な過小評価の典型的な行為が問題である場合には説得力がない。つまり，たとえば殺害された人の数を捏造する人は，被害者について劣等な人に関わる問題であるということを黙示的に主張しているわけではない。表現の中核はまさにそれらの被害者の存在を否定することにある。存在しないとして再定義された人々の人格的な性質について何かを言おうとすることは論理的に排除されると Hörnle は批判する[22]。

　そこで Hörnle は，ドイツ刑130条3項では，倫理上誤っておりしかもひどく不快な態度の阻止が問題なのだと指摘する[23]。ドイツ刑130条3項の導入が，次のことを前提としていることは何ら偶然ではない。つまり，ジェノサイドの追想について確定した永続的な社会の合意が成立しており，それゆえ，否定論が，被害者によってだけでなく，一般的にもひどく不快なものとされているということを前提としているということである。その構成要件が，ドイツ社会においてどのような機能を有しているのかは記述が困難である。しかし，犯罪理論の見地からは，この記述が刑法上の禁止をも正当化することができるのかど

171

うかという問題があると Hörnle は批判する[24]。これによって，Hörnle は，ドイツ刑130条3項は廃止されるべきであるとのテーゼを提唱する。しかし，これについてそんなに古くはないが，時の経つうちに強くなってきたタブーがあるために理解されないであろうと述べる。つまり，国家社会主義の象徴とホロコーストの否定の儀式的行事は，ひどく不快なだけでなく，特別な基準においてひどく不快なのである。つまりそれはタブーなのである。けれども，タブーの保護のために刑法を用いることに Hörnle は警笛を鳴らす[25]。Hörnle は，ホロコーストや他の民族虐殺の否定において主観的権利としての人間の尊厳は限定的な意義しかもたないとする。この歴史的出来事に対する否定表現行為は被害者の主体としての性質を否定することによって行われる。しかし，表現行為者は必ずしも主体的権利を侵害していない。なぜなら，主体的権利の保持者としての被害者が，彼の人間の尊厳が攻撃されたというためには今なお生存していなければならない。それゆえ，民族虐殺の正当化などにおいては，表現行為者が今もなお生存している同一集団の構成員を巻き込む場合にのみ（「すべてのＸ民族は殺されて当然だ」），彼は主体的権利としての人間の尊厳を侵害する。その他に，民族虐殺の否定に対して人間の尊厳を挙げることは，人間の尊厳を客観的価値（objective value）として見なそうとしている。それは，非道徳的であるから処罰しろというのに等しい，と Hörnle は批判する[26]。

　また，ドイツ刑130条3項は行為刑法に依拠していないと批判する。Hirschによれば，本項は，国家社会主義時代の支配下における大量虐殺に関連して，本構成要件が行為刑法の要請を満たしているのか疑問を投げかける。単に歴史的事実を否定した場合において本来的に何ら犯罪行為は証明されない。問題となっている大量虐殺に関して主として想像できない次元のかつ凄惨な歴史的出来事が問題なのであって，それを否定することは何ら犯罪とはならない。否定することそれ自体は何ら軽視や侮辱を示すものではないので，生存者やその子孫の感情は問題にならない。単純な否定表現行為という構成要件に該当する行為態様を処罰することの正当性は「政治的正しさ」（political correctness）に依拠しているのであって，しかし刑法の行為原理にではないとの批判が妥当することにもなりうる[27]。

第6章　ヘイト・スピーチとしての歴史的事実の否定と再肯定表現に対する法的規制

3　集合的記憶の保護のための歴史的事実の否定並び賛美に対する規制

　以上のように歴史的事実の否定に対する刑事規制に対して，保護法益の存在そのものへの疑念やその抽象性から，社会の文化的確信に基づく例外的処罰であるとか，「不快」にすぎないとして批判する見解があるが，これらは，本来，刑法で規制することの許されない歴史的事実の否定表現行為を「特別」又は「例外」的に処罰していると批判する。事実とその歴史的評価を表現すること自体を取りあげると，そこには具体的な侵害性はないように思える。その意味で，このような表現行為に対する規制・処罰を批判するのはもっともなことと評価することができる。しかし，それでは，なぜ，歴史的事実の否定を規制する必要があったのであろうか。はたして，社会のなかで，過去と現在を結びつける歴史と，これに支えられて構築されてきた社会関係及び人倫関係を化体する利益は存在しないのであろうか。言い換えると，一定の歴史的事実の否定が危険にさらすかもしれない害悪と被害はないのであろうか。

　Matuschek は，社会に深く根づいた文化確信と関係づけて，歴史的事実の否定の刑罰規定における法益の構築を図る。Matuschek は「ドイツ刑130条4項は，同じく間接的な記憶との連関（Erinnerungsbezug）を基礎としている。国家社会主義時代の暴力支配及び恣意的支配の正当化と賛美はナチスの行為に関する認識へとフィードバックすることで原則的に嫌悪反応（Abneigungsreflex）を生じさせる。このような反応はドイツ連邦共和国とドイツ基本法の自己理解の一部である[28]」として，「ドイツ連邦憲法裁判所はこのような規範を即座に合憲と宣言した。当部会は，ドイツ連邦共和国にとってのナチスという過去の『反面教師的なアイデンティティを刻印する意義』をもってして，ドイツ基本法5条2項において明示的に規範化されている意見表明の自由を制限する一般法律という要件の例外を正当化した。その上，このような場合，記憶関係的な『源泉コード』は，意見表明の自由のような基本的に重要な基本権の文言を無視する[29]」のであり，「ホロコースト否定の禁止は記憶そのものの積極的な保全に対してもっとも明確な親近性を有している[30]」と指摘し，ドイツ連邦共和国にとってのナチス政権という過去の意義とこれに対する法的規制を関連させる。その上で Matuschek は，「ホロコースト否定は記憶を断片化・分断化（Fragmentierung）させることを目的としている。ホロコースト否定は，公共の

173

意識の中にホロコーストがあったことやその規模に対する疑念を植え込むことことでコミュニケーション過程に影響を及ぼそうとする。コミュニケーティヴな記憶が構築される時空間でホロコースト否定が公の場において阻止されないことによって，このような出来事に対する擁護が，いずれ形を変えて文化的記憶又は『歴史』において再び現れる危険をもたらす[31]」と述べる。そこで，「法は，ホロコースト否定を処罰することでコミュニケーティヴな現状を保全し，そしてホロコーストに関する標準的な意識状態を保障することを任務を有している[32]」，「この法律は，嘘の事実基礎を公的議論に吹き込もうとすることを刑法上処罰することで，この社会的枠組みを強化する。この法律は，これによってそれ自体として社会的枠組みとなり，意識状態を側防する[33]」と主張する。ここで注目すべきは，アウシュヴィッツでの大虐殺という過去に関する社会の意識状態を保全することに刑罰の目的が置かれているところである。では，社会の意識状態を保全することがなぜ必要なのであろうか。Matuschek によれば，「ホロコーストに関する意識の価値具有性は二つの方向で展開する。それは多元的な方向と脱存在論的方向である。多元的な基礎づけは，ホロコーストに関する意識は，すなわちユダヤ人の虐殺という形での歴史的惨事を繰り返すことを阻止する目的を有していることを意味する。このような手がかりは一定の留保にさらされる。出来事に対する記憶の保全はそれ自体としてこのような又は類似の歴史的出来事に対して保護するのではない。第一次世界大戦に対する記憶は第二次世界大戦を阻止することはできなかった。ホロコースト後もジェノサイドのような大規模な人間に対する犯罪が発生した[34]」のであり，これに対して，「優先するに値する脱存在論的基礎は，集団的記憶の価値をそれ自体として価値であるとして展開する。ホロコーストに対する記憶が現実の社会的コンセンサスに依拠するということは既に示された。一定の形式の規則の保全が保護に値する利益である。ホロコーストに対する記憶の承認は客観的尊厳の要請なのである。ホロコーストの個々の被害者の個人的な人間の尊厳以上の事柄であることを意味する。ホロコーストは，物理的にはもはや埋めることのできない暴力による穴をヨーロッパにおいて残している。心理的には，出来事の存在に対する唯一の精神的保全形式として記憶が残っている。この記憶は，人間である条件に対する破壊，侵害，しかし修復不可能性を表す。死に対抗して生命

第6章　ヘイト・スピーチとしての歴史的事実の否定と再肯定表現に対する法的規制

を失ったところでは，少なくとも忘却と否定に対抗する記憶を勝ち取ることができると言われる。記憶は承認の一形式である。それは死者を生存者又は生き残った者と同等の段階に引き上げ，彼を同等の者として承認する」。これらのことを基礎にして Matuschek は，ドイツ刑130条3項及び4項における法益として集合的記憶（Kollektive Erinnerung）を提唱する。「集合的記憶という法益は，ホロコーストの存在とその規模に関する価値を具有する意識状態である。理念的価値としてのこのような意識状態はそれ自体としては侵害されない。仮に日常的に何千回もホロコーストの否定があったとしてもこの価値の承認には何ら変更は生じない。同じく窃盗は，物理的客体の所有者への帰属を変更しない，又はほほを殴ることは身体の完全性を変えるものではない」。その主張の際，Matuschek は，「法益と行為によって具体的に攻撃される攻撃客体とは区別すべきである。窃盗の場合，攻撃客体は，鉛筆，自動車又はカバンの処分権限である。ホロコースト否定の禁止にも具体的な攻撃客体が存在する。ホロコースト否定は，個々人の観念像全体，つまりホロコーストに関する集合的認識ないし意識状態の全体を攻撃する」のであり，「物理的客体が財産のための手がかりであり，しかも直接的に攻撃され又は器物損壊の場合には物理的に毀損されるように，個々人の認知的な観念像がホロコースト否定の議論の行為客体となる。個々のコミュニケーション参加者の観念像の総体がその刻印においてホロコーストに関する集合的観念像である。法益と行為客体は見かけだけ概念上一緒になる。法益とは集合的記憶であり，つまり理念的価値形式での意識状態である。攻撃客体は集合的観念像である。つまり，個々のコミュニケーションの受信者の可変的な観念像ないし意味平面の総体である」と主張する。なお，「価値具有する意識状態としての集合的記憶は政治的共同体の法的地位として整序されるが，個々人の法的地位ではない」，「集合的記憶は個人から解き放された共同体財としてのみ把握することができる，つまり個人法益と個人に還元可能な共同体財という異なるものにおける共通するものとして把握することができる」。具体的には，「公の場でのホロコースト否定では，個人固有の観念像への影響ではなく，集合的，公共的観念像への影響が問題なのである」。Matuschek は，「集合的記憶は国家に対して精神的状態を保持させるように集合的な要求地位を示す。このような状態は市民的自己理解の根本的要素

175

としてアイデンティティを媒介する。このような精神的状態の放棄は国家の放棄又は国家市民関係の弱体化となる。集合的記憶はそれゆえ共同体財として理解すべきである[41]」、と主張する。

　この集合的記憶について、「ホロコーストに対する集合的記憶は、社会的状態として常態的変化にさらされる。集合的記憶の保全又は禁止の問題は評価プロセスに依存する。それは常に法の外で行われる。ホロコーストの記憶とこれに対する意識の公的承認はあらゆる抵抗に対して戦わなければならない[42]」。そのために刑事規制により「心理的な負担軽減メカニズムによる自然の浸食（Erosion）が側防される。痛々しい記憶に対する自然の反応は、これを克服することよりも、なかったことにしようする（Verdrängung）ことに表れる。後の世代は、過去を自分たちのものとして受容しそして積極的な記憶文化として維持するか又はこれを放棄しようとするかについて新たに答えなければならない。その上、ホロコーストという次元は人の想像の能力を超えている。想像可能でない出来事に対する記憶は、当たり前の日常の出来事に対する記憶よりも将来的に貫徹することは困難である。ホロコースト否定論者によって宣伝される全てが嘘だったのだという『美しい知らせ』によるめいっぱい使い果たされた想像力の負担軽減は、それゆえ明らかに人を引きつける力を持っている[43]」、「自然の浸食は記憶に対する疑念視を明らかにするが、しかし法的保護の必要性を明らかにしない。このことは、自然的浸食に加えてホロコースト否定論という人的浸食が加わる場合にはじめて取り入れられる。ホロコースト否定は、少なくとも攪乱に敏感な集合的記憶を誤った事態へと導く。否定論は社会的状態の排除及び反対の記憶によって完全に取り替えることを目的としている。『武器対等』を確立するためには、否定論との社会的論争があまりにも少ない。ホロコースト否定論者との社会的―公的論争は評価低下ではなく、歴史的出来事に対する恣意的な処理の印象を及び起こす[44]」、「ここでは、個々のコミュニケーションの受取人の変化しうる観念像／意味地平の総体が行為客体ないし攻撃客体として打ち立てられる。ホロコーストの存在について疑問を提起することで、このような観念像にホロコースト否定論者は直接的に攻撃しようとする。そのことによって記憶の価値の実質的基体がその現実的形態において『侵害』されるのである。把握可能性及び物理性の欠如は、侵害犯としての整序を

阻止するのではない。物理的により具体的な攻撃客体を内包する犯罪において
も実質的な損害なき『侵害』はありうる。集合的記憶という法益は，その上，
早期化処罰の問題を軽減させる[45]」。

4 公共の平穏保護のための歴史的事実の否定並び賛美に対する規制

これに対して，von Dewitz は，ドイツ刑130条 3 項及び 4 項について，より
直截に公共の平穏を保護すると述べる。

von Dewitz は，「民衆扇動罪構成要件は，けれども名誉侵害構成要件を超越
し，潜在的行為者がユダヤ市民に対して暴力行為を呼び起こすと感じられる排
外的雰囲気が発生するのを阻止する。これにより民衆扇動罪構成要件は，被害
者の個人的法益にのみ関係する侮辱罪構成要件の枠組みを超越している[46]」とし
つつ，侮辱罪構成要件の適用のための要件は，名誉という個人的法益の侵害で
あったのに対して，民衆扇動的及びホロコーストを否定する表現の場合，原則
的に，攻撃はより大きな集団に向けられる。同時に個々人の名誉が侵害された
という証明について判例は困難に直面した。そこで判例は，侮辱の要件を集団
的表示を用いることでかなり広く解釈することで取り扱った[47]。いわゆる集団的
侮辱罪のことである。

von Dewitz によれば，「侮辱構成要件が単に名誉という個人的法益の侵害に
対して保護しようとするのに対して，民衆扇動罪の構成要件は危殆化に対する
公共の平穏を保護する。ドイツ刑130条は，市民集団に対する暴力的行動から
の保護を問題にする限りで，付加的に個人的法益を保護する。これに関して，
もはや潜在的行為者による個々人の個人的法益に対する驚異は前面に立たな
い[48]」，「むしろこの規定は，個々の市民が将来において住民集団に対して暴行を
するように他の市民を煽ることに対抗する。ドイツ刑130条によって保護され
る法益は，名誉のような個人的法益と公共の平穏のような普遍的法益の間に位
置づけられる。これは具体的な個人との連関を必要としない限りで純粋個人的
法益とは区別される。それにもかかわらず個人的法益との連関は放棄されな
い。常に，——間接的ではあるにせよ——この集団に対する個人的連関を必要
としている[49]」。このことを前提に von Dewitz は，「ドイツ刑130条はすなわち
公共の平穏を保護している。これについて潜在的行為者の扇動を固有の不法内

177

容として包括していることが重要である。他の公共の平穏を保護する犯罪類型と同様に，ドイツ刑130条は確かに間接的に具体的な個人的法益の侵害ないし危殆化に対して保護している。しかし，他人を扇動することに見いだされる特有の危殆化は公共の平穏という固有の法益によってのみ包括される[50]」，と主張する。

　von Dewitz は，ホロコースト否定表現は，——それが帰結効果と結びついているか否かに関係なく——ドイツ連邦共和国で生きていたユダヤ市民に対する蔑視の表れであり，「単純なアウシュヴィッツ否定を単に侮辱罪として，重大なアウシュヴィッツ否定を民衆扇動罪として位置づけていた法実務は90年代の初めにはもはや妥当とは見なされなくなった。単純なアウシュヴィッツ否定に対しても刑罰を科し，しかも侮辱罪の刑罰を超える新たな法律が要請された。1994年12月にドイツ連邦議会は『アウシュヴィッツの嘘法』を締結した[51]」と述べる。「ドイツ刑130条3項は個人的連関を欠く。ここでは被害者の名誉，つまり死者の尊重要求が問題にされるので，一般的な侮辱罪法の延長であるとの印象を呼び起こす。しかし実際にはそうではない。ドイツ刑130条3項の法益の明確化には成功していない[52]」。そこで，von Dewitz は，「国家社会主義時代のユダヤ人に対する虐殺を否定する主張は刑法上処罰されるべきである。なぜなら，それが特に社会に影響を及ぼすからである。すなわち，被害者の名誉ではなく，社会全体に対するホロコースト否定表現の影響が問題なのである[53]」，「文献ではそれゆえ様々な形で，歴史的事実が保護法益と説明されることによって，ドイツ刑130条3項の特殊性を明確にする試みが行われている。ナチス時代の歴史的経験は，現代又は将来において同じような行為が起こらないようにするために，恐ろしい実例として役立てるようにするために，歴史的真実として承認されなければならない。ドイツ刑130条3項に関して，再びこのようなことが起こるのを許さないという立法者の次の世代に対するアピールが課題なのだということは正しい。このことからすると，しかし，ナチス時代の出来事だけが処罰されることになるので，歴史的真実という固有の法益は導き出されない。その上，歴史的に明らかなナチス犯罪に対する認識の保護が問題なのではなく，現代のための政治的—道徳的指導機能が課題なのである。これに関してすなわちナチス時代の犯罪に対する歴史的認識との関係が前面に出て

くる。すなわち実際には『責任処理』と，第二のアウシュヴィッツを阻止する
ためにここから引き出されるナチス犯罪を認めることが課題なのである[54]」，と
述べる。この指摘において Matuschek と同じ問題意識をみてとることができ
る。しかし，これに止まらず von Dewitz は，「ナチス犯罪の否定に対する犯
罪構成要件の規範化によって，立法者は，90年代以来，単純なホロコースト否
定ないし矮小化表現の中に国民の中での迫害的雰囲気を生み出す危険を見るこ
とを明らかにした。当時の司法大臣である Leutheusser-Schnarrenberger は次
のように述べた，『ホロコースト否定の流布に対する固有の構成要件は，現行
法と比較して可罰性を特に強調し，そしてそのような嘘がドイツ人とユダヤ人
の平穏な共同生活と国民の理解に不利益をもたらすということを明らかにす
る』。……このことから，ドイツ刑130条3項の保護法益は，あらゆる特殊性に
もかかわらず，公共の平穏のままである[55]」。そして「ドイツ刑130条3項では歴
史上唯一の犯罪に対する是認，否定又は矮小化に対する処罰が課題である。そ
のような禁止は本来的に刑法とは関係のないものであった。けれども判例は理
論的特殊性に特別に関わることなく1994年の歴史的事実の否定処罰の導入以来
しばしばこれを適用してきた。このような基礎づけから刑法によって単純なホ
ロコースト否定表現をも処罰しようとする判例の必要性が読み取れる[56]」。

　von Dewitz の主張は，ドイツ刑130条3項の保護法益を公共の平穏に求めな
がら，この公共の平穏の中身について詳細に検討した。その結果，Matuschek
と主張と同じ内容の主張を展開する。このことはたしかに理由のあることとい
える。

5　未解決の疑問

　ドイツ刑130条3項について，Fischer によれば，「ドイツ刑130条3項の法
益はドイツ法務省の立法提案によれば，政治的な雰囲気が毒されないことが公
共の利益とされる。このような政治的目標はしかしそれ自体としては刑罰威嚇
のための何ら十分に把握可能な法的根拠ではない。通説が同3項の法益として
公共の平穏と見なした限りで，上述のことが妥当する。公共の安全の危殆化は
過去の犯罪を単に否定することでは導かれない。被害者の死後の尊厳要求及び
尊重要求を指し示すことは刑事訴追に対する特に公共の利益を不十分にしか説

明していない。構成要件が大量虐殺という『集団的恥辱』を保護するという見解はむしろ規範的要請を説明している。恥をかかせないようにすること又は誤った見解の流布によって他人に恥をかかせないようにすることは，正当なやり方では可罰的ではない[57]」。それゆえ，von Dewitz の主張する「公共の平穏」という社会的法益ないし普遍的法益もその不明確性又は抽象性を回避することはできないが，このような事情も踏まえつつも，公共の平穏という法益自体は他の刑罰法令でも保護されており，その意味では，法益の毀損の判断に照らして，集団的記憶を法益に据えるよりもまだ明確であると思われる。

　ただし，このように述べたからといって歴史的事実に関する表現行為に対する規制のために公共の平穏を法益として設定するのが妥当であることを必ずしも意味しない。現に Ficher によれば，最終的に，処罰の正当性は，せいぜいのところ，そのような表現の物理的暴力の発動との関係に依拠せざるをえず，それゆえ，ドイツ刑130条３項では歴史的事実の否定の表現行為の処罰は，暴力的介入や迫害の危険を内包する嘲笑，誹謗そして排除から個人又は集団を保護する限りでのみ正当化されうる[58]。しかし，公共の平穏と示すだけでは歴史的事実に対する表現行為に対して，なぜ規制すべきなのかについてその理由をまったく明らかにしていない。なぜ，歴史的事実の否定表現を個別的に刑罰規定を制定して規制したのかを説明できない。個人又は集団を保護することに求めるのであれば，単に意見表明とみなされかねない表現行為を規制すること，かつては同１項及び２項での枠組みで規制されていた表現行為を新たに同３項に規制したことの説明ができるであろうか。たとえば，――日本であれば公安条例――デモ規制立法における保護法益とこのような表現行為のそれとの間に具体的な相違をみつける必要があるのではなかろうか。そうでなければ，単に治安立法の側面が強調されるにすぎなくなる。つまり，歴史的事実に対する意見表明行為によって侵害・危殆化される法的利益は何なのかを明らかにする必要がある。集団的記憶を保護法益とする見解は，ドイツ連邦共和国の国外及び国内に対する政治的立場，つまりナチス政権下での暴力的かつ恣意的支配に対する根本的批判と反省の上に成立している第二次世界大戦後の政治体制下において，いわゆる「ナチスの亡霊」に対抗する法的規制の趣旨を明らかにしている点でまさに本質的である。国家として反省した歴史事実について，これらの

第6章　ヘイト・スピーチとしての歴史的事実の否定と再肯定表現に対する法的規制

存在を否定，再肯定又は正当化する表現行為を刑罰の下に置くことが再び惨劇を招かないという予防の意味がある。そのうちには虐殺や迫害の歴史を忘れるべきではないとの政治的認識も含まれている。

　そして過去の虐殺や迫害を招く前段階の差別を正当化する社会的環境の醸成の予防があるといえる。これに加えて，集団的記憶は戦後ドイツの政治体制の一翼を担っているといえる。その意味で集団的記憶を保護法益として理解することは，ドイツの戦後体制に関するドイツ社会の自己認識そのものなのであり，戦後ドイツの自己アイデンティティなのである。しかし，国家ないし社会の自己のアイデンティティを詳細化・個別化したものが法益であることからすると，集団的記憶を法益と解するのには未だ躊躇を覚える。

Ⅲ　人間の尊厳の侵害としての歴史的事実の否定

1　スイスにおける歴史的事実の否定並び賛美に対する規制

　スイス刑法にもヘイト・スピーチ規制において歴史的事実の否定に対する規制がある（スイス刑261^{bis}条4項[59]）。スイスの判例では，ヘイト・スピーチにおける主たる法益は，人種，民族又は宗教に関する構成員の特性における人間の尊厳であり，間接ないし付随的に公共の平穏とされる[60]。公共の平穏は独自の法益ではない。なぜなら，刑法は，それ全体として公共の平穏を保護しているのであり，刑法典によって個別に包括された別の法益を保護することを通じて間接的にのみ保護されるからである。これに対して，民族虐殺の否定又は他の人間性に対する罪の否定については公共の平穏という一般的な法益のみが直接的に保護される[61]。

　民族虐殺又は他の人間性に対する罪に対する（単純）否定，ひどい矮小化そして正当化の場合，狭義の民族差別にはあてはまらない。なぜなら，同等の権限及び同等の価値への要求が形式的には否定されているわけではないからである。ここでは存在しないとされる被害者が誹謗されているのではなく，その殺害者が潔白とされるのである。実際には，加害者を潔白だとすることは被害者とその子孫を侵害することなしにはあり得ない。犯罪を否定する者は，必然的に被害者ないし当該集団の構成員を誹謗するだけではない。主として犯罪の否

定，矮小化そして正当化は現実にむしろ犯罪の承認，場合によってはその基礎
となる思想の承認であり，これによって当該集団の構成員の生存権ないし人権
が否定される。行為者は道徳的に民族虐殺者を支持している。民族虐殺又は他
の人間に対する罪の否定，矮小化又は正当化はしたがって侮辱ないし人種差別
的扇動の道具である。国家社会主義時代の犯罪を矮小化又はそれどころかこれ
を否定する者は，国家社会主義思想と自らを同一化している。今日そのような
ことをする者は，それゆえ問題なくネオナチとみなされる[62]。スイスの民事判例
では，ネオナチが国家社会主義体制によって行われた犯罪を矮小化，否定又は
正当化し，そして歴史修正主義者がホロコーストを否定又はエセ学問の鑑定に
依拠して被害者の数を少なくさせようとしているということを前提にしてお
り，それゆえ，両方のイデオロギーは同じ信条を基礎としており，その支持者
は一貫して同じ思想を支持しているが，しかし決定的なちがいは，ネオナチは
（暴力によって）指導者原理に基づいて組織された国家の建設を追求していると
ころであるということが確定していると判示する[63]。

　これに対して，Niggli は，歴史的事実の否定罪について，人間の尊厳を保護
法益として構成する[64]。Niggli は，歴史的事実の否定の法益を公共の平穏と解す
る見解に対して，刑法における全ての規範は，直接的には具体的な法益を保護
するのであり，間接的かつ付随的に公共の平穏を保護する。したがって，スイ
ス刑261[bis] 条4項は，集団の構成員としてのその特性において個々人の人間の
尊厳を保護すると主張する[65]。Niggli は，人間の尊厳に対する攻撃は，この攻撃
が個々人の人格権（Persönlichkeitsrechte）（例：名誉）に向けられている場合だ
けでなく，平等原則を否定され，価値の低いものとして扱われ，共同体におけ
る彼の生存権が否定されることによって，人間をその人格（Persönlichkeit）の
中核に対して攻撃が行われる場合もある。人間の尊厳は，人間であるという人
格そもそもが否定され，人権を求める要求が限定的にしか認められないか又は
低い価値のものとして扱われることによって，個人又は人々の集団の同等の権
限ないし同等の価値が否定される場合に侵害される[66]。人間の尊厳が絶対的な内
的価値をもつ自己決定する主体であるという人間に対する観念の直接的な表れ
であるとすると，他の諸人権と同列に整序されるのではなく，むしろその大前
提条件であり，かつ根本基礎である。

182

第6章　ヘイト・スピーチとしての歴史的事実の否定と再肯定表現に対する法的規制

　Schleiminger Mettler によれば，ジェノサイドの否定は，必然的に集団としてのアイデンティティ（Gruppenidentität）に対する攻撃を示す。たとえば，民族殺は，個人を標的とするのではなく，集団としてのアイデンティティという構成的特性を標的にする。このような攻撃から保護されるとすれば，それはそのアイデンティティのためではなく，集団に属することが個々人の人格構築とその展開――人間の尊厳の構成要素――に明確に与える根本的重要性ゆえにである。集団としてのアイデンティティに対する攻撃は，したがって，個人の人格的自由に対する意図的かつ制度的な攻撃である。これは，集団構成員の人間の尊厳を侵害する。この Schleiminger Mettler の見解は，個人的法益還元説とも読み取ることができるかもしれない。歴史的にみて，人々がおかれている個々の社会状況からして，特定の属性を有することが個人の人格構築とその展開にとって極めて重要な意味をもつ場合に，集団としてのアイデンティティに対する攻撃は，同時に，個人のレベルでは，彼に対する意図的かつ制度的な攻撃を意味するのは当然である。なぜなら，集団に属すること，つまり特定の属性を有していることが個人を攻撃する根拠だからである。注意すべきは，個人を攻撃する根拠が特定の属性を有していることだとすると，攻撃の対象は，標的となった特定の属性を有する集団の構成員全体であって，現実に被害にあった特定の人である必要は必ずしもないということである。ここにおいては，特定の《〇〇さん》という個人が問題ではなく，《特定の属性を有しているないし特定の集団に属する》〇〇さんが攻撃の標的である。特定の個人ではなく，特定の属性をもつ人々が標的対象であって，属性が攻撃の対象となることで既に個人の人格性が否定されている。ここでは個人の人格性や個別性が否定されている。属性を理由とする攻撃は，集団の否定を前提としており，これの意味するところは，同じ人間であることの否定なのである。それゆえ，攻撃の（対象としての）範囲と規模は大きいといえる。Schleiminger Mettler の見解では，単に個人的法益に対する攻撃に還元するだけではなく，マクロレベルでは，歴史的事実の否定が集団としてのアイデンティティに対する攻撃であることを承認し，ミクロレベルでは，否定された歴史的事実を自己の存在の歴史的背景として有する個人の尊厳を攻撃すると理解できるのではなかろうか。その意味では個人的法益を法益としているが，その前提として社会的法益としての

183

集団としてのアイデンティティが据えられている。法の究極の任務が最終的に個人の利益を保護することにあるとすれば，歴史的事実の否定に対する処罰に関する法益を個人の尊厳としてこの構成要素である個人の人格とその展開と理解することも納得できる。その際，——没歴史的に個人を把握するのではなく——歴史的事実の否定が特定の属性をもつ人々の自己存在の歴史的背景，つまり集団としてのアイデンティティを否定することであることが内包されている。

2 不快感とタブー規制

Hörnle は，ドイツ刑130条3項の真の処罰根拠を，歴史的事実を否定する表現行為に対するいわゆる不快感とタブーにみいだす。ドイツ刑法では既にドイツ刑130条1項で特定の属性によって特徴づけられる集団に対する侮辱的表現行為を処罰の下に置いており，その上で同3項で歴史的事実に対する否定表現行為を規制している。このような詳細な規制システムにおいて形式上その法益を公共の平穏と人間の尊厳と理解した場合にも，構成要件的行為として歴史的事実の否定を規定する限りは，やはり一定の規制根拠が必要であろう。しかも同1項が1960年に定められ，同3項の制定が94年であることからしても，同1項の構成要件では対応できない，しかも歴史的事実の否定表現行為を規制しなければいけない深刻な社会的事情があったはずである。その意味で同3項制定の真の根拠として不快感とタブーに求めたことには一定の理由がある。しかも法解釈上，歴史的事実の否定表現行為自体としてみれば，一見誰に対しても攻撃しているようにはみえないことにも配慮している。

Hörnle の批判は，歴史的事実に対する否定表現の処罰根拠を，加害と被害の発生にみるのではなく，しかもこのような表現に対する社会一般の不特定多数の聴衆の反応に着目することなく，それ自体が不寛容の表れであるとの社会的コンセンサスの保持に求める場合に一定の合理性をもつように思われる[69]。

けれども歴史的事実の否定表現行為の処罰根拠を不快感とタブーにのみみいだすのは，このような表現行為がもつ過去の歴史にさかのぼる現在における社会的意義と，しかもその行為のもつ将来的影響・効果を十分に考慮していないのではなかろうか。アウシュヴィッツの嘘のような歴史的事実の否定は，それ

第6章　ヘイト・スピーチとしての歴史的事実の否定と再肯定表現に対する法的規制

自体として戦後のドイツ国家並び社会の否定なのである。アウシュヴィッツ収容所でのユダヤ人に対するガス殺害を否定することは，戦後ドイツそのものとその政治体制の否定という二重の否定を意味しており，その上，この否定は必ずしも新しい発展への止揚を意味せず，ナチス政権による国家社会主義時代に行われた迫害を正当化することに繋がる。つまり，歴史の回帰を意味する。ドイツの戦後体制が過去の克服によって自らをまた国際的にも正統化させたのであり，これは，まさにナチス政権とそれによる暴力的・恣意的支配に対する反省によって行われた。

　ドイツの歴史に着目すると，歴史的事実の否定や肯定評価は，まさにドイツ基本法1条の制定理由にさかのぼる必要がある。ドイツの判例は，民族虐殺の是認，否定又は矮小化は，生存者の尊厳と名声と同様に，特に殺害された人々とその遺族の尊厳と名声に対して共同体全体にとって耐え難いほど影響を及ぼす。同時に，それらは平穏な共同生活に対する危殆化をも示す[70]。ナチス政権の国家社会主義体制の下で暴力的かつ恣意的支配による殺害や迫害の被害者の存在と彼らが生きてきた出生から死亡に至るまでの歴史の否定であり，彼らの存在そのものの否定である。歴史的事実の否定表現行為による存在の否定は，迫害から生き延びて現存している人々，迫害された死者，殺害された死者そして彼らの遺族に及ぶ。被害者が人間として，なぜ殺害ないし迫害された場所に存在していたのか，なぜ殺害されなければならなかったのか，それが人間の死として現在においても社会において了解可能な理由によるのか，それとも不条理きわまりないのか，などを考慮するとき，ナチス政権による国家社会主義体制下での暴力的かつ恣意的支配に深く関わる歴史的事実に対する否定やそれに対する賛美は単なる表現や意見表明に止まるものではない。

　Seelmann は，人格の処分の不可能性（Unverfügbarkeit der Persönlichkeit）の保護の為にタブー保護の給付可能性の限界をみいだす。たとえば，成人の親族間の性交について人格に対する侵害がなく，それゆえ人格の処分の不可能性を論じることが困難である。ドイツ刑166条（信条，宗教及び世界観を共有する団体に対する冒涜罪）や同86条 a （憲法違反組織の象徴物の使用罪）については人格は問題となり得ないであろう。これに対して，むしろ，畏敬の念なき死者に対する取り扱いという極端な場合に，死者の人格権又は遺族の権利として理解され

185

る死のタブーは人格の不処分性の問題となる。アウシュヴィッツの嘘の場合にも，極度に悲惨な迫害を否定することが，その迫害からの克服を甘受できないほど困難にするので，なお生存する被害者に対して人格権がその処分可能な中核において侵害する，と Seelmann は主張する。ここで Seelmann は，タブー保護について人格保護による再構成を試みる[71]。この人格保護の観点からの再構成は，タブーを単にある社会にとって疑問視してはいけないもの・ふれてはいけないものであるがゆえに保護ないし規制することの問題性，つまり刑罰規定が何を保護しているのかについての無説明を克服する試みとして重要である。思うに，タブー保護の処罰根拠の無説明が，行き着くところ，不快に処罰根拠を求めざるを得ない背景にあるように思われる。けれども，ここでは，不快という用語は，説明できないものないし無説明なものを代替的に説明するための概念でしかなく，それ自体として独自の法的規制の正当化根拠とはなり得ない。ここでの不快とは，一定の行為に対する社会文化的に根づいた価値観念に由来する嫌悪感を言い表しているのに過ぎず，これに対してその価値観念が合理性や平等性によって裏打ちされている訳ではない。そうであるならば，不快感をもってしては法的規制の合理性は担保されないということになる。Seelmann の理解により，人格保護の視点を歴史的事実の否定に関する処罰根拠に組み入れることが可能になる。その上，歴史的事実の否定が誰をターゲットにするのかという視点を考慮する必要がある。というのは，社会一般においてあまねくすべての人々が当該刑罰規定の予定する被害者になるというわけではないからである。殺人罪などの場合，すべての人が潜在的被害者となるが，歴史的事実の否定の場合はそうではない。――特定の属性によって特徴づけられる集団に属する――限られた人々のみが被害者となりうる。つまり，迫害を受けた人々とその子孫のみがターゲットとなることから，彼らしか被害者になり得ない。ここにおいて歴史的事実の否定のもつ害悪と被害に関する認識並び被害そのものの非対称性・不平等性が生じる。じつは，ここで非対称性・不平等性に着目しなければ，再び，歴史的事実の否定の処罰根拠を不快にみてしまうおそれがある。つまり，極めて不快ないし恥という行為者と境遇を共通する者としての反応に止まってしまい，ターゲットとされる側の被害をみることを忘却してしまう。その意味で，この非対称性・不平等性を理解した上で人格保護に

第6章 ヘイト・スピーチとしての歴史的事実の否定と再肯定表現に対する法的規制

歴史的事実の否定の処罰根拠を求めるとき，その処罰の正当性をみいだすことができるように思われる。

しかし，人格の保護を中核的根拠として位置づける場合であっても，単に個人の問題としてのみ，つまり「個人的」人格の問題としてのみ理解することで十分であろうか。被害者は，たとえば，ユダヤ人であること，ロマ人であること，精神障害者であること，また同性愛者であることなど，彼らの属性を理由に人間であることを否定された。個人の人間性又は人格性以前に，ユダヤ人そのものが人間でないという烙印が，ユダヤ人である個々人の人間性の否定という形で還元される。その意味で，被害にあった人々や攻撃の対象となった集団に対する侮蔑であり，それはまさに人間の尊厳を侵害している。それだけでなく，このような歴史的事実の否定や再評価する表現行為は，特定の属性によって特徴づけられる集団に対する蔑みや敵視を社会において醸成，助長し，これらの構成員に対する，つまり集団に対する粗暴犯をはじめとする犯罪や社会における諸制度からの排除を誘発する。このことは，歴史的事実に対する否定や再評価に関する表現行為だけでなく，特定の属性によって特徴づけられる集団に対する直接的な侮辱的表現行為にもあてはまる。単に個人に対する侮辱的表現による攻撃とは異なり，集団に対する攻撃を助長するだけでなく，それを不当にも正当化する社会的認識すら醸成する。その意味で，これらの表現行為は，単なる一回的な表現行為に止まらない。つまり，これによって特定の属性によって特徴づけられる集団に対する攻撃による社会的平等の毀損だけでなく，当該集団に対する蔑みと敵視そして暴力的犯罪などを助長・促進する。ここにこれらの表現がまさに社会的平等を危険にさらすという本質がある。

3 歴史的事実の否定並び賛美に対する規制の意義の検討

歴史的事実に関する内容の表現のなかでも虐殺や迫害に関するものである場合，その被害者は殺害されて死亡しているためもはや人でなくなってしまっていることが多い。けれども人間の尊厳の権利が上記のような歴史性をもつことからすれば，生存している被害者のみを対象として人間の尊厳の侵害を判断することは，「あったことをなかったことにする」歴史的事実の否定による被害者の存在の否定という被害をみていない点で妥当ではないのではなかろうか。

既に死亡した被害者も含めることはむしろ当然ともいえる。ユダヤ人として存在する集団に対して，その属性を理由に迫害され，殺害された。迫害と殺害は，個別的にみれば個人に対する侵害であるが，これらが属性を理由に（同じく属性を有する不特定多数の人々である）集団に対して掃討的に行われたことに特徴がある。その意味で，民衆扇動罪の文脈においてドイツ基本法１条の人間の尊厳を考える場合には，個人的権利であると同時に特定の属性によって特徴づけられる集団に向けられる攻撃に対する法的規制をも視野に置くことが可能と思われる。人間の尊厳という権利がナチス政権の国家社会主義体制による残虐な民族虐殺に由来し，かつそこからの忘却不可能な教訓として生成されたことは否定できない。そのため，個人としての尊重とそこから派生する諸々の権利とは一定性格を異にすることも否定できない。人間の尊厳は「類」や「属性」に関係した人格としての個人以前の人間性を問題にする。これに対して，個人の尊重は，国家や集団との対置で社会の根本基盤である人格としての個人の保障を問題とする。理念的には，前者に基礎づけられた後者の構築とその保障として概念づけることも可能と思われる。けれども，世の中のすべての事象が純粋に個人に関連してのみ生起するのではない。ホロコーストとよばれる一連の虐殺では，虐殺されたのは個々の生身の人間である。その意味では個人の問題である，つまり個人的法益の問題である。が，虐殺されたのは，個人の問題ではなく，特定の属性によって特徴づけられる集団に属していることが問題であって，一人一人の人格たる個人の問題ではない。あらためて言うと，ナチス政権によって殺害されたのはユダヤ人，精神障害者，同性愛者等であった。そこでは人々の属性がターゲットにされており，これに属する個々の人々の人格は問題にされていない。ないし，属性が問題にされる時点で個々の人格は否定されている。属性を標的して攻撃する時点で，（同等の）人間としての人格性は否定されている。Ｘ民族に属する（個人）Ａが殺された。Ａは，個人的理由，つまりその人格ゆえに殺されたのではなく，Ｘ民族の構成員であることを理由に殺害されたのであるから，殺害されるのは特定の個人であるＡさんでなくてもよいわけである。個別的人格に関連させると，逆に，Ａさんが殺される必然性はないように思われる。このことを属性の側面から見直すと，Ａさんが殺される必然性とその危険が常に存在する。繰り返しになるが，このことは属性を

標的にしておこなわれる攻撃の根本的特徴である。

　また，攻撃の対象が個別人格のＡが問題でないことからすると，Ａと同じ属性を有する人々すべてが攻撃の対象とされることから，その危険の範囲と規模において個人の人格を理由とする攻撃とは比較にならない。ナチスの「ユダヤ人問題の最終的解決」（Endlösung der Judenfrage）はこのことを如実に物語っている。属性を理由に個人が殺害されるとき，その生命法益の侵害において，その行為動機に関して具体的個人ではなく特定の属性に焦点があてられている場合，特定個人・Ａを殺すことが重要ではないという意味で，行為以前に既にＡの人間性が否定されている。もっというと，Ａのことが憎いから殺すのではなく，ＡがＸ民族に属するから憎いので殺すのである。それは——具体的な殺害行為のずっと以前に——既にＡの人間性と人格性が否定されているからである。ここにおいて人間の尊厳という権利の独自性が明らかになる。ホロコーストはこのことを教えている。

　ドイツ法の文脈では，ドイツ基本法１条で「人間の尊厳の不可侵」が規定されているのは，まさにナチス政権の国家社会主義体制の下での暴力的かつ恣意的支配によるユダヤ人に対する迫害と虐殺そして他国への侵攻に対する反省の明確な表れといえる。その意味で，過去の暴力的かつ恣意的支配に対する再肯定評価は，とりもなおさずドイツ基本法１条に抵触すると理解することができる。

　他面，政府によって反省が表明された歴史的事実の否定は，それが当該国家の政治体制の根本基盤の一つであり，しかも出発点を形成していることは事実である。それは，国内だけでなく国外にも向けた歴史認識として定着させることが当該政府の職務の一つであることから，これを意図的に否定する表現を流布することは，国内と同時に国際的な挑戦でもある。歴史的事実の否定の流布は，思想・心情の自由にとどまらず，自己の思想という内的領域から外に向けて発信しており，政治体制の根本基盤を掘り崩すことである。これは社会の認識的基礎を掘り崩す。ここで単に政治的レベルの問題として捉えるのは，否定された事実のなかに生身の人間がいることを無視している。法的には彼らの生命，身体，財産，自由，名誉などの個人的法益を無視することになることに注意を要する。このことに配慮すると，歴史的事実の否定は，かつての過ちない

し迫害の歴史をなかったことにさせると同時に，その被害者の存在とその被害事実を否定し，彼らを「嘘つき」にしてしまう。ひいては，生存する被害者とその子孫を侮辱するだけでなく，彼らが今日の存在する由縁，歴史的背景そして法的関係，地位又は資格を否定し，場合によってはこれらを特権と誤解させることにつながる。これは，彼らの現存在と歴史的事実の密接な関連を否定し，彼らの存在とその運命を当該国家との関係においてなかったことにしようとする。この「なかったことにする」ということが歴史的事実の否定の真のメッセージである。

　それゆえ，このような歴史的事実の否定は，単にタブー違反やポリティカル・コレクトネスという表現行為者側の側面だけを問題にするのではない。つまり害悪の側面だけを問題にするのではなく，現存する被害者とその子孫を「嘘つき」であり，「特権保持者」であるとして，不当に二重に蔑むという被害の側面を見るべきである。ここに社会的平等に対する侵害をみいだすことができる。他面，歴史的事実の否定は，過去の克服のプロセスとしての謝罪，補償，法的資格の付与などの歴史的背景と根拠をすべて否定する。これは，被害者に対して被害者であることを否定し，これと平行して，補償や法的資格の付与を被害者側の不当な要求と特権に論理転換させる危険性をはらんでいる。このような表現行為が政府や国家の歴史認識を批判するのではなく，主として，その被害者とその子孫の現存在の歴史的根拠又は背景を否定することを特徴としていることからすれば，その本質は彼らに対する攻撃である。

　なお，このような表現行為は特定の属性によって特徴づけられる集団に対する攻撃を助長・促進する。注意すべきなのは，マイノリティに対する暴力行為というものが突発的に始まるようなものではなく，まずは，端緒としての悪意なき先入観が社会に浸透していることが土壌となって，偏見に基づく具体的なヘイト・スピーチが行われるようになり，さらにこうした行為の数が増えるなかで制度的な差別そしてついには暴力行為が発生し，当初は散発的なものが徐々に社会全体に蔓延するところまで発展していくということである。先入見による行為—偏見による行為—（制度的）差別行為—暴力行為・ヘイトクライム—ジェノサイドというヘイト・スピーチ暴力のピラミッドを形成する。ブライシュが「批判すべきは，ジェノサイド否定が社会の一体性を損ない，潜在的

第 6 章　ヘイト・スピーチとしての歴史的事実の否定と再肯定表現に対する法的規制

に暴力へとつながりうるという点にある」と述べているように[72]，ヘイト・スピーチは単に「不快」のレベルの問題ではなく，将来における暴力と社会的排除を呼び起こす。これに伴う「被害」の問題については，人種，民族，性別ないし性的指向などの属性に向けられたヘイト・スピーチが発する「二級市民」・「人間以下」という真のメッセージによって自尊を侵害されることで，ヘイト・スピーチのターゲットとなり，直接浴びせられた人々がこれに対抗するのではなく，何も言えなくなる・反論できなくなる等の「沈黙効果」と，社会的に二級市民扱いされることで，被害者である自己を劣った存在と誤って認識し，ヘイト・スピーチの責任を自己に向けるという「帰責の誤り」，継続する感情的苦悩，自尊喪失，逸脱感情などに着目する。

　以上の理由から，歴史的事実に対する否定表現行為には，単なる不快という感情レベルの問題ではなく，またタブーという社会的に封印されるべきものとしてのみ理解してはならない害悪がある。

［注］
1)　BGH, NStZ 1994, S.390 ; BVerfG NJW 1994, S.1779.
2)　StV 1995, S.73f.
3)　Thomas Schmidt, Zur Strafbarkeit der sog. Auschwitzlüge, Jus 1994, S.986.
4)　ドイツ基本法 1 条で「人間の尊厳の不可侵」が規定されているのは，まさにナチス政の国家社会主義体制のもとでの暴力的かつ恣意的支配によるユダヤ人に対する迫害と虐殺そして他国への侵攻に対する反省の明確な表れといえる。その意味で，過去の暴力的かつ恣意的支配に対する再肯定評価は，とりもなおさず基本法 1 条に抵触する。
5)　参照，櫻庭総『ドイツにおける民衆扇動罪と過去の克服』（福村出版，2012年）100頁以下。
6)　NJW 2001, S.624. Vgl. Karsten Krupa, Das Konzept der „Hate Crimes" in Deutschland, 2010, S.107f.
7)　BGHSt 47, 278.
8)　Heribert Ostendorf, Nomos Kommentar StGB, 4. Auflage, 2013, S.675f.
9)　BVerfGE 124, 300.
10)　ドイツ基本法 3 条（法の前の平等）
　⑴　すべての人は，法の前に平等である。
　⑵　男女は，平等の権利を有する。国家は，男女の平等が実際に実現するように促進し，現在ある不平等の除去に向けて努力する。
　⑶　何人も，その性別，門地，人種，言語，出身地及び血統，信仰又は宗教的若しくは政治的意見のために，差別され，又は優遇されてはならない。何人も，障害を理由として差別されてはならない。
11)　これについて参照，櫻庭・前掲注5) 189頁以下。

12) Wolfgang Wohlers, Verhaltensdelikte: Standard-, Ausnahme- oder Unfall der Strafrechts-dogmatik?, in: Festschrift für Knut Amelung zum 70. Geburtstag, 2009, S. 140. Kurt Seelmann, Die Verlagerung des Tabus ins Subjekt, in: Festschrift für Winfried Hassemer, 2010, 249ff.

13) Wohlers, a.a.O. S.139f.

14) Wohlers, a.a.O. S.140.

15) Roland Hefendehl, Kollektive Rechtsgüter im Strafrecht, 2002, S.55f.

16) Hefendehl, a.a.O. S. 301.

17) タチアナ・ヘアンレ（田中久美訳）「信条の冒瀆とホロコーストの否定を例とした，ひどく不快な態度への反作用としての刑罰（ドイツ刑法典第160条，第130条第3項）」金尚均／ヘニング・ローゼナウ編『刑罰論と刑罰正義』（成文堂，2012年）275頁。Tatjana Hörnle, Strafe als Reaktion auf grob anstößiges Verhalten am Beispiel von Bekenntnisbeschimp-fungen und Holocaust-Leugnen(§§ 166, 130 Abs.3 StGB), in: Henning Rosenau/Sangyun Kim, Straftheorie und Strafgerechtigkeit, 2010, S.215.

18) ヘアンレ・前掲訳注17）277頁。

19) ヘアンレ・前掲訳注17）278頁。

20) ヘアンレ・前掲訳注17）288頁。

21) ヘアンレ・前掲訳注17）289頁。

22) ヘアンレ・前掲訳注17）289頁。

23) Vgl. Tatjana Hörnle, Der Schutz von Gefühlen im StGB, in: Hefendehl/von Hirsch/Wohlers (Hrsg.), Die Rechtsgutstheorie, 2003, S.274f, 278. Hörnle は，ドイツ刑130条3項の処罰根拠が危険犯としての合目的的な根拠づけによらず，ドイツ人の自己理解にとって重大なタブーが犯されていることからアウシュヴィッツの嘘発言に対する反応として特に現れる国民の怒りや不安に求められている。そのため，本規定は感情保護犯（Gefühlschutzdelik-te）とする。

24) ヘアンレ・前掲訳注17）290頁以下。

25) ヘアンレ・前掲訳注17）292頁。

26) Tatjana Hörnle, Criminalizing Behaviour to Protect Human Dignity, Criminal Law and Philosophy 3 (2012), S. 318-319.

27) Hans Joachim Hirsch, Tatstrafrecht, in: Festschrift für Klaus Lüderssen, 2002, S.261f.

28) Milosz Matuschek, Erinnerungsstrafrecht, 2012, S.129.

29) Matuschek, a.a.O. S.129.

30) Matuschek, a.a.O. S.129.

31) Matuschek, a.a.O. S.133.

32) Matuschek, a.a.O. S.133.

33) Matuschek, a.a.O. S.133.

34) Matuschek, a.a.O. S.134.

35) Matuschek, a.a.O. S.134.

36) Matuschek, a.a.O. S.135.

37) Matuschek, a.a.O. S.136.

38) Matuschek, a.a.O. S.136.

39) Matuschek, a.a.O. S.136.

40) Matuschek, a.a.O. S.136.

第 6 章　ヘイト・スピーチとしての歴史的事実の否定と再肯定表現に対する法的規制

41）　Matuschek, a.a.O. S.136f.

42）　Matuschek, a.a.O. S.138.

43）　Matuschek, a.a.O. S.139.

44）　Matuschek, a.a.O. S.139.

45）　Matuschek, a.a.O. S.215f.

46）　Clivia von Dewitz, NS-Gedankengut und Strafrecht, 2006, S.152.

47）　von Dewitz, a.a.O. S.153.

48）　von Dewitz, a.a.O. S.170f.

49）　von Dewitz, a.a.O. S.171.

50）　von Dewitz, a.a.O. S.176.

51）　von Dewitz, a.a.O. S.193.

52）　von Dewitz, a.a.O. S.198.

53）　von Dewitz, a.a.O. S.199.

54）　von Dewitz, a.a.O. S.199.

55）　von Dewitz, a.a.O. S.200.

56）　von Dewitz, a.a.O. S.205.

57）　Fischer, Strafgesetzbuch, 56.Aufl, 2009. S.973.

58）　Fischer, a.a.O. S.973.

59）　・スイス刑261[bis]条

「1．公然と，個人又は人々の集団に対して，人種，民族又は宗教を理由に憎悪又は差別を呼び起こした者

2．公然と，人種，民族又は宗教の構成員に対する制度的侮辱又は誹謗する思想を普及した者

3．上記と同じ目的をもって宣伝行動を組織，促進又はこれに関与した者

4．公然と，言葉，文書，画像，挙動，行動又は他の方法で個人又は人々の集団に対して，人種，民族又は宗教を理由に人間の尊厳に抵触するやり方で侮辱又は差別，又は同じ理由から民族虐殺又は人間に対する他の罪を否定，ひどく矮小化又は正当化しようとする者

5．個人又は人々の集団を，人種，民族又は宗教を理由に公共のために当てられた給付について拒絶した者は，

3年以下の自由刑又は罰金の刑に処する。」

　　なお，本稿では言及しないが，オーストリアでも同じく歴史的事実の否定について処罰規定を置いている。

　　・オーストリア禁止法3条h（Verbotsgesetz）

「印刷物，公共放送若しくはその他の媒体を通じて又は公然と若しくは多数の人々が認識できるその他の方法で，国家社会主義による民族虐殺又はその他の人間性に対する犯罪（Verbrechen gegen die Menschlichkeit）を否定，矮小化，是認又は正当化しようとした者は，3条gにしたがって処罰される。」この行為による刑罰は，1年以上10年以下の自由刑である。特に行為者又は活動が危険な場合，20年以下の自由刑に処せられる。

60）　BGE 123 IV 202.

61）　BGE 129 IV 95.

62）　Dorrit Schleiminger Mettler, in: Basler Kommentar, Strafrecht Ⅱ, 3.Aufl, 2013, S.2030.

63）　BGE 129 III 49.

193

64）Marcel Alexander Niggli, Rassendiskriminierung, 2.Aufl, 2007, S.124.

65）Niggli, a.a.O. S.126.

66）Niggli, a.a.O. S.127.

67）Schleiminger Mettler, a.a.O. S.2030f.

68）Schleiminger Mettler, a.a.O. S.2031.

69）Susan Benesch, Incitement as International Crime, Contribution to OHCHR Initiative on Incitement to National, Racial, or Religious Hatred, February 2011.

70）BGHSt 47, 278.

71）Kurt Seelmann, Die Verlagerung des Tabus ins Subjekt, in: Festschrift für Winfried Hassemer, 2010, S.258.

72）エリック・ブライシュ（明戸隆浩ほか訳）『ヘイトスピーチ──表現の自由はどこまで認められるか』（明石書店，2014年）264頁以下。

第7章

人種差別表現規制の法益としての人間の尊厳

Ⅰ 問　　題

1　保護法益について

　特定の属性によって特徴づけられる集団に対して又はこれに属することを理由に個人に対して人種差別表現をしたことについて制裁を加える法令は日本には存在しない。しかし人種差別表現規制立法のないことがイコールこれに関連する社会問題がないことを意味しているのではない。むしろ事態は逆であり，立法事実も存在しており，社会問題化しているといって過言ではない[1]。けれどもそうだからといって，一足飛びに刑事立法化の論議が進むとは限らない。これは，人種などの差別に対する法的規制の際の特徴といえる。なぜなら，人種差別表現は，主として，社会におけるマジョリティがもっぱら自らの属性を依拠して，烙印を押す目的で[2]，社会的弱者であるマイノリティ集団又はその構成員である個人に対して，その属性を理由に差別表現をすることを典型とすることから，被害に関する認識の非対称が生じる場合があるからである。つまり，(単なる) 不快✕人間の尊厳の侵害という非対称性である。そこで人種差別表現の法的規制の是非を検討するために，その保護法益は何かを明らかにする必要がある。

　ドイツ，オーストリアそしてスイスなどのドイツ語圏の刑法典では，人種差別表現に対して刑事規制がされている。「そもそも法の存立自体を危うくする行為に対し，規制を及ぼす必要のあることは一般に認められるだろう。そのような行為とは，人が人であること自体によって認められる平等な価値を否定する行為，種としての人のアイデンティティを失わせる行為，人類が存続するた

195

めの環境を失わせる行為である[3]」として三つの類型を挙げるが，人種差別表現は前一者に該当するといえる。人種差別表現に対する刑罰規定の保護法益として，公共の平穏と人間の尊厳の両方又は専ら人間の尊厳とする理解などさまざまであるが，いずれの理解においても「人間の尊厳」が保護法益とされていることに相違はない。ドイツにおける人種差別表現規制には，侮辱罪（ドイツ刑185条）と民衆扇動罪（ドイツ刑130条）がある。前者は名誉を保護している。名誉とは，個人の人格的法益である。名誉とは，社会的評価との関係及び承認関係から生まれる人格の価値の尊重に対する要求とされる[4]。これに対して，人種差別表現規制において主要な役割を担っている民衆扇動罪では人間の尊厳と公共の平穏が保護法益として理解されている。ドイツ基本法は１条で人間の尊厳を保障している。人間の尊厳はドイツ基本法における基底的かつ根本的価値である。同じく基本権において保障されている諸権利との関係では，諸権利と人間の尊厳は形式と実質の関係にあるといえる。たとえば，名誉が「人格の自由な展開に対する権利」（Recht auf die freie Entfaltung seiner Persönlichkeit）（ドイツ基本法２条）から導出されると解する場合[5]，この権利は人間の尊厳を基底としていると理解することができる。ここで一旦整理すると，同じく表現犯であって，他人に向けられ，しかもその内容に侮辱的内容を含む表現であるにしても，名誉の保護と人間の尊厳の保護は異なる。前者は，ドイツ基本法２条において自己の情報に関する自己決定に対する権利（Recht auf informationelle Selbstbestimmung）が保障され，個々人が，第三者又は公共に対して自己をどのように示したいのかを自ら判断することが許される。これによって彼に関する社会的妥当要求をすることができる[6]。古くは名声のことをさすわけであるが，自己情報に関する自己決定とこれに密接に関わる自己の人格的価値に対する尊重要求の保護を侮辱罪が担っているのに対して，民衆扇動罪は人間の尊厳を保護しているとされる。人格の自由な展開に対する権利が人間の尊厳に対する権利を基底にして形成されているが，権利としてはそれぞれ独立していると理解すべきである。それゆえ，ドイツ刑法において侮辱罪と民衆扇動罪はそれぞれ独立して規制されている。

第7章　人種差別表現規制の法益としての人間の尊厳

2　名誉について

　そもそも名誉は，歴史的にみれば，すべての人に認められたものではない。身分制社会のなかで，一定の上流階層にあった人々のみが保持していた。個人的人格性を認められたのは上流階級に属する人々だけであり，彼らのみがその人格性を認められ，個別の人格として扱われた。これに対して，——乱暴な言い方であるが——下層階級に属する人々にはそのような「名誉」がそもそもなかった。名誉というのは彼にとって自己の名声であり，社会に向けての看板であって，これが傷つけられることは地位の低下を意味する。つまり，今ある地位からの転落である。人が社会との関係で保持する名声とは，言い換えると彼の情報状態である。身分社会においては，身分間のしきりの累積としての「体面」が汚されることが人格にとってこの上ない毀損となりうるのである。そこで，社会に対する自己の情報状態をコントロールする権利が重視されることになる。自己の名声が傷つけられることは，彼の社会的評価の低下，ひいては社会的地位の低下をさすことから，名誉の回復のための決闘さえ辞さなかったわけである。

　このような意味において，名誉毀損が社会に対する自己の情報状態を保護しており，それが社会的評価としての自己の体面又は名声の保護にあることからすると，表現内容の真偽はともかく，低下させられることが問題なのである。名誉毀損では，被害者として品格ある人格としての個人が想定されている。その上，ここで個人とは既に個別的人格性の認められた特定個人である。

Ⅱ　人間の尊厳

1　人間の尊厳について

　人間の尊厳は，思想史的にはカントに由来するとされるが，歴史的には，ドイツのナチス政権によるユダヤ人に対する迫害，非人間化そして大虐殺という事実に由来する。[7]　その意味で，ドイツ基本法1条1項は，ナチスの経験を踏まえて打ち立てられた原則である。[8]　この歴史的事実とは，ある集団に対する偏見にはじまり，社会的排除と制度的排除が行われ，最終的に大虐殺に至るという人間否定のプロセスのことである。これを防止するために，ヘイト・スピーチ

197

とも呼ばれる人種差別扇動表現を人間の尊厳を危険にさらす行為として禁止している。

　ドイツ基本法1条1項は，「人間の尊厳は不可侵である。これを尊重し，及び保護することは，すべての国家権力の義務である。」と定める。人間の尊厳は，人間であることを理由に，人間に付与される社会価値要求及び尊重要求のことであり，各々の人は，固有の価値を持ち同等の権限を持った構成員として[9]承認されなければならない。[10]ここで人間は主体であり，客体ではない。[11]人間の尊厳は，私的な生活構築の絶対的に保護される中核領域を包摂している。[12]人間の尊厳は，生物学的，経済的，社会的又は地域的など，あらゆる実際上の相違にもかかわらず，すべての人間の原則的な平等を含意している。ここでは人間であることそのものを固有の価値であると見なし，これを人間という属性をもつすべての人々が保持しているという意味で平等なのである。なお，科学技術の発展によって選別的出生やクローン産生が可能になり，その規制の議論のなかで究極的に人間の尊厳の問題が議論されるに至っている。[13]それゆえ，人間の尊厳の中身は，時代の経過のなかで変更することがあり得るとされる。[14]

　人間の尊厳から演繹される人間の主体としての性質は，たとえば，貶められること，レッテル貼りされること，排除されること又は人としての尊重要求を否定する他人の行為ないし侵害的措置を通じて，[15]人間の主体としての性質が問題視されることによって，人間が国家権力の単なる客体となる場合に侵害される。[16]また，人間の尊厳は，人間の（他人たる）人間との原則的な平等が疑問視される場合，つまり人間扱いされない場合に毀損される。

　蟻川恒正は，Waldron を引いて，「尊厳」は元来「高い身分」ないし「公職」と不可分に結びついた観念であるから，すべての成員が「尊厳」ある存在として扱われるべきであるとされる社会は，「身分」が廃棄された社会としてよりは，むしろ「高い身分」が普遍化した社会，つまり，その社会のすべての成員が敢えていえば「高い身分」になった社会として叙述する方が適当であるとし，「平等」の実現に向けて努力し，「人権」を最も基底的な価値として標榜する今日の多くの社会は，漸近的にいえば，その社会のすべての成員が「高い身分」になった社会というべきものであると述べる。[17]この「人間の尊厳」の核心的観念とは，低い者に対する処遇の古い観念はヨーロッパではもはや受け入

れられないことから，「人間の尊厳」は引き上げ，つまり高い地位の者に対する処遇を人々のすべての部門に拡張すること，つまりすべての者が高い価値の者になることを意味する。これらの説示にしたがうと，人間の尊厳は，低い地位にある者を高い身分に引き上げることにより，彼らの人間としての地位の保障であり，これに伴って人格性など，諸権利の保障が実現することを意味する。人間の尊厳と名誉との関係では，前者の保障により後者を保持することが可能となる。逆に，後者があっても前者が保障されていないという事態は想定できない。個別的人格としての承認は，人間性の承認抜きには考えられない。個人的人格に対する評価の問題は，人間性の承認，つまり人間の尊厳が保障されている事態を前提として考え得る。

2　諸権利を持つ権利としての人間の尊厳

　遠藤比呂通は，人権と人間の尊厳の関係を形式と実質の関係として理解する。じつは，これら両方を「個人」が自己のなかに抱え込むのである。遠藤は，社会権規約（経済的，社会的及び文化的権利に関する国際規約（A規約））11条の「適切な居住の権利」を人間の尊厳の根幹に関わる権利としつつ，野宿者の人々が「適切な居住権」の保障なき強制立ち退きを命じられることが何よりも人間としての常識に属する事柄の否定であり，これのことが，いわば，当然のことからの排除のことであり，これは，「諸権利を持つ権利の喪失」，つまり人間の尊厳の侵害だと主張する。ここで野宿者の人々は，「適切な居住の権利」[18]が侵害されている。これが意味することは，近隣，行政，裁判所との関係においても権利をもった主体として扱われないということである。ここで遠藤は，「諸権利を持つ権利」という用語を使用するが，これは，人間がその行為と意見に基づいて他人から判断されるという関係が成り立つシステムのなかで生きる権利のことである。行為と意見に基づいて他人から判断されるという関係とは，人が人間として他人との関係で既にあらかじめ相互に承認されており，このことを前提にして，個別的人格として自己の行為と意見にしたがって他人から判断されなければならない。このような関係を保障する社会システムと法システムが必要であると説く。そうでなければ人が人間であることを否定される，つまり存在しない者として，もっといえば「見えない身体」として扱われ

ることになる。遠藤によれば，人権の喪失が起こるのは通常人権として数えられる権利のどれかを失ったときではなく，人間世界における足場を失ったときのみである。

　遠藤の指摘からすると，人格権とこれから生み出される名誉と人間の尊厳の関係は，形式と実質の関係にたつ。ここにおいて諸権利の一つとしての名誉を持つ権利としての人間の尊厳ということになる。名誉と人間の尊厳は，前者は後者を基底にして構築されたという意味では一つの淵源でつながっているといえるが，名誉の毀損が問題にされる事態としての特定の個別的人格の社会的評価の低下と，そもそもこの世に存在しているにもかかわらずその存在を否定されることにより「見えない身体」とされる事態，つまり人間性そのものの保障とその否定とでは，侵害・危殆化される法益及びその規模並び範囲において全くレベルを異にする。このような意味で，名誉の保護と人間の尊厳の保護は別の次元で考察しなければならない。特に，人種差別表現規制の文脈では重要である。そうでなければ，人種差別表現規制において，なぜ人間の尊厳が保護法益とされるのか，その根拠を知ることはできないであろう。

　しかし，日本の憲法では，ドイツ基本法のように明文で「人間の尊厳」を規定している条文はない。その限りで評価すると，ドイツ基本法とは対照的である。そのため，「日本の法律では『尊厳』がかなり多義的に用いられているため，これをそのまま保護法益として理解することは立法論・解釈論として不適切である」との指摘がある。[19] しかし，一見，明文で規定していない法事情の下で，日本の憲法が人間の尊厳を保障していると理解し，その上で，人間の尊厳を保護法益として想定した人種差別表現を抑止するための新たな立法を構想することは可能であろうか。

Ⅲ　個人の尊重の定義

1　個人の尊重について

　芦部信喜は，基本的人権とは，人間が社会を構成する自律的な個人として自由と生存を確保し，その尊厳性を維持するため，それに必要な一定の権利が当然に人間に固有するものであることを前提として認め，そのように憲法以前に

第7章　人種差別表現規制の法益としての人間の尊厳

成立していると考えられる権利を憲法が実定的な法的権利として確認したものと定義した上で，基本的人権が国際人権規約（社会権規約と自由権規約）の前文にある「人間の固有の尊厳に由来する」ものであり，ここで，人間尊厳の原理は「個人主義」ともいわれるとして，このことを憲法13条は宣明していると述べる[20]。ここにおいて芦部の見解では，個人の尊重原理は，いうまでもなく人間の尊厳原理を内在していると解しているように思われる。このような理解が正しければ，人間の尊厳原理が実定法上示されていないことは問題ではないと思われる。しかし，亀本洋によると，「正当にも，日本の憲法には『人間の尊厳』という文言はないのである。人間の人間としての平等，法の下の平等，両性の平等，個人の自由といった日本人にも理解しやすい概念のみで，日本国憲法の解釈は可能であり，そうであれば，わざわざ『人間の尊厳』という概念を導入して混乱を招く必要はない[21]」と指摘する。けれどもやはり，上記のところから明らかになった人間の尊厳の歴史的意義に照らすならば，個人の尊重とは独立して憲法で規定し，これを保障していることを明確にすべきではなかったのではなかろうか。ドイツと類似の過去を持つ日本では，憲法で人間の尊厳原理が明文で保障することは大きな意義があったように思われる。少なくとも，人間の尊厳原理は，新しい憲法を制定する根拠を示すことができたのではなかろうか。これに代わって，実際には，個人の尊重が明文で保障されたのに対して，人間の尊厳が規定されなかった。このことは，とりわけ立法事実に照らしていかなる人権が侵害されているのか，つまり立法根拠であるのかを吟味する際に何ら問題は生じさせないのであろうか。このような疑問は単なる根拠のない杞憂にすぎないのであろうか。そこで，個人の尊重原理はどのような意味をもつのかを検討する。

　美濃部達吉は，憲法13条の個人の尊重とは，「18世紀以来の個人的自由主義の思想を言明し，之を以て国政の指針として宣言せるもの」として，国家の政治の基本的方針が国家ではなく，個人の保護にあるとしつつ，「国民は国家および社会の一員たると共に個体としての生存を有するもので，本条は先づ其の個体としての生存に付き之を尊重すべき国家の義務を宣言して居るのである[22]」として，個人としての人間の存在とこれに対する国家の尊重義務について述べた。個人の尊重規定の意義に関する美濃部の主張は，「本条は基本的人権の中

201

でもことに基本的というべき個人的の人格権を保障している」，「本条はすなわち人の個人としての生存の権利を尊重することを，国政の基本として宣言しているのである[23]」と述べる反面，「個人主義の思想を肯定すると共に，其の極端に排することを抑制し，公共の福祉と調和し得べき限度においてのみ尊重せらるべきもの[24]」として，孤立的ではなく，社会関係的な個人主義と理解することができる。

　また，宮沢俊義は，憲法13条について，『新憲法は『個人の尊厳』ということをその基本としている。『個人の尊厳』とは，個人の価値を承認し，個人をどこまでも尊重しようとする原理をいう[25]」として，「個人の尊厳の原理（個人主義）を言明したもの[26]」と指摘する。青柳幸一は，「個人の尊重」における「個人」のとらえ方に関係して，「二五条の生存権条項が示すように，社会における人間である。日本国憲法においても，全体主義ばかりでなく，利己主義も否定される」と述べつつ，英・米・仏流の「個人主義」とドイツ流の「人格主義」を対置させ，最終的に，日本国憲法は個人主義を採ると主張する[27]。憲法1条は国民主権を定め，憲法13条で「個人の尊重」を定めることで，主権者が個人であることと，これを尊重することを明らかにしたことで，旧憲法との決別を告げる。このことは，臣民でもない，それゆえなにかに依存する関係のなかで規定・序列化されることのない個人の確立を意味している。そうであるとすれば，憲法13条の個人の尊重は，人を個人として位置づけ，尊重することに始まり，国家と法もこれに規定されることになる憲法によって規定された個人が，国家と法を規定することで，後二者の超えがたい，しかも愛おしい障壁となる。

2　人間の尊厳と個人の尊重

　日本国憲法では，「人間の尊厳」は，憲法13条の「個人の尊重」のなかに内在していると理解するのが一般的といえる。しかし，このことは自覚的に行われてきたといえるであろうか。たとえ，おおむね，人間の尊厳が個人の尊重のなかに包摂されるとしても，この包摂によっては汲み尽くせない独自の意義が人間の尊厳原理にはないのであろうか。

　広中俊雄によれば，民法にある「個人の尊厳」という言葉は憲法24条にも出

第 7 章　人種差別表現規制の法益としての人間の尊厳

てくる概念であるのに対し，「人間の尊厳」という言葉は，日本では，制定民法にも憲法にも登場しない概念であるとしつつ，民事紛争の処理に関するルールとして，「個人の尊厳に照らして当然でありかつ『人間の尊厳』に照らしても承認されるべき公然欠缺の補充としての『人間の尊厳』ルールであろう。このような『人間の尊厳』ルール，いうなれば『人間たる個人の尊厳』ルールは，個人の尊厳を基礎としつつそれを補充する細目的ルールともいうべき性質のもので，世界人権宣言23条 3 項が労働者及びその家族についていう『人間の尊厳にふさわしい生活』の保障の，解釈による導入は，そのようなものとして成り立ちうる例であるように思われる[28)29)]」。このように私人間の紛争解決において公然欠缺の補充の機能を人間の尊厳原理が果たす。

　次に広中は，国家権力の作用と対立関係に立つ人間の尊厳の意義について言及するのであるが，戦争放棄は人間の尊厳を重んずることと結びつけて理解されるべきとして[30)]，そのための根拠条文として憲法 9 条を挙げる[31)]。広中は，「戦争は互いに敵国の人間を──今日では通常の事態であるが戦闘員・非戦闘員の区別なく多数の人間を──殺すことを当然のこととする国家権力の作用であり，それが人間の尊厳に対する明白な侵害を内容としていることは否定する余地がない[32)]」。戦争が人間の尊厳を侵害する国家権力の作用であることを前提にして，広中は，良心的兵役拒否者を例に挙げて，思想・両親・信教の自由を保障する見地から個人の尊厳を重んじることで，個人の問題として兵役拒否の問題を扱うことだけでは人間の尊厳の問題は蚊帳の外に置かれることになることから，「自己の個人としての尊厳を確保しようと欲するなら兵役拒否とともに反戦活動もすべき」ということになるが，しかしこれを許容することは国家にとって困難であることは明白である。蟻川は広中の主張について，「良心的兵役拒否者の『個人の尊厳』は『反戦活動』もしてはじめて全うされるのであり，良心的兵役拒否だけでは全うされない」，「虐殺命令拒否者の『個人の尊厳』は虐殺命令を拒否するだけでは全うされず，虐殺命令拒否と同時に『反戦活動』もしてはじめて全うされる。虐殺命令拒否だけでは『個人の尊厳』は全うされない[33)]」，と指摘する。良心的兵役拒否は個人の尊重の究極的な実践といえるが，それだけでは，人を人として既に認めないことによって具体化する大量の殺人としての人間の否定を止めることができない，つまり人間の尊厳を守

203

ることができない。このことから，「戦争の放棄」こそが人間の尊厳を保障するための選択であると主張する[34]。こうして広中は，憲法9条に人間の尊厳原理が宣明されていると解する。ドイツ基本法が人間の尊厳をその1条で規定し，これを保障している。人間の尊厳は現代ドイツ法の根幹といえる。日本では戦争の反省から憲法9条で戦争放棄を規定した。戦争放棄は日本法の根幹といえる。この戦争放棄が意味するところは，広中によれば人間の尊厳の保障にある。このように考えると，日本の憲法では人間の尊厳は規定されていないのではなく，究極の人間の尊厳の否定である国家権力の作用としての戦争放棄のなかに明らかになるといえる。そうであれば，日本の憲法の場合，個人の尊重の他に，人間の尊厳が保障されていないのではなくて，憲法9条が規定されることで具体的な人間の尊厳の否定行為である戦争を明文で禁止しており，むしろ人間の尊厳の保障を鮮明にしているともいえる。

　高山は，「ジェノサイド罪などの犯罪類型を設けなかった日本法は，依然として，個人の生命を最も重要な価値として位置づけていると解される[35]」のであり，その理由は，「人は第一次的には個人として保護されているのであって，集団の一部として保護されているのではない[36]」からだと述べる。日本政府が批准していないジェノサイド条約（Convention on the prevention and Punishment of the Crime of Genocide）3条aはジェノサイド罪を規定している。同条cはその教唆罪をも規定している。後者は，ヘイト・スピーチが社会で蔓延・浸透し，一定の属性によって特徴づけられる集団に対する偏見や差別意識に基づく社会的排除と不当な取り扱いが広範囲に行われ，そのような社会状況のなか，特定の有力な者によって，公然と，（特定・不特定を問わず）多数人に認識させるのに可能な態様又は方法で，彼らを扇動又は教唆することを主たる目的として，標的となった集団の虐殺を扇動又は教唆することが典型といえる。これはヘイト・スピーチのなかでも最狭義のものといえる。「ナチスへの批判から国際刑事法の強化をうたう法制度が，人類全体主義という別の集団主義に陥ってしまうおそれは危惧されるべきであり，あくまで個人を至高の価値としている日本法の選択には合理性があるように思われる[37]」との指摘があるが，個人として評価されない事態とそれによって人間であることを否定されることを通じてその生存も否定された悲惨な出来事が過去に生じたことと，しかも将来においても

204

第7章　人種差別表現規制の法益としての人間の尊厳

繰り返される可能性があることを考えたとき，このような歴史とはまったく無関係な道を日本が歩んできたといえるのであろうか。日本における戦前の集団主義に対する反省から新たな憲法は国民主権と個人主義に立脚した個人の尊重原理を規定し，これらを戦後の日本の新たな価値観とした。それ自体は理解できるにしても，「我が国には，アウシュビッツ収容所はなかったもしれない。しかし，名誉を毀損され，差別され，権利を剥奪され，隔離され，威嚇され，ひどく苦しめられ，拷問にかけられ，あるいは廃絶されるとき人間の尊厳が侵害されるならば，わが国でも，そのような『人間の尊厳』を傷つける行為があったのである」として，青柳は，個人の尊重はドイツ基本法の「人間の尊厳」の第一義的意味と同じ内容をもつとして，両者の同義性を示すのであるが，そのように説示するのであれば，むしろ端的に人間の尊厳を明示すべきだったと立法者を批判すべきではなかったのであろうか。かつて日本人とされ，サンフランシスコ講和条約の直前に日本国籍を剥奪された人々のことに思いを致すとき，[38] はたして，個人の尊重原理が易々とアプリオリーに人間の尊厳原理を内在していると言い得るであろうか。けれども，だからといって個人の尊重原理が空理であるとは到底言い得ない。国民主権原則と個人の尊重原理は不即不離の関係であり，日本の戦後民主主義の原点であると言って過言ではない。重要なことは，人間の尊厳の問題がドイツだけでなく日本にあっても，その属性を理由に社会的に排除され，人間であることを否定された人々がいたこと，そして彼らの運命が強制的なものであったという歴史的事実である。支配―被支配の関係は，本来対等であるはずの同じ人同士の関係を「一級市民―二級市民」その果てに「人間―人間以下」の関係へと国家権力の作用の結果として変形させられる。なぜ変形なのか。変形された関係には，一方いずれかにおいて人間の尊厳が否定されているからだ。これに対する想念は，人間の尊厳のもつ独自の意義を知らしめることになろう。

　これに対して樋口陽一は，人間の尊厳原理に理解を示しつつも，「今のわれわれが選んでいる総理大臣は，特攻隊の遺品を見て感動の涙を流す。あるいは特攻隊でなくても，戦争でぜひもなく非道なめにあい，また非道な目に相手をあわせる立場にあった人々がああいうふうに死んでいったことを，それがいちばん人間らしく，いちばん尊い『ヒューマン』な生き方なのだというふうに，

205

少なくともある時期の日本社会では広く思い込まされていたのです」、「特攻隊で死ぬことこそ人間の尊厳を生かすことなのだ，彼らはいわば尊厳死なのだというふうに思われていた[39]」，と人間の尊厳概念に対して，一定の警戒の念を示す。樋口の視点からは，人間の尊厳原理は，国家権力に対抗するための，しかも不可侵の権利ではなく，――家族のためなどと，国家を家族に見立てることで家族主義的な説明を加えつつ――国家のために捧げるべき精神として機能することに気づかせる。けれども，他面，人間の尊厳と個人の尊厳とでは，個人の権利の問題としてのみでは汲み尽くせない属性関係的な問題が未だ私たちの社会においてある限り，両者は重なり合いつつも厳密には同じではないということも知るべきではなかろうか。そのため，樋口は，「個人というのは，それこそそれ以上 divide できない，それ以上分割不可能なものである以上，突き詰めれば確かに緊張関係にある形式と実質をそのまま同時に抱え込んでおいてもらうほかない[40]」として，憲法13条の個人の尊重のなかに人間の尊厳が同時に抱え込まれると主張する。樋口の指摘は，人間の尊厳の二つの側面，つまり，その崇高さの面と，そうであるがゆえに国のために命を捧ぐことに尊厳を認める面を明らかにしている。後者は人間の尊厳概念が，その崇高さゆえに逆に国家に絡め取られるかもしれないことを示しており，樋口のこのことに対する警戒感は明らかである。樋口は，人間の尊厳を保障するというだけであれば，そのベクトルは，個人主義的にも，国家主義的にも向くのであり，これを回避するために，分割化不可能な個人とこれに対する尊重のなかに人間の尊厳が内在すると理解することにより，個人主義的人間の尊厳原理を説示する。しかし，このような樋口の理解によれば，人間の尊厳原理は個人の尊重原理に包摂されざるを得ないのではなかろうか。しかし，人間の尊厳が個人の尊重原理の前提であり，しかもこれを抱え込むということではなかろうか。そうでないとしたら，果たして，人間の尊厳原理との関係で，自覚的に，個人の尊重原理が憲法13条に規定されていることを意義づけることは可能と言えるのであろうか。

　蟻川は，広中による兵役拒否と反戦運動を例にした人間の尊厳論に対して，「広中は『個人の尊厳』を良心的兵役拒否に具体化されるものとしては捉えておらず，良心的兵役拒否者が反戦活動をもして，はじめて『個人の尊厳』の具体化たりうると考えている」，「良心的兵役拒否のみでは不徹底であるがゆえ

に，良心的兵役拒否は，真の意味では良心的兵役拒否者当人の『個人の尊厳』をすら満足させることができないと解さなければならないとするのが広中の考えである」，そしてこれらを受けて「『個人の尊厳』を戦争放棄の基礎とすべきである[41]」と主張する。蟻川は，個人の尊厳こそが憲法9条の理念基礎と解する。蟻川は，「『尊厳』は義務を尽くすことにおいて発現される[42]」と理解しており，それゆえ，「個人の尊厳」は，個人に対して守るべき建前を守らせる価値原理に他ならないとして，いわば個人の人として自己の決定に対して，本来，これに必然的に伴う何かをすべき義務として把握する。たとえば，良心的兵役拒否者が真に「良心的」兵役拒否者であるためには，反戦活動はむしろ義務なのである。これにより，兵役拒否者の義務として反戦活動の実践が位置づけられ，これを国家が妨害することは個人の尊厳を剥奪することを意味せずにはおかないとして，憲法9条の規範命題として「人間の尊厳」を置いた広中の理解に対して，戦争放棄の基礎に「個人の尊厳」が置かれうるとする規範論理を内包していると見ることができると主張する[43]。蟻川によれば，憲法9条において「個人の尊厳」は保護すべき理念基礎であると同時に諸個人に宛てられた義務でもある。なぜ，諸個人に宛てられた義務なのかというと，憲法9条で（諸）個人の尊厳を保障しており，——蟻川の尊厳に関する理解による帰結として——その義務として，（諸）個人に反戦・戦争放棄の実践が宛てられる。蟻川の個人の尊厳に関する理解から，日本における（諸）個人の義務として人間の尊厳の否定としての戦争の放棄という解釈が導かれるかもしれない。そのように考えるならば，憲法9条は，個人の尊厳原理と，その究極の目的である人間の尊厳原理の保障の両方を包摂しているとむしろ理解することはできないであろうか。なぜなら，何のために，どのような事態を生じさせないために又は何を守るために良心的兵役拒否者は反戦活動する義務があるのであろうか[44]。

Ⅳ 小 括

樋口と蟻川のもっともな説示を概観しても，それでもなお広中の理解には，本章の問題であるヘイト・スピーチの保護法益を考える際の重要な示唆を与えている。戦争の本質が人間の尊厳の否定であるということは，敵とされた人々

は，この個人性は否定され，一括りで扱われ，個別的な理由なく殺害される。
これが究極の人間の尊厳の侵害であるとすれば，ヘイト・スピーチはまさに人間の尊厳の否定である。ヘイト・スピーチが社会的に蔓延すれば，ターゲットとなった集団の人々は社会的及び法的に排除される。これによって彼らは社会において「見えない身体」となる。つまり社会的にその存在が無視されることになる。とりわけ，その属性に関連する出来事ないし属性に関連して個人の身に降りかかったことは社会的な関心を向けられず，法的な保護を受けることも困難になる。その反面，不安定な社会状況の下で，社会的不安定の元凶としてその存在が浮かび上がらせられる。このような攻撃の常態化は，人種差別撤廃条約が禁止している事態であり，しかもいつしかジェノサイド禁止条約が禁止している事態を引き起こす。そのような意味で，広中の理解には大きな利があるといえる。ここでは敢えて人間の尊厳原理の独自性並び独立性を強調するが，無自覚的に人間の尊厳が個人の尊重規定に内在していると理解し，個人の独立性，個別性そして特定性を強調することで，特定の属性によって特徴づけられる集団に対する攻撃の意味を正確に理解することを妨げるおそれがある。属性を理由に「対等な」人間であることを否定され，個別的理由なく攻撃される。その攻撃は，属性を理由に個人の個別性が否定されていることから，当該属性を持つ者すべてが対象となるわけであり，それゆえ，その被害規模と範囲も大きい。

　もっというと，名誉毀損罪と同じ法益とその毀損として捉えることで，被害者の特定性がないことから，被害者が誰もいない，つまり法益の侵害がないという誤った判断をしてしまうおそれがある。日本では，名誉という法益が憲法13条の個人の尊重から導き出されたと理解されることから，憲法13条に人間の尊厳が内在されて保障されているとするのは問題がないとはいえない。人間の尊厳概念は，人間，個人，国民，市民といった人間の多元的な存在形態を包括しつつ，かつそれと関連して生じる共同体の多元性にもかかわらず存在する「最小限の同質性」を示す。これにより，人間であることの保障（人間性の保障）と，歴史的経験から生み出された，人間のもつ属性に基づいて構築された集団とその属性を有する個人の人間であることの保障とそれによって不当な扱いを受けないことの保障（人間の属性の保障）の意義がある。そうであるとすれ

ば，人間の尊厳概念に独自の意義を求めるためには，憲法13条とは別の条文に根拠をみいだすべきであろう。その条文は憲法9条だということができる。国家の権力作用による人間の尊厳の否定及び人間であることの究極の否定である戦争の禁止は，敵国の人々と，戦争に至るプロセスで生じる植民地支配によって従属化させられた人々について，彼らが人間であることの否定に抗う明確な否定の宣言である。その意味で，憲法9条は，ドイツの基本法1条と並んで，日本における歴史的事実に基づく人間の尊厳の保障を明らかにしたと言える。

ただし，憲法13条の個人主義は樋口の危惧する国家主義的人間の尊厳概念を回避するための重要な法的武器であることに相違ない。それゆえ，人間の尊厳が憲法13条に内在しているないし同旨であると解することの意味は失われるわけではない。蟻川は，「九条をもつ日本国憲法の一三条は，だが，戦場という究極の場所にあっても『個人の尊厳』が守られなくて仕方がないとする考え方をとらない。なぜなら，九条は，『軍隊』ではない自衛隊の，『軍人』ではない自衛隊員を，『個人の尊厳』が全うされない戦場という究極の場所に立たせないことを人々に約束する規定であるはずだからである[47]」として，憲法9条を前提にした憲法13条の個人の尊重の意義を示す。ここで憲法9条を受けて，人間の尊厳概念が個人主義に立脚することを憲法上明文で宣明していると考えることができる。日本国憲法において，人間の尊厳は憲法9条において保護されている。戦争放棄を明記する憲法9条が保護するのは人間の尊厳と解釈することができる。戦争の放棄とは，人間であることに対する尊厳の国家権力作用による否定の否定であり，その止揚としてあらためて人間の尊厳が明出する。

[注]

1) 大阪高判平26年7月8日判時2232号34頁。日本もドイツと同じような植民地支配をし，これに由来する差別は今もなおある。しかも人種差別を扇動する公の場での街宣活動などが頻繁化している。このような事情から，人種差別扇動表現に対して一定の法的対応が迫られている。

2) Ralf Stoecker, Worin liegen Menschenwürde-Verletzungen?, in: Daniela Demko (et.) (Hg.), Würde und Autonomie, 2015, S.101.

3) 高山佳奈子「将来世代の法益と人間の尊厳」町野朔先生古稀記念『刑事法・医事法の新たな展開（上巻）』（信山社，2014年）6頁。

4) Thomas Fischer, Strafgesetzbuch, 56.Aufl, 2009. S.1320.

5) BVerfGE 54, 208.

6) BVerfGE 63, 131.

7) Georg Lohmann, Was umfasst die „neue" Menschenwürde der internationalen Menschen-rechtsdokumente, in: Daniela Demko (et.) (Hg.), Würde und Autonomie, 2015, S.22f.

8) 高山・前掲注3) 17頁。

9) BVerfGE 87, 209.

10) BVerfGE 45, 187.

11) BVerfGE 30, 1.

12) BVerfGE 109, 279.

13) ミヒャエル・クヴァンテ（小谷英生ほか訳）『人間の尊厳と人格の自律——生命科学と民主主義的価値』（法政大学出版局，2015年）34頁以下。

14) BVerfGE 45, 187.

15) BVerfGE 102, 347.

16) BVerfGE 109, 279.

17) 蟻川恒正『尊厳と身分——憲法的思惟と「日本」という問題』（岩波書店，2016年）6頁。

18) 遠藤比呂通「個人の尊厳と人間の尊厳」石川健治編『学問／政治／憲法——連環と緊張』（岩波書店，2014年）200頁以下。

19) 高山・前掲注3) 20頁。

20) 芦部信喜著・高橋和之補訂『憲法〔第5版〕』（岩波書店，2011年）80頁。

21) 亀本洋「ヨンパルト先生から学んだこと」法の理論28号（2009年）228頁。

22) 美濃部達吉「新憲法における国民の権利義務（1）」自治研22巻11号（1946年）7頁以下。

23) 美濃部達吉『新憲法逐条解説』（日本評論社，1947年）46頁。

24) 美濃部・前掲注23) 63頁。

25) 宮沢俊義『憲法大意』（有斐閣，1949年）72頁。

26) 宮沢・前掲注25) 128頁。

27) 青柳幸一『個人の尊重と人間の尊厳』（尚学社，1996年）37頁以下。

28) 広中俊雄「主題（個人の尊厳と人間の尊厳）に関するおぼえがき」民法研究第4号（2004年）76頁以下。

29) 世界人権宣言23条2項「すべて人は，いかなる差別をも受けることなく，同等の勤労に対し，同等の報酬を受ける権利を有する。」
同3項「勤労する者は，すべて，自己及び家族に対して人間の尊厳にふさわしい生活を保障する公正かつ有利な報酬を受け，かつ，必要な場合には，他の社会的保護手段によって補充を受けることができる。」

30) 「日本国憲法九条二項こそ世界に誇るべきものであり『平和主義』の本質は『人間の尊厳』である，というのが廣中先生の根本思想であった」，と小田中は語る（小田中聰樹「廣中俊雄先生を偲ぶ」法律時報86巻8号（2014年）136頁）。

31) 広中・前掲注28) 81頁。

32) 広中・前掲注28) 82頁。

33) 蟻川恒正「『個人の尊厳』と九条」世界2015年9月号144頁。

34) 広中・前掲注28) 82頁以下。

35) 高山・前掲注3) 24頁。

36) 高山・前掲注3) 24頁。

37) 高山・前掲注3) 24頁。

第 7 章　人種差別表現規制の法益としての人間の尊厳

38）サンフランシスコ平和条約発効直前の1952年 4 月19日，法務省人事局長通達「平和条約発効にともなう国籍及び戸籍事務の取扱について」が出され，朝鮮半島並び台湾出身の日本人はサンフランシスコ平和条約の発効と共に日本国籍を喪失されることになった。

39）樋口陽一「人間の尊厳 vs 人権？」民法研究第 4 号（2004年）36頁以下。

40）樋口・前掲注39）53頁以下。

41）蟻川恒正「日本国憲法における『国家』と『人間』」法律時報87巻 9 号（2015年）10頁。

42）蟻川・前掲注41）11頁。

43）蟻川・前掲注41）11頁。

44）蟻川の憲法 9 条の捉え方は，たしかに憲法 9 条は放棄することはできないことになるのではなかろうか。なぜなら，国家にとって，諸個人が彼女・彼の義務である反戦活動の実践を保障する義務となるからである。蟻川にとって，兵役拒否と反戦活動が，「尊厳」という留め金によって本来あるべき一連の実践となり，これが憲法 9 条に個人の尊厳という権利として定位していると理解されている。単なる選択としての兵役拒否ではなく，諸個人に反戦活動という実践を義務づけ，同時にこれを国家が保障することになる。このことから，政府に対して，これに違反する立法並び行政活動を許さないというのが憲法 9 条の要請が出される。

45）玉蟲由樹『人間の尊厳保障の法理』（尚学社，2013年）19頁。

46）人間の属性の保障は，個人主義的にみると，多元化ないし多様化の保障のことであり，このことは個人の尊重の保障と同義であると理解されるかもしれないが，ここでは，多様性の根源となる「違い」が，尊重に値する個人の価値と評価されるのではなく，個人の人間性や個別性を否定する根拠となるという意味で，人間の尊厳の問題として扱われる。

47）蟻川・前掲注41）147頁。

第8章

人種差別表現と法の下の平等

I　問　　題

1　ある会話

　友達同士のある会話で，以下のような話題がありました。

A　「○○人を殺せ」，「ろくでなしの○○人を日本から叩き出せ。なめとった
　らあかんぞ。叩き出せ。」「約束というものは人間同士がするものなんです
　よ。人間と○○人では約束は成立しません。」「こいつら密入国の子孫」「日
　本に住ましてやってんねや，な。法律守れ」「端のほう歩いとったらええん
　や，初めから」等の怒声を拡声器を使って次々と間断なく浴びせかける。こ
　れってほんとにひどいよね。聞くに堪えないよ。

B　ほんとにそう思うよ。

A　聞いていて気分が悪くなる。ほんとに不快だよ。同じ××人として恥ずか
　しい。

B　このような表現は法律で規制すべきだよ。

A　えっ！！　そうなの？　法律で規制してもいいの？

B　規制しなければ，標的となっている人たちを守ることができないじゃない
　か？

A　気持ちはわからないでもないけど，それはおかしいよ。それに，そんなこ
　とするのって，一部の人たちだけだよ。多くの人たちは反対だよ。

B　どうして？　何かおかしい？　攻撃されている人たちを守ることが大事で
　しょ？

212

第8章　人種差別表現と法の下の平等

A　標的となっている集団（＝特定の属性によって特徴づけられる集団）の人たち
　　を守ることって，一定の内容の表現を禁止することでしょ。これって，何ら
　　かの法益を侵害するからではなくて，特定の集団の人たちを特別に保護する
　　ために法的規制するということになるんじゃないの？　それって，不平等
　　じゃない？　特定の集団だけが保護され，その集団に向けた表現は規制され
　　る。それって，特権を与えると同時に，それこそ不平等を生むよ。そして差
　　別表現を規制することは，一定の内容の表現を禁止することだよ。これっ
　　て，特定の思想・信条の禁止のことじゃないの？　これこそが「差別」とい
　　うんじゃないの？　その意味では，表現の自由は，法の下の平等の実質化と
　　もいえるよ。

B　考えてもみてよ。なぜ，集団に向けた侮辱表現，暴力や社会からの排除の
　　扇動表現が行われるの？　誰が誰を攻撃するためにそんな表現をするの？
　　社会には，多数派であることを頼りにして，もっというと，これを力にし
　　て，少数派の人たちを「異質」な人々としてみなして攻撃をすることがある
　　んだ。社会のパートナーとはみないんだ。

A　でも，どんな集団に属していようと，属性をもっていようと，個人として
　　尊重すればいいんじゃないの。その人がしたことを公正に評価すればいいん
　　だよ。憲法13条で「すべて国民は，個人として尊重される。」と書いてある
　　じゃないか。

B　その通りだよ。しかし，集団に向けて攻撃が行われる場合には，個人とし
　　て評価されることはなく，集団に属していることをもって評価されることに
　　なるんだよ。一人の個人がどんなことをしてきたのか，どんな能力があるの
　　かは関係なくなってしまう。どうして憲法13条のすぐ後ろに，憲法14条で
　　「すべて国民は，法の下に平等であつて，人種，信条，性別，社会的身分又
　　は門地により，政治的，経済的又は社会的関係において，差別されない。」
　　と，法の下の平等を規定したんだろう？

A　でもぼくは，そんな集団に属していないからなんかピンと来ないなぁ。

B　そのことが重要だよ。

A　どうして？

B　たとえば，外国人の人たちに対するヘイト・スピーチの問題でいうと，ぼ

213

くたちが日本国籍をもって日本に住んでいる限り，絶対にその標的にはならないからだよ。これに対して，攻撃の標的となっている集団の人たちにとってはたまったものじゃないよ。暴力の危険にさらされ，社会から排除されようとしているのだから。それは単に「不快」だけに止まらないよ。攻撃される可能性が一方的なんだよ。

A　もしかして，憲法14条に書いてある「差別」って，自分たちとは「違う」，「異質」とみなした集団を「劣等」な人たちとみなして貶めること？この状態が継続すること？

B　そうなんだ。もちろん表現の自由は民主主義のために不可欠だよ。表現の自由が保障されなければ民主政は絵に描いた餅になってしまう。しかし忘れてはいけないことは，差別を助長・扇動する表現は，特定の集団の人々を排除する，社会の対等で平等な構成員とはみないわけだから，民主主義を否定することになるんだ。ぼくたちの社会をも危険にさらすんだ。

A　これって自己矛盾っていうことなの？　民主主義制度を実現するために表現の自由が不可欠なのに，表現の自由の行使によって民主主義を否定してしまうってことなの？

B　そのために，平等と民主主義，そして何よりも人間としての尊厳を守るために差別表現に対する規制について議論する必要があるんだよ。

A　でも，やっぱり表現の自由があるから規制することは慎重であるべきだよ。

B　表現の自由は，もちろんすごく大事な権利だよ。でもそこで思考停止しないで。表現の自由という概念が思考停止のための装置になってしまってはダメだよ。その前に，ヘイト・スピーチによって何が侵害されているのかを明らかにする必要があるよ。その次に，表現の自由の権利とどのような権利を比較考量すべきかを考える必要があるね。

2　ヘイト・スピーチ規制における保護法益

いわゆるヘイト・スピーチとよばれる，特定の属性によって特徴づけられる集団に対する表現行為による攻撃[1]は，非常に問題視すべき行為であるが，その定義や法令の規定[2]に曖昧さがつきまとうこと，取締機関に表現内容の合法・違

第8章　人種差別表現と法の下の平等

法の解釈を委ねることになる，また濫用の危険性があるから，法的規制には慎重であるべきだとの見解がある。このような懸念から，法的規制，とりわけ刑事規制すべきかについては日本では疑念が強い。

制裁としての刑罰は，その効果が法的制裁のなかで最も法益侵害性が強いため，その適用は補充的でなければならない。他の有効な規制方法並び制裁手段があれば刑罰は用いるべきではない。このことは，逆に，社会侵害性の強い行為に対しては刑罰を用いることを許容することを意味する。行為の社会侵害性の強度と刑罰の法益侵害性の強度とは，本来，比例関係に立つべきである。前者が強くないのに重罰を科すことは比例性原則に反しており，しかも治安志向的である。これに対して前者が強いのに対して軽い刑罰しか科さないか，ないし法的規制がそもそもない場合には，法益保護が十全でないことを示す。上記の見解では，ヘイト・スピーチが看過できないことと法的規制に慎重でなければならないことを結ぶキーポイントとして定義や法令の規定の曖昧さが問題視される。これに対して，見過ごしてはいけないことは，ヘイト・スピーチが社会的に問題視されているというからには何らかの利益が侵害されているということである。その事態とは何か，またいかなる害悪と被害を生じさせるのかを知るためには，行為，行為態様，被害客体とその範囲・規模，そして被害法益が何であるかを検証しなければいけないはずである。[3]浦部法穂は，「『言論の自由』の観点から法規制に慎重な意見を抱く国民も，その『人権感覚』はやはり健全なものだといえる。公権力による『人権侵害』のほうをより警戒しているという意味では，むしろ，こちらのほうが『王道』を行くものだといえるかもしれない。法律家・憲法学者に，どちらかといえば慎重派のほうが多いのは，その故である。だが，ここで留意されなければならない点は，いわゆる『ヘイトスピーチ』それ自体が『言論の自由』として保護されるべきものであるわけではない，ということである。『○○人を叩き出せ！』とか『ぶっ殺せ！』などと叫んで集団で練り歩くような行為が『自由』に許されてよいわけがない。だから，そういう行為を規制することには憲法上なんの問題もない。それどころか，その攻撃対象とされた人々の人権擁護のために，規制すべきである。だから，『ヘイトスピーチ』に対する法規制に慎重な意見が，『ヘイトスピーチ』それ自体も『言論の自由』として保護されるべきところがあるという趣旨で言

215

われているのだとしたら，それは人権論として正当なものとはいえない[4]」，と述べる。浦部は，ヘイト・スピーチに反対する根拠として攻撃対象とされた人々の人権擁護のためと言うが，はたして，ヘイト・スピーチという表現行為が誰の何を攻撃し，いかなる権利を侵害するのであろうか。この問題の追及により一定の権利・利益との関連とその侵害を発見できたとしても，当該侵害権利・利益よりも表現の自由という憲法上の権利の方が優越するかもしれない。また，そもそも当該権利の侵害又は危険がなければ，これまた同じである。それゆえ，立法の場面であれ，違法性解釈の場面であれ，両方又はいずれかの段階で，表現の自由という権利との比較衡量が不可避である。あらためて，問うべきは，それではヘイト・スピーチによって何が侵害されるのであろうか，逆にいうと，何が保護すべき利益なのであろうかということである。

II　法の下の平等の意義

1　個人の尊重

憲法13条は，「個人の尊重」を規定している。明治憲法では「家」制度を重視して，個人を重んじるのではなく，集団のために個人が生きることを重視した。これとはかわって，現行の日本国憲法はその価値観を転換した。日本国憲法は，個人主義を「人間社会における価値の根元が個人にあるとし，何にも優って個人を尊重しようとする原理」として根本に据えている[5]。ここでは，何よりもまず人を個人として尊重することを強調する。これはどういうことなのであろうか。その意味は，——家柄，親の職業などの威光，性別に関係なく——誰々「家」の出身だからよいとか，悪いとかではなく，具体的な特定の個人の人柄や人格，彼の能力そして業績（成し遂げたこと）に基づいて，個別具体的に「公正」に評価しようということではなかろうか。このように憲法13条は，個人は，自己の能力を存分に発揮して自分の将来を切り開くことを推奨しているといってよい。

2　法の下の平等の評価

以上のような個人主義の下で個人を理解する際に，各個人の差異を尊重する

第8章　人種差別表現と法の下の平等

ことも重要と考えられる。なぜなら，個人である人は，顔から始まって，みん
なそれぞれ性別や民族も違えば，生まれてきた親も出自も異なるからである。
その意味で各個人は「同じ」ではない。それゆえ，本来，個人は多様である。
みんなそれぞれに差異がある。一方の者にとっての差異は，他方の者にとって
も差異なのである。しかし，実際にはそれが当然のこととして了解されていな
い場合がある。それどころか，反対に，この「違い」を理由にして，自分たち
とは違う人たちを，「能力が低い」，「バカだ」と，理由もなく攻撃することが
ある。それは，いやがらせのためにあだ名で呼ぶことなどから始まって，ひど
いところでは，就職の際に不当に扱うことなどがある。そうして特定の人々・
人的集団を世の中から排除してきた。つまり，権利の享受や社会参加の機会を
奪ってきた。しかしどれも個人の能力には関係しない。しかも自分ではどうす
ることもできない性別や出自や民族等の属性を理由に排除する場合，同じ境遇
の人々が排除の対象となるということから，同じ不当な経験をする可能性のあ
る人たちがたくさんいることになる。

　憲法14条は法の下の平等を保障している。憲法14条は各人が対等でしかも平
等でなければいけないと定めている。しかし，その前に，憲法13条ですべての
人を個人として尊重すると憲法が宣言しているのだから，何もわざわざ，憲法
14条で平等のことをわざわざ言わなくてもいいのではなかろうか。公正である
こと，公正に個人を評価することを憲法が保障していれば十分なのではなかろ
うか。それなのになぜ憲法14条は憲法に規定されているのであろうか。憲法14
条はなんと書いてあるのだろうか。「すべて国民は，法の下に平等であつて，
人種，信条，性別，社会的身分又は門地により，政治的，経済的又は社会的関
係において，差別されない。」列挙されている人種，信条，性別，社会的身分
又は門地など，これらはどれも個人のことではない。もっと正確にいうと，性
別，民族や家など，個人が生まれると同時に属する集団のことである。これを
属性という。私たちの社会において，女性差別，被差別部落差別，民族差別な
ど，人が，自分の能力とは関係なく，特定の属性によって特徴づけられる集団
の構成員として，「十把一絡げ」に評価され，（不当に）別扱いされてきた人々
がいることを知っている。個人として，その能力や業績にしたがって「公正」
に正当な評価を受けることなく，ある集団に属していることを理由に不当な扱

217

いを受ける。性別，民族や出自などの属性だけで偏見に基づいて人を判断してはいけない。このことを憲法14条は禁止している。なぜなら，差別が行われ，それが深刻になると，差別された人々たちは，社会から排除され，人としてそして社会の構成員であることを否定され，他の人々と対等な立場で生きることを困難にさせる。そうなってしまうと，差別された人たちは社会に参加することができなくなる。ここで差別について，不当な扱いをする「動機」の側面もさることながら，その「効果」の側面に着目すべきである。

3 「個人の尊重」の射程

　これに対して，奥平康弘は，「ある基本権がその取扱いにおいて『差別的』であるばあいには，そのことは，当該基本権の剥奪もしくは侵害にあたると構成することができるのではあるまいか，いや，そう構成すべきではあるまいか[6]」と主張した。人権における差別問題は，「法の下の平等」という一般的レベルにおいてではなくて，当該人権に対する制限・禁止の許容性の問題，つまりそこで問われている人権の問題とすべきであり[7]，「基本的人権」の世界には憲法14条が入り込んで何かをする余地はないと述べる[8]。たとえば，生存権という具体的・個別的な基本的人権に関わって不当な取り扱いが行われた場合に法の下の平等が問題になるようにみえるが，ここでは法の下の平等の侵害が本質ではなく，生存権の侵害を法的に糾明することがより本質的であり，法の下の平等を論点化する必要はないとされる。なるほど，法の下の平等とは，それ独自の侵害が問題になることはなく，他の基本的人権の保護又は侵害との関係において，属性を理由に権利の享受又はその行使を不当に妨げられる場合にはじめて法の下の平等が問題になる。このことから，法の下の平等は必ずしも主題的論点となりえないというのである。別の言い方をすると，諸権利の享受又はその侵害を問う際，法の下の平等の侵害を問う必要は必ずしもないというのである。しかし，ほんとうにそうなのであれば，なぜ法の下の平等を憲法の人権カタログのなかに置いたのであろうか。やはり一定の意味があるからではなかろうか。穿った見方をすれば，法の下の平等を問題とせずとも，万人の基本的人権は十全に保障されるのであろうか。人権の帰属主体が個人であることを理由に基本的人権の保障とその侵害の問題をも個人の問題として処理することで

第8章　人種差別表現と法の下の平等

十全に保障されるのであろうか。すべての人権問題を個人の問題に還元することで解決するのであろうか。あらためて，なぜ，日本の憲法14条は，「人種，信条，性別，社会的身分又は門地により」と具体的かつ個別的に規定したのであろうか。

　ナチス政権下のドイツで1935年にニュルンベルク法が制定された。これは，「帝国市民法」と「ドイツ人の血と名誉を守るための法律」の総称であるが，前者により，国籍所有者（Staatsangehörige）と帝国市民（Reichsbürger）が区別された。帝国市民とは，「ドイツ人あるいはこれと同種の血を持つ国籍所有者」のみとされ，ユダヤ人の人々を排除した。同法2条3項により「帝国市民」のみが政治的権利を享受できるとした。また，後者により，ユダヤ人とドイツ人の血又は同族の血を引くドイツ国民との結婚を禁止した。これらの立法は，ユダヤ人という特定の属性によって特徴づけられる集団をターゲットにして，彼らと（正統）ドイツ人を区別することを意図している。この区別により，ユダヤ人という属性をもつ人々は社会のありとあらゆる場面から排除されるようになる。これらの法律によって，ユダヤ人の人々は〈二等人間〉に格下げされ，同等の市民ではなくなることでドイツ国民共同体から閉め出された[9]。このようなプロセスが深化することで，ユダヤ人の権利主体としての地位の剥奪と社会的孤立・排除が強化され，最終的に完璧なものとなった[10]。ここにおいて属性を標的にした排除としての平等の侵害としての差別をみてとることができる。こうしてみると，平等の侵害としての差別が属性を理由にそれによって特徴づけられる集団に対して行われることからすれば，被攻撃集団の市民的地位の格下げと社会的排除は平等の侵害そのものの独自の意義といえる。これは，攻撃されている属性を持つすべての人々が権利・利益の享受主体であることを否定されることから，集団的経験ということができる。ここでは，集団の構成員の個人性は否定されているわけであるが，平等侵害としての特定の属性によって特徴づけられる集団に対する攻撃が行われる認識的前提として，既に，個人主義の基礎である「個人の尊重」は否定されている。法の下の平等の侵害とは，属性を理由にした集団への攻撃によって，社会における特定の集団とその構成員の対等な地位の否定と，属性を理由とする十把一絡げの否定的評価による個人性・個別性の否定に独自性をみいだすことができる。まとめると，一定の権利

219

主体としての地位の集団的排除である。

Ⅲ　ヘイト・スピーチとの関係における法の下の平等

1　ヘイト・スピーチの主体と客体そして平等

　名誉を毀損する表現行為について刑事（刑230条及び231条）並び民事規制（民709条）では，特定個人（法人を含む）を攻撃客体として，その社会的評価を低下させることを処罰根拠としている。これに対して，特定の属性によって特徴づけられる集団に対する表現行為による攻撃は，現行法上，刑事規制はされていない。刑事規制がないということは，表現の自由という憲法21条が保障する基本的人権の行使であるからなのであろうか。しかし，法の下の平等の意義とその侵害の本質からして，誰に対しても，また何らの害悪や被害もないということは妥当であろうか。民事であるが，つぎのような判例がある。「もっとも，例えば，特定の集団に属する者の全体に対する人種差別発言が行われた場合に，個人に具体的な損害が生じていないにもかかわらず，人種差別行為がされたというだけで，裁判所が，当該行為を民法709条の不法行為に該当するものと解釈し，行為者に対し，特定の集団に属する者への賠償金の支払を命じるようなことは，不法行為に関する民法の解釈を逸脱しているといわざるを得ず，新たな立法なしに行うことはできないものと解される[11]。」，と。本判例は，特定の集団に対する人種差別発言によって具体的個人に損害が生じた場合には現行法上の救済の可能性があるとしているが，特定の集団そのものに対する人種差別発言は現行法上の規定の構成要件に該当しない。そこで，人種差別表現の保護法益に関連して，とりわけ憲法14条に規定された差別事由に着目して，法の下の平等の意義について確認することを通じて，ヘイト・スピーチの法的規制の妥当性を検討することを課題とする。

　ドゥウォーキンは，「例えば，人種差別的発言は，その標的となった人種的少数者を『沈黙させる』と言われる。この過大な一般化にどのくらいの力があるのかは経験的に定かでない。つまり，そのような言葉がどれほどの影響力を誰に対して持つのかは，不明確なのである。しかしいずれにしても，心理的であっても傷を負わせる政治的意見が自由に流通してかまわないとすることに

よって市民的平等が侵害されると想定するとしたら，市民的平等や，さらには参画という民主主義の捉え方一般についての深刻な誤解であろう」[12]，「市民的平等は個人の権利の問題であって，この権利の——例えば，民主主義的言説を改善するであろうということを根拠にして人種差別主義者を検閲することによる——侵害は，どのように合計を計算しても正当化することはできない」[13] としてヘイト・スピーチ規制に消極的態度を示す。ドゥウォーキンは市民的平等を個人の権利として捉えることはよいとして，このように述べる前提的認識としてドゥウォーキンは，「現代民主主義国家において検閲が求められるのは，公職者が人民を秘密に近づけまいとするからではなく，多数派市民が軽蔑する意見を抱いている他者を沈黙させようとする欲求から生じることが多い。これは，例えば，ネオナチが行進したり人種差別主義者が白いシーツをかぶってパレードしたりするのを阻止する法律を望んでいる集団の欲求である。しかしそのような法律は民主主義を損なうものである。なぜなら考えが危険だとか有害だと見なす場合にはいつでも仲間の市民に言論の権利を拒む権力が多数派市民にあるとしたら，その場合その仲間の市民は，権力に向けた論戦において平等な存在ではなくなるからである。われわれはこれらの法律の制定過程において，法律に拘束されると我々が主張するすべての市民に平等な声を許容しなければならない。たとえ，彼らの抱く信条を我々が嫌悪するのが正当である場合でもそうである。さもないと，法律をその者に課すという我々の権利が危うくなるのである。言論の自由はこの原理を強化し，それによって市民的平等を守るのである」[14] として，（ヘイト・スピーチに反対する）マジョリティ対（ヘイト・スピーチをする）マイノリティの関係で問題を解釈しようとしている。

2　平等侵害の独自性

　規制立法を議会で制定するためには，何よりもまず市民とこれに支持された議員への働きかけが必要である。その意味で市民の力によって立法化される。けれどもこれは立法プロセスの問題を一般的に論じているだけであって，ヘイト・スピーチが社会におけるどのような力関係の下で行われるのかを明らかにしていない。まずここで押さえるべきことは，社会におけるマイノリティがマジョリティによって社会的に偏見にさらされ，攻撃と排除の対象にされてきた

という歴史的経験である。マイノリティに対する社会的排除や暴力行為というものが突発的に始まるようなものではなく，まずは，端緒としての悪意なき先入観が社会に浸透していることが土壌となって，偏見に基づく具体的なヘイト・スピーチが行われるようになり，さらにこうした行為の数が増えるなかで制度的な差別，そしてついには暴力行為が発生し，当初は散発的なものが徐々に社会全体に蔓延するところまで発展していく。この文脈では，ヘイト・スピーチは，将来における暴力と社会的排除を呼び起こす。平等とそれが侵害されている状態としての差別の問題を考える際に，不当な取扱い又は排除の客体とされるのは純粋に特定の個人（だけ）なのであろうか。言い方を変えると個人に限定されるのであろうか。限定されると考えるならば，ここでは，差別する側のマジョリティ対個人という関係において理解すべきなのであろうか。また逆の問題として，差別表現を規制する場合に，規制を求めるマジョリティ対（差別表現をする）個人という関係で理解してよいのであろうか。

　家坂和之は，差別としての人種問題が成り立つ条件として，第1に，社会のなかでグループ間の不均等な配分という社会的不平等の関係が存在し，優勢なグループに対して劣勢なグループのメンバーが個人としてではなく，まさにグループとして人間の権利を制限され，人間の尊厳が認められないような，抑圧の状況があること，第2に，変更不可能とされる外的特徴若しくは文化的特徴によっていわば生得的にその従属性を強制され，社会的移動性を封じられ，分の悪い役割を押しつけられること，そして第3に，これら抑圧と差別の状況のなかからそれらを合理化し正当化するイデオロギーないし風説が生まれ，逆にこれらの風説やイデオロギーによって抑圧と差別の状況が支えられ維持されるという状況があること，等の条件を挙げる。[15] ヘイト・スピーチが発せられる社会の基礎的土壌として，社会的不平等が存在し，優勢な立場にある人々が弱い立場にある人々の属性を利用してグループ化することに始まる。ドゥウォーキンは，ヘイト・スピーチをする人々を少数派とみなすが，それは彼らのような思想ないし動機とこれに基づく表現行為をする者が少数派に属するというだけ[16]で，たとえば，国籍，民族又は性別などの属性に基づく彼らの社会的地位や権利の享有状況で見ると優勢なグループに属する。その意味でまさに彼らはマジョリティである。その上，マジョリティに属していることが劣勢なグループ

第8章　人種差別表現と法の下の平等

との関係では権力となりうる又は権力であると錯覚させる。自己が「正統な」
権力の側に属することを背景にして，社会において一定の権利保障されている
者が，保障されていない人々に対して劣等視することがあり得る。このグルー
プ化を通じて又は利用して，優勢なグループが劣勢なグループのメンバーを個
人としてではなく，まさにグループとしてみる。なぜ，グループ化するかとい
えば，劣勢の象徴として属性を用いて，自己の人種差別を正当化し，同時に，
これに属する人々の人格や業績を否定することが可能になるからである。そう
すると，ヘイト・スピーチをする人々はマジョリティであり，しかもマジョリ
ティであることを頼みとして又は根拠にして，マイノリティに対して攻撃を加
える。場合によっては，マジョリティに属する人々によるヘイト・スピーチに
対して，これを黙認・沈黙するサイレントマジョリティが存在するわけであ
る。このような社会認識が既に構築されていることで，マイノリティを「異
質」視し，諸権利の享受主体ではなく，社会からの排除の客体とされることを
許容ないし黙認する社会環境のなかで，ヘイト・スピーチが行われることを忘
れてはならない。たとえば，属性との関係で社会的地位に関して優勢に属する
グループに属する者が属性を理由に劣勢にあるグループに対して誹謗中傷する
ことと，社会的地位に関して劣勢に属するグループに属する者が，優勢にある
グループに対して誹謗中傷することとでは，（蔑みの蓄積による社会的地位の格下
げをも意味する）排外的な効果に着目した場合に，両方とも悪口ということで
同じだと評価することができるであろうか。

　ウォルドロンは，ヘイト・スピーチを規制する法律は，「公共の秩序を守る
ために制定されている。しかし単に暴力をあらかじめ防ぐことによってだけで
はない。市民として，あるいは社会の正規の成員としての各人の地位，尊厳，
そして評判の基本的な要素に関する共通の理解を，攻撃から，それもとりわ
け，特定の社会集団の特徴に基づく攻撃から擁護することによって，公共の秩
序を守るために制定されているのである」，と述べるが，ここでは，法的規制
の根拠として，単に粗暴犯に対する処罰の早期化ではなく，社会における地位
の保障，つまり不当な格下げを防ぐことに着目することができる。デモや街宣
などで，マジョリティであることを社会的背景にしてマイノリティに対して誹
謗中傷が行われるとき，──社会的な力関係を頼みにして行われることから

223

——それは，単に悪口や批判に止まらず，明らかに（暴）力の表出であり，社会一般を扇動し，そして標的となった集団に攻撃が向けられる。属性に基づき社会的な力関係の優劣があるような社会では，劣勢にあるグループへのヘイト・スピーチは差別を正当化する効果をもつことが明らかになる。差別の正当化とは，劣勢にあるグループは社会的に劣勢にあること自体ですでに，その集団の構成員を，その知的，精神的，身体的能力などにおいて「劣っている」と評価し，「低い」地位にあること，不十分な権利状態にあることを固定化することである。[18]

　平等の問題は，マジョリティ対マイノリティとしての個人とみるのも間違いであり，平等の否定としてのヘイト・スピーチは，既に構築された社会の差別構造，すなわち自己の属性がマジョリティであること，つまり「無意識のまま保持している特権」を頼みにして，自分たちとは異なるマイノリティを攻撃するところに特徴がある。ここで明らかなのは，ある社会におけるマジョリティとして位置づけられる属性をもつ人は，属性自体を自分では変更を自在にできないことからして，自己の業績に関連のない優越感，つまりマジョリティに属していることを精神的支えにすることではじめてマジョリティに属さない人々を「異質」として捉えて，攻撃を加えて排除しようとする。それゆえ，平等の問題は，マジョリティ対マイノリティである個人という多数対一の関係で捉えるべきではない。平等の問題は，特定の属性によって特徴づけられる集団に対して，その属性を否定的に捉えて，これを理由にして，不当な取扱い又は排除をするところに根本的な特徴がある。

Ⅳ　小　　括

1　平等侵害としてのヘイト・スピーチ

　日本社会はヘイト・スピーチを許容する社会なのか，と問われれば，多くの人々は否定するであろう。なぜなら，ヘイト・スピーチが人を傷つけるからである。ウォルドロンが言うには，ヘイト・スピーチである出版物を許容する社会は，許容しない社会とはかなり異なってみえるだろう。そのような出版物を許容する社会の板壁や街頭の柱は，マイノリティの成員についての，彼らを動

第8章　人種差別表現と法の下の平等

物や人間以下のものとして特徴づけるような描写で飾り立てられているだろう。こうした人種的マイノリティの成員は犯罪者，変質者，又はテロリストであると宣言するポスターが貼られているだろう。[19]ここで問うべきは，たしかに日本社会はヘイト・スピーチを許容する社会ではないように思えるけれども，しかし，これに対する何らの刑事規制もない。ヘイト・スピーチが社会問題化しているにもかかわらずヘイト・スピーチが公に行われた場合に，法的理解としてはこれを許容する。つまり，これを止めることはなく，野放しするおそれがある。ここで問題は，一人一人の個人の認識とは別に，社会は，標的となった集団への攻撃が公然と許容されることを見届けることになる。つまり，ヘイト・スピーチを傍観し，サイレントマジョリティと化すことになる。ヘイト・スピーチは，マイノリティだけが被る特有な攻撃であり，マイノリティだけが不当に生存権の危機にさらされる状態が継続され続け，これに対する法的保護のない状態，つまり属性を理由として法的保護の平等を侵害されている状態で生きることを強いられる。ここで明らかになることは，法の下の平等は一般的な人権規定ではなく，市民としての地位の格下げと自尊の侵害のなかに法の下の平等の独自性があるということだ。諸権利の問題が全て個人の問題としてのみ論じ尽くせるのであれば，法の下の平等を問題にする必要はない。法の下の平等原理が一般的人権規定であり，個別的人権規定ではないとするのは，個人にのみ着目・収斂した理解であり，人権侵害の実態が集団を排除するためのものである場合，人間の尊厳という諸権利をもつための権利について法の下の平等の侵害が問題になると理解することができる。

2　人間の尊厳の否定と平等の侵害としてのヘイト・スピーチ

　他方で，人又は人的集団がその属性（Gruppenzugehörigkeit）を理由に人間（menschliches Leben）としての同権性ないし同価値性（Gleichberechtigung bzw. Gleichwertigkeit）が否定されることは人間であることを否定されることである。ここで，「同じ」であること，つまり同じ人間であることを否定される。それにより，ホロコーストや関東大震災時の朝鮮人に対する虐殺にまで至る，人間であることを否定された集団に対する非人間的措置が正当化される。なぜなら，同じ人間であることの否定が諸権利の享受主体ではなくならせ，人間と

225

して扱うことが不要であると認識化させるからである。その際，人間であることの否定が人間の尊厳の問題であるのに対して，基本的人権の享有主体であることの否定は，法の下の平等の侵害として細分化すべきである。ここでヘイト・スピーチとは，属性を理由とする人間の尊厳の否定である。ヘイト・スピーチを受け，差別される集団は，人間の尊厳否定的な動機に基づいて，不当な法令により権利の享受から排除され，また本来，権利を享受できるのに不当に取り扱われることで阻止される。この段階では，法の下の平等が侵害されていると考えた方がより正確ではなかろうか。法の下の平等が侵害されている状態としての差別が継続し，常態化することでヘイト・スピーチなど差別が社会に常在するなかで人間の尊厳が侵害される事態が生じる（ヘイトクライムそしてジェノサイド）。ここで亀本洋は，日本国憲法に人間の尊厳原理が規定されていないこととの関係で，これに替わる原理として，人間の人間としての平等，法の下の平等，両性の平等，個人の自由を提示する。[20] 法の下の平等とは区別される「人間の人間としての平等」原理は注目に値する。この原理が日本国憲法のなかで読み取ることができればそれに越したことはない。しかも両原理が区別されて示されている以上，両者は異なる規定において保障されていると解されているのであろう。逆に，そうでなければ，両者を別々に示す必要もない。法の下の平等の侵害が二級市民という地位の格下げであり，人間の尊厳の否定が同じ人間であることの否定であることからすると，「人間の人間としての平等」原理は，その否定が人間としての同朋の否定を意味すると理解するならば，この原理は人間の尊厳と同義ではなかろうか。しかし，憲法14条では「平等」の否定は「差別」である。これに対して人間の尊厳の否定は，人間としての「承認の否定」であり，差別ないしそれを超えている。人間の人間としての平等原理が人間の尊厳原理に替わり得るのかは検討が必要である。

　さて，法の下の平等の侵害と人間の尊厳の否定の関連に着目すると，両者は連続の関係にある。また，人間の尊厳の否定は，法の下の平等の侵害の動機であり，そしてそれの帰結として人間の尊厳の侵害が生じる。つまり，属性を理由として，同じ人間であることが否定（人間の尊厳の否定）され，人としての生存権が侵害され続けている状態に置かれ，最終的に物理的暴力の客体とされる。

第 8 章　人種差別表現と法の下の平等

　最後に，ヘイト・スピーチ規制は，ボトムアップを目的とするアファーマティブアクションとは異なる。マイノリティが主として攻撃客体となる行為を規制することで，人間でありかつ対等な社会構成員として生きることを保障する。これにより，マイノリティであることだけを理由に不当に攻撃する行為を禁止することで，法の下の平等と人間の尊厳の保護を目的とする。

[注]

1)　ヘイト・スピーチとは，人種差別撤廃条約の趣旨に反して，公然と，（特定・不特定を問わず）多数人に認識させるのに可能な態様又は方法で，（特定・不特定を問わず）多数の人々を扇動する目的をもって，人種，民族，出自，性別，性的指向等によって特徴づけられる集団に対して又はこれに属することを理由に個人に対して，攻撃的若しくは脅迫的若しくは侮辱的又は反復的な態様で，集団に対する誹謗若しくは中傷すること又は社会的排除若しくは暴力を扇動すること，と定義する。

2)　法令の構成要件の文言の曖昧さのことをいう。

3)　師岡康子によれば，「言論を萎縮させるという懸念については，ヘイト・スピーチをより厳格に定義したり，何がヘイトスピーチにあたるかを具体的に例示するガイドラインを策定したりと工夫」（師岡康子「（私の視点）人種差別撤廃法案──今国会での成立をはかれ」朝日新聞2015年8月29日）すれば対応可能であるとする。

4)　浦部法穂『浦部法穂の『大人のための憲法理論入門』（第6回「ヘイト・スピーチ」も「言論の自由」？）http://www.jicl.jp/urabe/otona/20150305.html（2015年3月5日掲載）。

5)　宮沢俊義『日本国憲法』（日本評論新社，1955年）198頁。

6)　奥平康弘「『基本的人権』における『差別』と『基本的人権』の『制限』」名古屋大学法政論集109号（1986年）255頁。

7)　奥平・前掲注6）256頁。

8)　奥平・前掲注6）262頁。

9)　ヴォルフガング・イェーガーほか編（中尾光延監訳）『ドイツの歴史』（明石書店，2006年）314頁。

10)　ヴォルフガングほか・前掲訳注9）315頁。

11)　京都地判平25年10月7日判時2208号74頁。

12)　ロナルド・ドゥウォーキン（小林公ほか訳）『平等とは何か』（木鐸社，2002年）481頁。

13)　ドゥウォーキン・前掲訳注12）483頁。

14)　ドゥウォーキン・前掲訳注12）481頁。

15)　家坂和之『日本人の人種観〔新版〕』（弘文堂，1986年）20頁以下。

16)　ヘイトスピーチをする者の思想や動機が社会において顕在化して，多数派を明示的に形成するようであれば，当該社会では標的となった集団に対する攻撃は当然視・正当視される事態になっているだろう。

17)　ジェレミー・ウォルドロン（谷澤正嗣・川岸令和訳）『ヘイト・スピーチという危害』（みすず書房，2015年）36頁。

18)　片山は言う，「怖いのは，みんないつの間にか，飛び交うインチキな言葉に慣れっこになり，状況に流されて，『しょうがない』と現実をどんどん肯定しはじめることです。そうな

227

ると少数意見は排除され，世の中は一色に染まっていく」，と（片山杜秀「虚と実」朝日新聞2015年9月15日朝刊）。ヘイト・スピーチが繰り返され，排外的風潮が蔓延することで，標的となった集団に対する排除が「しょうがない」と認識され，少数者が排除されていき，「異なる」人々はいなくなる。

19) ウォルドロン・前掲訳注17) 77頁以下。

20) 亀本洋「ヨンパルト先生から学んだこと」法の理論28号（2009年）228頁。

終　章

人種差別表現と個人的連関
──特定（諸）個人に向けられたヘイト・スピーチについて

Ⅰ　問　　題

1　日本におけるヘイト・スピーチ

　本章の検討課題は，刑事制裁の対象とすることが法的に許容される人種差別表現，つまりヘイト・スピーチを明らかにすることである。別の言い方をすると，属性を理由として人間の尊厳の侵害を扇動し，これを通じて，民主主義という社会の決定システムの基盤を自壊させる表現行為であるヘイト・スピーチに対する合憲的刑事規制についてである。

　2016年5月24日，第190回国会（常会）の衆議院本会議で「本邦外出身者に対する不当な差別的言動の解消に向けた取組の推進に関する法律案」（以下，ヘイト・スピーチ解消法）が可決・成立した（なお，これに先立って，同月13日，参議院本会議で可決）。本法は，日本における初めての反人種差別法である。日本政府は1995年に人種差別撤廃条約に加入した。本条約が1965年に国連で全会一致で採択されてから30年後の出来事である。また，採択から51年後に──いくつかの問題を残しつつも──本法が成立した。この51年という歳月が流れるなかで，日本は，本条約に批准・加入をながらくしなくてもよいほど調和のとれた，差別問題も何らない社会だったのであろうか。現実にはそうとは言い難い。在日朝鮮人や被差別部落の人々に対する差別は激しかったし，依然として存在している。日常の生活レベルの偏見や差別意識に基づいて生じる社会的差別と，法律や条例などによる制度的差別がまさにそれである。条約加入後も国内法の整備は行われてこなかったというのが現実ではなかろうか。

　日本は国際社会から，グローバルスタンダードとしての基本的人権の保障

と，人種差別の撤廃のための国内の立法作業が急務だと言われ続けてきた。特にヘイト・スピーチの問題について日本政府は積極的に取り組んできたとはいえず，国連の人種差別撤廃委員会から人種差別禁止法の制定を勧告される始末である。これに対して政府は，本条約4条（人種的優越又は憎悪に基づく思想の流布，人種差別の扇動等の処罰義務）(a)（人種的優越又は憎悪に基づく思想のあらゆる流布，人種差別の扇動等の処罰）及び(b)（人種差別を助長し及び扇動する団体及び組織的宣伝活動等の処罰）について批准を留保している。つまり人種差別とその扇動の禁止規定とこれに対する刑事処罰規定を国内（法）に設けないということである。日本政府は留保の理由として，「右留保を撤回し，人種差別思想の流布等に対し，正当な言論までも不当に萎縮させる危険を冒してまで処罰立法措置をとることを検討しなければならないほど，現在の日本が人種差別思想の流布や人種差別の煽動が行われている状況にあるとは考えていない[1]」と日本の状況を説明している。しかし，このような状況説明は現実を反映しているのであろうか。人種差別を規制する法律がない法事情のなか，2000年頃から外国人，特に在日朝鮮・韓国人を標的とする誹謗中傷が，インターネット上の書き込みや公共の場でのデモや街宣活動となって目立ちはじめた。公然と，攻撃的な態様で，罵詈雑言を投げかけたり，誹謗中傷する表現行為が社会問題となった。2012年4月から2015年の9月までの3年6ヶ月の間，1152件のヘイト・スピーチデモ・街宣活動があり，年平均だと329件あった[2]。

2　ヘイト・スピーチ解消法の制定

　日本社会におけるこのような人種差別を象徴する事件として，2009年12月に起きた京都朝鮮第一初級学校に対する襲撃事件がある。本判決は，人種差別表現が不法行為に該当し，その違法性は通常の名誉毀損に比べて高いとしている。これにより，ヘイト・スピーチが人種差別であり人種差別撤廃条約に反すると，日本においてはじめて判断したのである。

　本判決の意義は，日本において，表現行為による人種差別が違法であり，しかも重大であることを示し，人種差別の問題を社会と司法において顕在化させ，人種差別を防止する立法の必要性を明示させたことにある。法解釈においては，名誉毀損の違法性の重大性を測る要素として人種差別が取りあげられ

た。

　本判決が嚆矢となって，人種差別を撲滅するための社会的取り組みが活発になり，立法機関である国会において人種差別撤廃のための立法が検討されるに至った。

　本件では，人種差別の認定に際して憲法98条2項を介し，人種差別撤廃条約を間接適用した。これは国内法が整備されていないからである。間接適用とは，国内法に差別を禁止する直接の法律がないことを意味しており，その適用はきわめて法技術的で法的安定性も乏しく，それゆえに適用に際しての敷居も高くならざるを得ない。

　このような司法判断を前提にして，差別の法的規制が喫緊の課題となった。これを受けて前の国会で（第189回参議院）「人種等を理由とする差別の撤廃のための施策の推進に関する法律案」が野党から提出された。

　本法1条（目的）で，「日本国憲法及びあらゆる形態の人種差別の撤廃に関する国際条約の理念に基づき，人種等を理由とする差別の禁止等の基本原則を定める」ことを目的とした。2条で「人種等を理由とする差別」とは，「『人種等』とは，人種，皮膚の色，世系又は民族的若しくは種族的出身をいう」と定義した。3条で（人種等を理由とする差別の禁止等の基本原則）特定人に対する人種等を理由とする不当な差別的行為の禁止と，不特定人に対して「著しく不安若しくは迷惑を覚えさせる目的又はそれらの者に対する当該属性を理由とする不当な差別的取扱いをすることを助長し若しくは誘発する目的で，公然と，当該属性を理由とする不当な差別的言動をしてはならない」と定めた。そして18条（調査の実施）で，差別の実態を明らかにするための調査を国に義務づけている。また20条で，内閣府に「人種等差別防止政策審議会」の設置を規定している。しかしこの野党案は，参議院で可決されることなく，継続審議扱いとなった。

　第190回国会でも，世論の強い働きかけにより排外的な動きに対処せざるを得ず，与党案が提出されて最終的にこれが法律として成立することになった。

　本ヘイト・スピーチ解消法は，人種差別撤廃を目的とした立法であるにもかかわらず，上述の野党案に比べて対照的である。

　本法前文では，属性を理由とする，属性を共通とする不特定の集団に対する

差別的言動が「多大な苦痛」を生じさせ，しかも「社会に深刻な亀裂」を生じさせているとしている。これは，ヘイト・スピーチが単に不快という感情レベルを超える害悪であると明示しているのであるが，これがヘイト・スピーチ規制において問題になる。たとえば，生命，身体という身体に対するものなのか，名誉という人格権に対するものなのか，それとも「人間の尊厳」という法の究極の保護利益なのか，法律には示されていない。他の差別事象と同様に，差別行為が惹起する害悪の究明こそが，本法律の改正並びに刑事規制の必要性を明らかにすると考える。また，民主主義の大前提は対等かつ平等な社会的地位が保障されたもとでの社会への参加であるが，社会に深刻な亀裂という表現でヘイト・スピーチはこれを否定することを指している。

　1条では，ヘイト・スピーチが日本社会において解消すべき問題であることを認めている。そのうえで，その解消に向けて国と自治体に責務があることを定めた。

　2条では，ヘイト・スピーチによる攻撃からの保護対象を定めている。ここでいう「本邦外出身者」とは，「専ら本邦の域外にある国若しくは地域の出身である者又はその子孫であって適法に居住するもの」と定義している。これにより，難民申請者や不法滞在者などは適法に居住していないとされる者として扱われ，保護の対象から除外される。これについては附帯決議において，これら「以外のものであれば，いかなる差別的言動であっても許されるとの理解は誤りであり，本法律の趣旨，憲法及び人種差別撤廃条約の精神に鑑み，適切に対処する」としたが，それであれば，なぜ法律で明確に定義しなかったのかが疑問として残る。また，性別，性的指向，世系又は民族的若しくは種族的出身という要件が排除されたことにより，ヘイト・スピーチ解消法は外国人とその子孫のみを保護対象とすると限定している。このことは，一面では法律の構成要件を明確化したともいえ，昨今のヘイト・スピーチの攻撃対象が主として在日朝鮮・韓国人の人々であることに照らすと，この法律がこれに対処するという強い政策的メッセージを社会に発信したとみることもできる。しかし，そもそもヘイト・スピーチは外国人に向けてのみ行われているのではない。社会において優越的な地位にあるマジョリティが，不当に劣位におかれているマイノリティに対して，その属性を理由に攻撃が向けることもある。そうであるとす

ると，本条の保護対象の限定はヘイト・スピーチの本質を十分に汲み尽くしているとは言い難い。本条については今後の改正の対象となることは必至である。

同じく２条で，差別的言動（ヘイト・スピーチ）の定義が示されている。ヘイト・スピーチの要件として，①行為の目的（差別的意識の助長又は誘発），②公然性，③表現行為（生命，身体，自由，名誉又は財産に危害を加える旨を告知），④攻撃理由（本邦の域外にある国又は地域の出身であること），⑤排除の煽動性が規定されている。

４条は，国及び地方公共団体の責務について規定しており，国は，本邦外出身者に対する不当な差別的言動の解消に向けた取組に関する施策を実施するとともに，地方公共団体が実施する本邦外出身者に対する不当な差別的言動の解消に向けた取組みに関する施策を推進するために必要な助言その他の措置を講ずる責務を有する。これに対して地方公共団体は，本邦外出身者に対する不当な差別的言動の解消に向けた取組みに関し，国との適切な役割分担を踏まえて，当該地域の実情に応じた施策を講ずるよう努めるものとするとして，努力規定に止まっている[3]。なお，本法律の制定に際して附帯決議が出されており，本法に関する衆議院附帯決議２項「本邦外出身者に対する不当な差別的言動が地域社会に深刻な亀裂を生じさせている地方公共団体においては，その内容や頻度の地域差に適切に応じ，国とともに，その解消に向けた取組に関する施策を着実に実施すること。」として規定しており，本法４条を補充していることに注意しなければならない。

５条は，国及び地方自治体の相談体制の整備を定めているが，ここに書いてある不当な差別的言動に関する紛争の防止又は解決を図ることができるようにするための必要な体制とはどのようなものなのか，条文を見るだけでは判然としない。ここには，差別被害実態調査の実施や差別防止政策審議会の設置なども考えられるし，地方自治体であれば，本法をより充実化させるための条例の制定なども考えられる。これを制定させるには，ヘイト・スピーチ被害防止のための市民側の運動が，本条を充実化させるのに不可欠である[4]。

3　ヘイト・スピーチ解消法制定後のヘイト・スピーチ規制

　さて，以上のヘイト・スピーチ解消法ができたことにより，今日，公共の場でのヘイト・スピーチに対する法益保護は十全といえるであろうか。

　ヘイト・スピーチとは，人種差別撤廃条約の趣旨に反して，公然と，（特定・不特定を問わず）殊更に広く多数の人々に対して認識可能な態様又は方法で，人種，民族，出自，性別，性的指向等によって特徴づけられる集団に対して又はこれに属することを理由に個人に対して，攻撃的，脅迫的若しくは侮辱的又は反復的な態様で，集団に対する誹謗若しくは中傷すること又は社会的排除若しくは暴力を扇動することである。その本質は，──誹謗中傷の場合であれ──標的となった集団の人々について属性を理由に差別意識を浸透又は固定化させ，社会から排除する効果を生じさせることにあり，このような効果を企図して発せられる。このような属性を理由とする差別的言動の被害実態が本法の前文で明らかにされたことを手がかりにして，属性を理由とする集団又はその構成員に対する攻撃が社会に存在している事態に対して「多大な苦痛」の中身とその侵害を明らかにし，その上で，法益保護を追求すべきだということはいうまでもない。[5]

　ところで本解消法は，しばしば理念法といわれる。法律中に禁止規定や罰則がないからである。しかし，理念とは，本来，個別問題の処理において生かすべき解釈指針であるとすれば，本法の趣旨に即して既存の法令を解釈して適用することになる。本解消法がその解消を目標としている行為が行われ，既存の法令を適用する場合，本法の趣旨に即して解釈することになる。本法は人種差別撤廃条約の国内履行のために国内法の整備として制定されたのであるとすれば，本法は，条約を間接適用せずとも，人種差別的な言動に対して適用されることになる。また，それだけでは適当でなければ，──人種差別撤廃条約の精神に照らして──新たな立法によって本法の趣旨に即した法益保護をするべきである。

　名誉毀損罪等の表現行為を重く処罰すれば，社会において表現活動を萎縮させ，正当な言論を抑制し，民主社会の健全な発展を阻害するおそれがあるといわれる。たしかにその通りである。ヘイト・スピーチに対してはどうであろうか。ヘイト・スピーチの攻撃対象になるのは社会で生活する人々であり，これ

234

らの人々は民主主義社会において共に社会に参加して，社会の諸事項を決定する構成員でもある。特定の属性を理由に対等かつ平等であるはずの構成員としての地位を剥奪することを扇動するためにヘイト・スピーチが発せられる。このようなヘイト・スピーチの危険性とそれが日本社会で行われていることを直視して制定されたのがヘイト・スピーチ解消法であるとすれば，本解消法が制定された今日，法律があるにも関わらずそこに何らの制裁もない状況では，ヘイト・スピーチに対する抑止手段もなく，これにより，法的思考の結果として，ヘイト・スピーチを発してもかまわないという結論が出てくる可能性があり，逆に，民主政の健在な発展を阻害するおそれが生じるのでなかろうか。——もしこのような懸念が杞憂でないとすれば——このような事態を回避するためには，本法附則2項「不当な差別的言動に係る取組については，この法律の施行後における本邦外出身者に対する不当な差別的言動の実態等を勘案し，必要に応じ，検討が加えられるものとする。」と規定されているように，禁止規定を制定し，これを刑罰によって担保するなど，実態に即した法益保護を追求すべきである。

　そこで，本章では，——特定の集団のそのものに対する差別又は排除扇動ではなく——特定の（諸）個人に対してその属性を理由とする罵詈雑言又は誹謗中傷としてのヘイト・スピーチの問題に着目する。ヘイト・スピーチは，属性を理由として，ある特定の集団とこれを構成する人々をターゲットにして彼らの人間性の否定を本質とするのであるが，特定の属性に対する誹謗中傷又は罵詈雑言が個別の当事者に向けられる場合もある。また，ヘイト・スピーチが共通の属性を有する人々の集まりや集住地域や集会・行事の現場で行われることもある。この場合にも法益保護を図ることが可能であろうか。ヘイト・スピーチの本質が差別と社会的排除の扇動を本質としつつも，常にデモや街宣で特定の集団に対する罵詈雑言又は誹謗中傷による差別や社会的排除の扇動が行われるわけではなく，特定の人々に対して直接向けられる場合もあることから，本章ではこのような課題を設定した。

　注意すべきこととして，ヘイト・スピーチは特定の人に対して具体的犯罪を教唆するのではない点で教唆犯並びその未遂（ドイツ刑法30条）ではない。また，たとえば，人種差別撤廃条約の人種差別が行われる点で，——名誉毀損罪

と比較して法定刑の軽さ等を考慮して——現行の侮辱罪（刑231条）の枠組みで
ヘイト・スピーチの侵害性を十分に評価することができるのか疑問が残る。こ
のようなヘイト・スピーチの特殊性を認識しつつ議論を展開していく必要があ
る。そうでなければ，第1に，ヘイト・スピーチと狭義の共犯，第2に，ヘイ
ト・スピーチと現行の名誉保護刑法との混同が生じかねない。

　総じていえば，ヘイト・スピーチは，差別と社会的排除を扇動することを目
的として公共の（特定・不特定を問わず）多数の人々に向けて発せられる特定の
属性によって特徴づけられる集団に対する差別扇動表現と，標的となっている
集団の個別の構成員に向けて行われる場合に分けることができる。扇動型のヘ
イト・スピーチのように，（標的となっている集団の属性をもたない）公共の（特
定・不特定を問わず）多数の人々に向けて差別又は排除を呼びかけるような前者
の場合はともかく，属性を理由とする差別的侮辱表現が，その構成員である個
人又は諸個人に向けられた場合，標的となっている（諸）個人の法益の侵害・
危殆化について，名誉毀損罪・侮辱罪の枠組みに関連づけながら法益保護を図
ることは可能であろうか。

　そこで本章は（諸）個人に向けられたヘイト・スピーチに対する法益保護を
検討課題に置く。

Ⅱ　ヘイト・スピーチ規制の保護対象

　ヘイト・スピーチは，本質的に，特定の属性によって特徴づけられる集団を
攻撃対象とし，（特定・不特定を問わず）多数の人々に向けて特定集団に対する
差別又は排除を呼びかけることがヘイト・スピーチの特徴である。このこと
は，集団の構成員である個人又は諸個人に向けられた場合にも本質的に変わら
ない。ヘイト・スピーチをする目的とこれに即した効果を最も生じさせるため
に，デモ，街宣活動そしてその様子をインターネットで（特定・不特定を問わ
ず）多数の人々に視聴可能にすることなどが行われる。ここでは典型的に，特
定集団に対する罵詈雑言，誹謗中傷又は脅迫的表現により多数の人々に差別意
識を生じさせそして社会からの排除又は暴力の行使を呼びかける。しかし，そ
れだけでなく，特定集団の個々の構成員やその集団に親近感を有する個人に対

して属性を理由に脅迫，誹謗中傷又は罵詈雑言が発せられることもある。つまり，この（諸）個人に対する攻撃を通じて，特定集団に対する差別意識を生じさせそして社会からの排除を呼びかけることもある。後者では，個人の法益が侵害・危険にさらされているものの，同時に特定の属性を否定的に評価又はその人間集団であることの否定表現を通じて当該属性を有する具体的個人を攻撃しており，単に名誉の毀損に止まらない害悪があると思われる。ここでは，特定の集団が二級市民ないし人間性を否定された集団として見なされ，これにより攻撃された個人は，彼の名誉の中身である社会的評価又は情報状態どころか，十把一絡げのあてはめにより（お前のようにすべて○○人）人格権の一つとしての名誉の毀損はおろか，（表現行為者と対等な）同じ人間であることを否定される。

そこで，特定人に向けられた属性を理由とする誹謗中傷，罵詈雑言又は脅迫的表現は，単に特定人に向けられているという理由で名誉毀損，侮辱罪又は脅迫罪の構成要件へのあてはめだけで法益を十全に保護したといえるであろうか。なぜなら，ここでは個人に対する社会的評価の低下だけでなく，属性を理由として人間であることの承認の否定があるからである。個人に向けられた罵詈雑言又は誹謗中傷であることを理由に単純に名誉の問題として割り切ることは，属性を理由とする人間性の否定表現のもつ，共通の属性を有する人々への社会的排除と暴力に対して賛意と同時に諦念を創り出す固有の危険性を看過している。そうであるならば，（諸）個人に向けられたヘイト・スピーチを名誉毀損や侮辱と同列に扱うことは，ヘイト・スピーチによる法益侵害を十分に評価していない。

ドイツでは1965年に民衆扇動罪が制定されたが，旧規定では次のように規定されていた。
「公共の平穏を乱し得るような態様で，
1　国民の一部に対する憎悪をかき立て若しくはこれに対する暴力的若しくは恣意的な措置を求めた者，又は
2　国民の一部を冒涜し，悪意で侮辱し若しくはこれを中傷することにより，他の者の人間の尊厳を侵害した者」。

2003年に「欧州評議会・コンピュータ・システムを通じて行なわれる人種主義的及び排外主義的性質の行為の犯罪化に関するサイバー犯罪条約の追加議定書」（2003年採択／2006年発効）が出された。それによれば，表現の自由は，民主的社会の本質的基盤の一つであり，かつ，民主的社会の前進及びすべての人間の発達にとっての基礎的条件の一つでもあることを認め，しかしながら，人種主義的及び排外主義的宣伝を流布するためにそのようなコンピュータ・システムが誤用又は濫用されるおそれがあることを懸念し，表現の自由と，人種主義的及び排外主義的性質の行為との効果的闘いとの間に適切な均衡を確保する必要性から本サイバー犯罪条約の追加議定書が作成された。

これに加えて，人種差別と排外主義の表現の態様に対する刑法的撲滅のための2008年11月28日の欧州委員会の枠組み決定において，以下のように規定されている。

（同 1 条（人種差別排外主義に関する罪） 1 項）
「各国は，以下の意図的な行為が可罰的であることを明らかにするために必要な措置を講じるべきである。
(a) 公然と，人種，肌の色，宗教，出自，国籍又は民族によって定義される人々の集団又は当該集団の構成員に対する暴力又は憎悪を扇動すること。[6]」

これにより，集団だけでなく，その構成員に対するヘイト・スピーチが規制対象となるに至った[7]。これらのことを受けて，ドイツではその国内履行のために，ドイツ刑130条が2011年 3 月16日に改正され，同月22日に施行された[8]。従来は集団に対する侮辱的・差別的表現を構成要件該当行為としていたが，それに止まらず，今回の改正では，これに属する個人に対するそれも構成要件に含めることにより行為客体を拡張している[9][10]。

（現行ドイツ刑130条）
「公共の平穏を乱し得るような態様で，
1 国籍，民族，宗教若しくはその民族性によって特定される集団，住民の一部若しくは上記に示した集団に属することを理由に若しくは住民の一部に属す

238

ることを理由に個人に対して，憎悪をかき立て若しくはこれに対して暴力的若しくは恣意的な措置を求めた者，又は

2　上記に示した集団，住民の一部若しくは上記に示した集団に属することを理由として個人を冒涜し，悪意で侮蔑し若しくは中傷することにより，他の者の人間の尊厳を害した者は，3月以上5年以下の自由刑に処する。」

　この改正により，国籍，民族，宗教又はその民族性によって特定される集団又は住民の一部に属することを理由に個人に対して，誹謗若しくは中傷する表現行為又憎悪をかき立てる表現行為が処罰範囲に含まれることになった。従来は，属性を理由とする個人に対する誹謗中傷や罵詈雑言は侮辱罪（ドイツ刑185条以下）によって規制されていたのであるが，現行ドイツ刑130条の改正により両罪は観念的競合の関係に立つことになって，より重い法定刑を定めるドイツ刑130条が適用されることになる（ドイツ刑52条1項及び同2項）。ここでは，個人に対する攻撃が，同時に集団に対する攻撃である[11]。属性を理由に個人に罵詈雑言又は誹謗中傷することは，名誉毀損と人間の尊厳を否定することになる。特定の（諸）個人に向けられたヘイト・スピーチについては，現行法でも名誉毀損罪又は侮辱罪の構成要件を満たすことはいうまでもない。が，これに加えて，法の下の平等と人間の尊厳の否定というヘイト・スピーチ固有の侵害性を考慮する必要がある。ヘイト・スピーチ解消法が制定された今日，あらためて現行の名誉保護刑法とヘイト・スピーチの関係が問われる。

Ⅲ　人種差別表現に対する現行法による対応

1　平川宗信による人種差別表現に対する立法提案

　従来，日本政府は，人種差別表現への対応について，「なお，人種差別思想の流布や表現に関しては，それが特定の個人や団体の名誉や信用を害する内容を有すれば，刑法の名誉毀損罪，侮辱罪又は信用毀損・業務妨害罪で処罰可能であるほか，特定の個人に対する脅迫的内容を有すれば，刑法の脅迫罪等により処罰可能である。また，人種差別的思想を動機，背景とする暴力行為については，刑法の傷害罪，暴行罪等により，処罰可能となっている[12]」というのが見

解である。ここでは，特定の属性によって特徴づけられる集団に向けられた人種差別表現，つまりヘイト・スピーチはもちろんのこと，特定個人に対する人種差別表現についても立法の必要性も含めて特別の対応を必要としないと考えられてきた。そのため，ヘイト・スピーチ解消法が制定されるまで，——1995年に人種差別撤廃条約に加入したのであるが，これに伴う国内法の整備は行われないままで——人種差別に関する法的な措置は何ら設けられてこなかった。そのためか，刑法学説においても人種差別に関する法的規制の是非についての検討がなかったといえる。

これに対して平川は，はやくから名誉保護刑法による人種差別表現への対応を提案している。

平川によれば，刑230条はそのままで，侮辱罪（刑231条）について，つぎのように立法提案をする。

「人としての尊厳を害する表示により他人を侮辱したる者は，……の刑に処する。」

通説のように名誉毀損罪と侮辱罪の保護法益を名誉として据え，人の社会的評価の低下にその毀損の実質があり，両罪を「事実の摘示」の有無によって区別すると解するのとは異なり，また団藤のように侮辱罪の保護法益を名誉感情と解する理解とも異なり，平川は，名誉毀損罪を情報犯罪，侮辱罪を粗暴犯として把握し，名誉毀損罪の保護法益を社会的情報状態と解しつつ，これに対して侮辱罪の保護法益を人間としての尊厳に関わる社会的情報状態とし，これを普遍的社会的名誉であると主張する。[14]

平川においては，その見解の大前提として，「名誉毀損が表現の自由と対立関係にある以上，それに厳罰を科すことは控えるべきだと思われる。表現の自由は市民自治のための権利であるから，政治家，公務員などを批判する言論は，その中核をなすものとして厚く保護されなければならない。しかるに，名誉毀損罪を重く処罰するときには，万一の処罰を恐れる者を萎縮させ，正当な言論を抑制し，民主社会の健全な発展を阻害するおそれがある。表現の自由の優越的地位を考えたときには，名誉毀損罪に重罰を科することは適当ではないと思われる。名誉の保護は，刑事罰以外の手段をも含めた総合的見地から考えられるべきものであろう」[15]という考えを示す。表現に対する国家的介入に対す

240

終　章　人種差別表現と個人的連関

る謙抑的態度を示したうえで，平川は侮辱罪の保護法益を普遍的名誉（人間の尊厳な状態）であるとしつつ[16]，ここでは侮辱罪は他人の人間としての価値を否定する表現によって他人の人間としての尊厳を侵害する犯罪と解する[17]。平川は，侮辱罪の保護法規を人間の尊厳に求める背景として，憲法13条は，「全ての国民に人間としての尊厳が認められ，それが尊重されることを宣言したものといえよう。憲法一三条は，これを受ける形で幸福追求の権利を保障しており，人間の尊厳の保障は，その根本課題ということができよう。人間の尊厳は，極めて重要な，根源的な人格的利益である。それは，全ての基本的人権の基礎であるともいえよう[18]」，「このように，人間の尊厳は，基礎的，根源的なものであるために，極めて幅広い内容をもつ。そこで，そこから派生する利益で特に重要なものは，個々の基本的人権として特殊化され，その保障が個別的に認められている。憲法一三条も，生命および自由については個別的に規定し，それ以外の利益を『幸福追求の権利』として一括して保障している。人間の尊厳を害する行為で特に重要なものは，特に個別化された基本的人権を侵害する行為である。しかし，これに対しては，個別的な人権ないし利益の侵害という見地から，生命，身体，自由，財産などに対する罪として刑事制裁が用意され，これによって処罰されることになる[19]」と解する。ここで平川は，侮辱罪とは，「人間の尊厳な状態」ないし「人間の尊厳が認められている状態」を，人間を人間として認めない表現によって[20]，侵害する犯罪とみる[21]。たとえば，「人間の尊厳を害する表現とは，人間としての価値を認めない表現，他の人間以下の価値しか認めない表現ということになろう。例えば，人を軽蔑の意味を込めて動物にたとえたり，いわゆる差別語をもって読んだりすることがこれにあたる[22]」とされる。それゆえ，「侮辱罪処罰による利益は，社会的弱者の方に大きいようにおもわれる。なぜならば，これらの表現は，心身障害者や出身，人種，民族などのように差別されている人々に対してなされることが少なくなく，また，その場合が最も悪質で，これを罰することは社会的弱者の保護に役立つとおもわれるからである[23][24]」。

　平川によれば，普遍的名誉（人間の尊厳）は人間としての尊厳を否認する粗暴・野卑な言動があびせられることによって害されるから，これを保護法益とする侮辱罪の構成要件は，人に対してそのような粗暴・野卑な言動をすること

241

を罰するいわば「粗暴犯」型の犯罪類型とされなければならない。[25]その上で，平川は，「今日の社会では，我々は基本的に人間としての尊厳が認められているのであって，特別の事情がない限り，人間としての尊厳が社会的に承認されている状態にある。『人間の尊厳の社会的承認』は，『個人の価値の社会的評価』と同様の，社会的事実である。社会的承認・評価の対象が『人間の尊厳』か『個人の価値』かの違いがあるにすぎない。両者はともに，社会的事実としての社会的名誉ということができる。このような尊厳性が社会的に承認されている状態を表現，情報の流布によって侵害することを処罰するのが，侮辱罪なのである[26]」。その際，侮辱罪の保護法益は「人間の尊厳」自体とは区別された「人間の尊厳が認められている状態」という具体的な社会的事実として把握する。[27]

　平川の侮辱罪の立法提案では，人種差別撤廃条約における人種差別表現に対する個人の保護をみることができる。[28]そこでは，侮辱罪の主たる処罰対象を，同じ人間であることを否定するような，粗暴犯的なひどい差別表現とする。平川が特定の属性を示したうえで侮辱する表現に言及し，これが時に口汚く罵る態様で発せられることに着目して粗暴犯類型として位置づけたことは肯定的に評価することができる。しかし，人間の尊厳を攻撃するところにヘイト・スピーチの本質があるはずである。平川もこのことを肯定するが，平川は，人間の尊厳を名誉という見地から特殊化することで，[29]「侮辱罪は，人間の尊厳を単に表現によって否認するにすぎないものであるから，人間の尊厳の侵害としてはきわめて単純かつ軽微である。名誉毀損罪も，究極的には表現によって人間の尊厳を害する行為であるといえるが，単純な人間の尊厳否認の表現によってそれを害するものではなく，社会的名誉（情報環境）という特殊・重要な利益の侵害を含んでいる[30]」と解する。「人間の尊厳は極めて重要な法益であるが，これを害する行為のうち重要なものは，生命，身体に対する罪や自由に対する罪として別に重く罰せられる。侮辱罪に期待されているのは，侮辱の表示による軽度の侵害行為の防止である。したがって，その法定刑は軽いもので差し支えないのである[31]」との見解からは，ヘイト・スピーチが発せられ，差別的思想が社会的に浸透することによって起こるヘイトクライムの連関が意識されているように思われるものの，ヘイト・スピーチによる差別と社会的排除の扇動そ

してこれによる社会における差別意識の浸透・定着という害悪の側面が十分に考慮し尽くされていない。つまり，ヘイト・スピーチの社会に及ぼす固有の有害なダイナミクスが考慮されていない。しかも，ヘイト・スピーチにはターゲットになった集団を同じ社会の構成員であることを否定し，これを継続させるようとすることに本質があることからすると，人間の尊厳を名誉という見地から特殊化し，名誉保護刑法の枠組みで把握する解釈には無理があるように思われる。

　また，平川の説示するような粗暴犯類型として侮辱罪を位置づけると，つぎの事例が侮辱罪の構成要件及び違法性を充足すると思われる。民族学校である朝鮮学校前で，「日本人を拉致したｃ傘下，朝鮮学校，こんなもんは学校でない。」，「都市公園法，京都市公園条例に違反して50年あまり，朝鮮学校はサッカーゴール，朝礼台，スピーカーなどなどのものを不法に設置している。こんなことは許すことできない。」，「北朝鮮のスパイ養成機関，朝鮮学校を日本から叩き出せ。」，「門を開けてくれて，設置したもんを運び届けたら我々は帰るんだよ。そもそもこの学校の土地も不法占拠なんですよ。」，「戦争中，男手がいないところ，女の人レイプして虐殺して奪ったのがこの土地。」，「ろくでなしの朝鮮学校を日本から叩き出せ。なめとったらあかんぞ。叩き出せ。」，「わしらはね，今までの団体のように甘くないぞ。」，「早く門を開けろ。」，「戦後。焼け野原になった日本人につけ込んで，民族学校，民族教育闘争ですか。こういった形で，至る所で土地の収奪が行われている。」，「日本から出て行け。何が子供じゃ，こんなもん，お前，スパイの子供やないか。」，「朝鮮ヤクザ。」，「不法占拠したとこやないかここは。」，「お前らがな，日本人ぶち殺してここの土地奪ったんやないか。」，「約束というものは人間同士がするものなんですよ。人間と朝鮮人では約束は成立しません。」などと怒号し，同公園内に置かれていた朝礼台を校門前に移動させて門扉に打ち当て，同公園内に置かれていたサッカーゴールを倒すなどして，これらの引き取りを執拗に要求して喧噪を生じさせ，もって威力を用いて同校の業務を妨害するとともに，公然と同校及び前記学校法人ａ学園を侮辱した。[32] 本事案は，被告人らによって，威力による業務妨害が行われると共に，罵詈雑言及び誹謗中傷が行われたことから，平川の提唱する粗暴犯としての侮辱罪の典型ということができる。ここで属性を理

由とする差別的言動の問題に着目すると，行為者らは，拡声器などを用いるなどして大声で発言しており，しかもインターネットを介してその場面の動画などを（特定・不特定を問わず）多数の人々に認識可能な態様で閲覧可能にしている。これら一連の行為は，単なる侮辱に止まらず，同時に（特定・不特定を問わず）多数の人々に対して属性によって特徴づけられる特定の集団に対する差別と社会的排除を扇動している。後者の社会侵害性は歴史が教えるところである。ヘイト・スピーチの真のメッセージは同じ人間であることの否定である。「ゴキブリ〇〇人」というような人種差別表現が象徴するように，このような表現を許容する社会は，特定集団の構成員の人間性の否定を容認していることになる。そこでは既に特定集団に対する異なる取扱いが「通常化」してしまい，それゆえ蔑視であり不当な取扱いであるという認識が社会において消失し，標的となった集団への攻撃を正当化させることになる。つまり，不当な扱いが不当な扱いではなくなってしまうのである。社会又は国のマジョリティに属する人々が，自分の能力などに関係なく取得した国籍や民族という「特権」を利用して自己の優越性を主張し，少数者を異端視し劣等なものとみなして攻撃又は排除することを「正当化」する。社会のマジョリティから発せられるヘイト・スピーチは，――これに加担せずとも――その社会において寛容に扱われがちである。マジョリティに属する人々は，ヘイト・スピーチの被害を受けるわけではなく，しかもこれを通じて自分たちとは異なる人々を「他者」・「異質な者」として意識することすらある。自分たちが当該社会における「普通」の人であると認識することが一般的であるとすれば，異質な他者が別異に扱わることは，「私たちの社会では」むしろ当然であると認識されてしまうおそれがある。このように考えると，上記の歴史的出来事は，単に偶発的かつ単発的な行為によって誘発されるものではないということが理解できるのではなかろうか。差別意識が定着した社会において，その時々の状況のなかでヘイト・スピーチが発せられ，その真のメッセージを社会が許容してしまう。そうなると，まさにマイノリティ集団に対する攻撃が正当なこととして社会的に是認されてしまう。ここに，ヘイト・スピーチが歴史的に危険であることを証明された固有の効果を発生させようとする行為であることを知ることができる（In-gangsetzen einer historisch als gefährlich nachgewiesenen Eigendynamik）。そうであ

るならば，平川の指摘した心身障害者や出身，人種，民族等の社会的マイノ
リティティへの侮辱は，発言の背景にある差別意識や憎悪に基づいて既に心理
において「二級市民」，「同じ人間ではない」という意識に基づいて発せられ，
罵詈雑言又は誹謗中傷には差別の固定化と社会的排除の効果を生じさせようと
いう企図がある。同じ人間であることを否定していることに真のメッセージが
あることからして，表現行為の危険性ないし有害性は，名誉毀損罪の場合によ
りも強いのではなかろうか。[33]

　また，人種差別などを伴う表現は粗暴かつ野卑な態様で行われることがしば
しばあり，公然とデモや街宣の現場で行われる場合は言わずもがなであるが，
インターネットなどでの書き込みの場合も穏当とは言い難い態様がある。これ
に加えて，人種差別などは，昨日今日何らの理由もなく生じたものではなく，
植民地支配，社会の身分制度，性別による不当な扱い等々に基づいて歴史的に
構築されてきた。それゆえ，支配者側の歴史認識や社会認識に沿って社会に根
づいた蔑視感や差別意識から人種差別表現が歴史的事実を交えながら発せられ
ることもしばしばである。そのため，行為者が，差別意識に基づく歴史的事実
を摘示，つまり名誉毀損罪（刑230条）の構成要件である事実の摘示があった場
合，摘示された事実が公共の利害に関する事実にあたるとして，被告側がその
真実性の有無を争った場合，逆に検察側は歴史的事実に対する被告側の反論に
ついて再反論をすることをきらう可能性がある。政府にとって不都合な事実の
表現による摘示事案を，刑230条の2（公共の利害に関する場合の特例）のような
事実の証明による不処罰を規定しない侮辱罪の対象にする可能性がある。そう
すると，平川説の意図しないところで，本来，名誉毀損として処罰すべき表現
行為がまさに粗暴犯たる侮辱罪として起訴されることになりはしないであろう
か。表現のもつ危険性に着目することなく，行為態様と表現の粗暴性にのみ着
目して侮辱罪と評価されるおそれがある。

　しかも本事案に関する民事裁判で，「本件示威活動における発言は，その内
容に照らして，専ら在日朝鮮人を我が国から排除し，日本人や他の外国人と平
等の立場で人権及び基本的自由を享有することを妨害しようとするものであっ
て，本国籍の有無による区別ではなく，民族的出身に基づく区別又は排除であ
り，人種差別撤廃条約1条1項にいう『人種差別』に該当するといわなければ

ならない[34]。」と判示しており，人間の尊厳を否定するヘイト・スピーチが人種差別撤廃条約における人種差別に該当し，それ自体として重大な違法行為であることを示した。この判示に照らすと，社会におけるマジョリティによってマイノリティに対して属性を理由とする罵詈雑言又は誹謗中傷が行われるという事情を踏まえつつ，人種差別撤廃条約の趣旨に即した法的対応が必要ではないかと思われる。

　平川は，名誉毀損罪は単純な人間の尊厳否認の表現によってそれを害するものではなく，社会的名誉（情報環境）という特殊・重要な利益の侵害を含んでいるとしているが，人間としての承認がなければ，逆にいうと，同じ人間であることを否定されてしまうと，──同じ人間であることを前提とする──そもそも名誉という利益は想定し得ない。通説によれば，名誉とは社会的評価，平川説では社会的情報状態である。いずれの説も社会的評価の低下や情報状態の悪化という事態を違法性の評価基準としているが，両説において共通認識は，人間として承認された者同士の関係での出来事であり，これを前提にして他人に対する不当な「評価」の問題として名誉に対する罪が扱われている。これに対して，ヘイト・スピーチは，単に偶発的に発せられるものではなく，またはガス抜きのために発せられるものではなく，差別と社会からの排除など，複数のメッセージを送り，そうしたメッセージを社会の目に見える永久的な構造の一部にするという効果を生じさせる表現行為である。遠藤の理解によれば，「ヘイト・スピーチは，民族，人種，あるいは宗教のような属性的な特徴を，社会の成員として扱われる資格を誰かから奪う行為と結びつけること[35]」であり，これは，単に憎悪に基づく表現行為が問題なのではなく，その表現の効果に着目した概念である。遠藤は，「法的地位としての尊厳を傷つけることは，人の悪口ということと全く違います。悪い評価を受けることは，名誉毀損になることはあっても，尊厳の侵害になるわけではありません。特定の人物についての評価と，社会の成員として生きるための不可欠な基礎をなす評価（これを，ウォルドロンは承認と呼びます）の区別が行われるべき[36]」，と述べて，名誉と尊厳の法的序列を明らかにする。遠藤のいう尊厳とは，属性によって特徴づけられる集団の構成員の基本的な社会的立場，社会的平等者として，そして人権と憲法上の権利の担い手としての彼らの承認のための基盤である。もっという

と，地位，すなわち，他の誰もがもっているのと同じ自由，保護，権限を有する，しっかりとした立場をもつ社会の成員としての人の地位に関する問題であり，そしてその地位にふさわしい承認と取扱いに対する要求である[37]。ここで尊厳とは，社会において人々が名誉権を保持するのに不可欠な基盤としての権利ということができる。ここで尊厳とは，いわば，人が諸権利をもつための権利なのである。

2 ヘイト・スピーチが惹起する害悪

　以上のような尊厳の意義は，本章における人間としての尊厳のことである。尊厳は，社会の成員として生きるための不可欠な基礎をなす評価であると遠藤は説示するが，社会の成員として生きるための不可欠な基礎とは，まさに他の者と同じ人間であることの承認であろう。これは，本来，彼が人間であることそれ自体として承認されるべきである。この承認関係が社会の構成員間において相互に存在していることが，人々の名誉の尊重とかつその毀損について法的に取り扱う大前提になる。そこから，人間の尊厳は，人格権から導出される名誉を保障するための不可欠な基盤としての権利ということになる。

　なぜ，ここで人間の尊厳の特殊性を説明するのかというと，属性を理由とする差別的言動であるヘイト・スピーチは，――何らの文脈もなく突発的に発せられるのではなく――ある社会において歴史的に形成され，固定化された，特定の集団に対する蔑みないし同等の社会の構成員であることの否認を認識的背景にして発せられることから，これが特定の個人に対して発せられたとしても，――「お前ら，○○人はゴキブリだ」，「お前みたいな○○人は日本から出て行け」という発言のように――属性を理由に当該集団の構成員に対して罵詈雑言や誹謗中傷が行われる場合には，集団そのものが蔑まれていることで，既に構成員である彼の名誉は，じつは既に問題になっておらず，――名誉が問題になる前提としての――同じ対等な地位をもつ社会の構成員であること，ひいては同じ人間であることを否定されているわけであり，それゆえ人間の尊厳に対する攻撃が本質であることを明らかにし，その上で名誉と人間の尊厳との相違を示す必要があるからである。

　そうすると，表現による人間の尊厳に対する攻撃は，名誉毀損罪に比して決

して軽微とはいえない。公然と，属性を理由とする個人に対する罵詈雑言や誹謗中傷することは，その社会侵害性において名誉毀損に比して低く評価すべきではない。遠藤は，「ヘイト・クライムは，殺人，傷害，暴行などの犯罪が人種的偏見，憎悪に結びついている場合に刑を加重するものですが，ヘイト・スピーチは，表現そのものの効果を問題としているという違いがある」[38]，と指摘する。ヘイト・スピーチが歴史的な差別と偏見から発せられることから，単なる侮辱に止まらず，差別と社会的排除を煽るものであり，標的となった集団の人々に対して社会の構成員としての地位を否定し，同じ人間であることを否定する。このような排除の文脈のなかで平川の指摘する生命，身体又は自由に対する犯罪が行われるが（ヘイトクライム），社会の構成員としての地位ひいては人間であることの否定は，標的となっている集団の構成員からすると，それ自体として生存への脅迫を意味し，社会的に見ると，人間によって構成される社会において対等であるはずの人間同士の地位関係を不当に歪めることになる。歴史的に，ある社会に根づいている差別意識の下で，社会的に力を持つ集団又はマジョリティによって発せられる属性を理由とする差別的言動は，標的とされている集団そのものの格下げ又は人間であることの否定を表現の本質としており，表現を通じて今も残る差別の固定化と社会的排除を企図する。その上，これが公然と行われる場合には扇動を伴う。このような意味で，人種差別撤廃条約1条の趣旨に反して，公然と，（特定・不特定を問わず）多数人に認識可能な態様又は方法で，肌の色，人種，民族又は出自等の属性によって特徴づけられる集団に対して又はこれに属することを理由に個人に対して，暴力若しくは社会からの排除を扇動し又は罵詈雑言又は誹謗中傷することは，属性を理由として同じ人間であることを否定し，よって人間の尊厳が人々に平等に保障されることを侵害する。

IV　（諸）個人に向けられたヘイト・スピーチ

1　理念法の下でのヘイト・スピーチに対する制裁の可能性

　ヘイト・スピーチが個人に向けられる場合は当然にある。これは属性を理由として個人に向けられる。また，特定の場所にいる（統一的意思をもたない）共

通の属性をもつ多数人に向けてヘイト・スピーチが発せられることも当然にあり得る。ヘイト・スピーチが属性を理由にした集団に対する蔑みと社会的排除を本質とすることからすれば当然である。デモや街宣での特定の集団に対する罵詈雑言又は誹謗中傷による差別や社会的排除の扇動表現とは別に，特定の（諸）個人に向けられたヘイト・スピーチを，既存の名誉保護刑法と関連させながら，しかもヘイト・スピーチの本質を重視した法的対応は可能であろうか。

　ドイツでは，侮辱罪（ドイツ刑185条以下）において集団侮辱罪（Kollektivbeleidigung, Sammelbeleidigung）を肯定してきた。これは，行為者が特定の集団について表示することで当該集団の構成員を攻撃することである。ここでは，集団に関する表示によって侮辱することで諸個人の名誉侵害が問題となることに注意を要する（mehrere Individualbeleidigungen）[39]。逆に言うと，集団を侮辱するために適用される表現によって，一人の個人に対する侮辱だけでなく，集団の構成員である他の諸個人にも関係する[40]。集団侮辱罪成立のための集団とは，標的となった集団が，①特定のメルクマールに基づいて明確に公衆から区分され，②当事者の範囲の境界を設定でき，③これによって個々人がその集団に属することが疑いないということが基準とされる。たとえば，「現在ドイツで生存している，ユダヤ人として国家社会主義によって迫害を受けた人々」[41]（die heute in Deutschland lebenden, vom Nationalsozialismus verfolgten Juden）が該当するとされる。これに対して，Zaczyk は，集団侮辱罪の成立の基準として，次のような要件を示す。①表示されたメルクマールが（潜在的）被害者個々人の自己理解にとって他の人々と区別するメルクマールとして生活実践において重要でなければならないこと，②それが個々人全ての社会的結びつきを基礎づけるものでなければならないこと，③侮辱的表現が，集団の全ての個々人に関して，現在妥当している判断として理解されるほどのものでなければならないこと，という三つの基準を示す。ここでは，問題となる表現が集団の全ての人々に関係すると同時に個人に関係するものでなければならない。Zaczyk は，集団が小さければ小さいほど，包括的な表現が侵害的に効果を生じさせると指摘しつつ[42]，たとえ個々人を他の人々から生活実践の重要性から区別するメルクマールをユダヤ人であることにみいだしたとしても，共に被った迫害は何ら個々人の

間の社会的結びつきを構築するものではない，と批判する[43]。集団侮辱罪といっても集団に関する表示をしただけでは足りず，表現が向けられた対象の個人化・個別化可能性が必要である。特定の集団を誹謗中傷するために共通のメルクマールを用いたとしても，当該集団が大きければ大きいほど諸個人の特定化は困難であることは否定できない。そこでRiklinは，攻撃対象となる人的集団が，侮辱罪を構成する主張が個々の構成員にも関係するほどに小さい場合にのみ集団侮辱があり得ると述べる[44]。集団侮辱の概念を認めるにしても，ただ漠然と特定の集団に対する罵詈雑言や誹謗中傷だけでは個人に対する攻撃が行われたとは言い難い。

　それでは，どの程度まで個人の特定化が可能でなければならないのであろうか。

　ドイツ連邦憲法裁判所は，たとえばすべてのカトリック教徒又はプロテスタント教徒，すべての労働組合員，すべての女性など，概観可能でない大きな集団（unüberschaubar große Gruppen）に関する侮辱的表現は，特定集団の個々の構成員の名誉を攻撃するものではないとしている[45]。Wehingerは，集団の範囲が広ければ広いほど，個々の集団の構成員を個人的に攻撃することは難しくなることから，集団とは，行為者が個々の集団の構成員をなお個人的に概観することができるほどの範囲で認められると主張する[46]。侮辱的表現を向ける集団について，何人の構成員があるのかその数を示すことができないほど集団の範囲が広い場合には，当該表現行為との個人的連関を欠く[47]。このように表現が向けられる攻撃対象の範囲が広く，集団の構成員個人に向けられたとは言い難い場合，集団的侮辱の構成要件をも満たさないと解する。ドイツの侮辱罪が名誉という個人的法益に対する罪であることからWehingerの主張は妥当である。集団的侮辱罪について個人的連関を重視することで，民衆扇動罪（ドイツ刑130条）との区別を明確にする意図は理解できる。いわゆる集団に対する「十把一絡げ」の包括的な侮辱的表現は典型的なヘイト・スピーチであり，本来的には個人的法益を保護する名誉保護刑法の対象ではないだろう。ただし，今日では民衆扇動罪（ドイツ刑130条）は個人に向けた表現行為も処罰対象としており，侮辱罪（ドイツ刑185条以下）と民衆扇動罪（ドイツ刑130条）が観念的競合の関係に立つ場合がある。名誉を毀損したとしても，人間の尊厳を否定したとはいえ

250

ない場合が予想されるからである。そのため，表現が個人の名誉を毀損するのか，それとも人間の尊厳を否定するのかを見極める必要がある。けれども，集団に向けられた侮辱的表現が侮辱罪の構成要件でなくても，民衆扇動罪の構成要件に該当することになる。

　日本のヘイト・スピーチに関する議論状況からすると，扇動構成要件に対する拒絶感が強く，そのためドイツの民衆扇動罪のように，とりわけ（特定・不特定を問わず）多数に向けられた差別・排除を呼びかける扇動罪立法に対しては，表現の自由との関係や保護法益に対する危険の抽象化など反対の見解が予想される。他方，Wehinger のような人数を数えることができるほどの範囲の集団に集団侮辱罪を限定すると，標的となった集団の集住地域，施設又は集会・催しなどに敢えて赴いて罵詈雑言・誹謗中傷する行為が日本の立法状況では名誉毀損・侮辱罪にも該当しないことになる。また，ヘイト・スピーチ解消法が制定されたが制裁規定がない。これらの事情を前提にして，——暫定的な性格を拭えないが，本来提唱すべきヘイト・スピーチに対する立法とは別に——現行法上，可能な限りヘイト・スピーチを規制する方途を見いだすべきだとするならば，集団に対する侮辱について，表現が特定の集団に属するある程度特定可能な諸個人に向けられる場合にも，現行の名誉毀損罪の処罰範囲を集団名誉毀損又は侮辱として拡張すべきであろう。これにより（特定・不特定を問わず）多数に向けられた扇動型ヘイト・スピーチの問題と，人数の確定可能な範囲までの個人化の問題を調和させることができる。ヘイト・スピーチ解消法が施行されたが，本法の「本邦外出身者に対する不当な差別的言動」の定義では，「本邦外出身者を地域社会から排除することを煽動する言動」を解消対象としている。属性を理由とする（諸）個人に対するヘイト・スピーチついては，個人的法益に対する侵害・危険の有無の見地から，現行の名誉保護刑法と関連させながら規制の可能性を探ることができる。

2　処罰範囲の限定の試み

　けれども，集団侮辱の個人関連性について，ある程度特定可能な諸個人が表現行為時に行為者の面前又は近くに存在するだけで集団侮辱の可罰的表現行為を限定したことになるのであろうか。

251

表現が向けられる被害対象の一定の個人化ないし特定化について，被攻撃集団の範囲が限定されなければならないことと並んで，侮辱を構成する表現が被攻撃集団に向けられていなければならない。後者について，ドイツ連邦憲法裁判所は，集団侮辱の概念を肯定しつつも，特定多数人に向けられた侮辱表現について一定の絞りをかけ，それによって処罰範囲を限定しようとしている[48]。それは，以下の事案とこれに対する判示である。

　サッカー球場で，当時履いていた黒ズボンのお尻部分に「ACAB」（All Cops Are Bastards）と大きく記していたことで，警察官に対する集団侮辱罪（ドイツ刑185条）に問われた被告人が憲法異議を提起した。サッカーの試合終了後，他のサッカーファンたちと集団でスタジアムを去る際に，当時，警備のために配置された警察官の前を通り過ぎた。これを見た警察官の一人が刑事告訴した。

　ミュンヘン簡易裁判所は，集団侮辱罪（ドイツ刑185条）を理由に有罪とし，１日30ユーロの100日間の罰金を科した。被告人の表現は，サッカーの試合に配備されたすべての警察官に対するものであるとした。

　ミュンヘン地方裁判所は，被告人は，球場で匿名の多数の警察官が面前におり，個々の警察官又は集団で行動する警察官が行き来するのに出くわしたということを知っていた。彼がほぼ確実に，個々の警察官がお尻部分に示されたものを見て，心外に思ったと考えたにちがいなかったはずである。これは集団に対する表示による表現であり，とりわけ具体的にも人的に出会うことを通じて特定化（individualiseierten）された人々の面前で伝達されたと判示した。

　ミュンヘン上級地方裁判所は，被告人の訴えを理由がないとして却下した。

　これに対して，連邦憲法裁判所は，次のように判示した。

　問題となっているスローガンはそもそも明らかに無内容ではなく，警察に対する一般的な拒絶と国家の秩序権に対する限界づけの要求を表現している。誹謗中傷表現が，特定の人に向けられる又は認識可能な態様で特定人に向けられるのでなく，個人との関連性なしに集団について扱っている場合，一定の事情の下で集団の構成員の人的名誉への攻撃たりうる。誹謗中傷表現が関係する集団が大きければ大きいほど，個々の構成員の人的被害は軽微になる。なぜなら，大きな集団に対する批判の場合，主として個人の瑕疵ある態度又は構成員の個人的な事柄が問題なのではなく，話し手の見地から生じる集団の無価値さ

やその社会的機能の無価値さそして同じくこれと関連するその構成員に対する
態度要求が問題だからである。誹謗中傷表現にも，一方では，名指しの又は名
前の分かりうる個人に対する誹謗中傷があり，他方では，もはや個人の人的名
誉を毀損するのに適していない，単に人間の属性又は社会的機関若しくは現象
に対する批判が問題の場合がある。そのような集団が一般的な属性に基づいて
特徴づけられる人的領域の一部を構築するという理由だけで，集団の構成員に
一般的に関係する表現が十分に概観可能な人的集団に関係するとみなすことは
許されない。ミュンヘン上級地方裁判所は，本件で問題になっている表現が十
分に概観可能でかつその範囲を区切ることのできる人的集団に関係するという
ことを憲法上用いることのできる方法で示していない。球場に配置された警察
官が警察官（全体）の一部であるということだけでは十分ではない。むしろ個
人化された類型化（Zuordnung）が必要である。このことをどこにみいだすこ
とができるのかは判決理由からは明らかにならない。特に，警察官がいるとい
うことを知っていた憲法異議人が警察官によって監視された集団を後にして球
場を去ったということだけでは十分ではない。異議人が，スローガンを警察に
見せるために意識して警察官に接近したという認定はない。警察がいるという
ことを知って球場にいたということだけでは憲法上の要件に関して表現が特定
の人に向けられたものであると認識可能なほどに具体化されたとはいえない。
表現が個別的に特定の公務員に向けられたということは，ここからは明らかで
はない。

　本連邦憲法裁判所判決による限定解釈に沿いながら，集団侮辱について整理
すると，

① 　表現の向けられる対象が，社会において他の集団と区別可能であること

② 　集団の諸個人が特定可能なこと

　集団侮辱における集団を特定可能にするために，行為者にとって概観可能な
諸個人に向けて又は一定の地域において集団を誹謗中傷すること

　たとえば，集団の諸個人の集住地域や集会・イベントなどに出向いて罵詈雑
言，誹謗中傷が行われること

③ 　行為者が，集団の存在を認識し，これを機に敢えて，集団に対して誹謗中
　傷すること

たとえば，公然と，街頭や道路上でヘイト・スピーチが行われる場合とは異なり，特定集団に属する諸個人の集住地域，施設又は集会・行事などの場所に敢えて赴いて行為をする場合，行為者の面前に標的となっている集団の構成員である具体的な人々が存在することを知りながら，敢えて誹謗中傷することは，──（特定・不特定を問わず）多数の人々に向けた扇動よりも──彼らの名誉並び人間の尊厳に対する攻撃である。これは，特定の属性によって特徴づけられた集団における特定可能な構成員に対する罵詈雑言，誹謗中傷と理解することができる。ここでは，集団に対する場合，街宣・デモなどのヘイト・スピーチと，標的となった集団の諸個人の集住地域で行われた場合とを区別する。

V　ヘイト・スピーチに対する立法提案

　名誉毀損・侮辱罪の文脈に照らすと，表現による（諸）個人の社会的評価の低下又は社会的情報状態の悪化が，個人の努力ではどうにもならない属性を理由とする集団に対する社会的偏見又は憎悪に基づいて属性によって特徴づけられる集団に関する表現によって生じた場合，これは，純粋，一個人だけに向けられた攻撃とは言い難い。その意味で，上記の名誉毀損罪の処罰範囲の拡張は，ヘイト・スピーチ問題の根本的な解決にはならない。

　平川説では，個人に対するヘイト・スピーチを侮辱罪で規制可能であるとして，侮辱罪の法定刑を引き上げるべきと主張するが，しかしそれだけでは人間の尊厳の侵害に対する側面が十分に考慮されているとは言い難いのではなかろうか[49]。特定の属性によって特徴づけられた集団における特定可能な構成員の名誉だけでなく，法の下の平等及び人間の尊厳の否定の側面を明確にする必要がある。一般刑法典では，侮辱罪は，必ずしも差別意識や憎悪感情に基づいて表現が行われる場合に限定されない。

　これらの権利の侵害をより明確にするためには別個の法律の制定が望ましい。むしろその方が，人種差別禁止に即した立法目的，保護法益の特殊性そして行為態様を明確にすることができるのではなかろうか。とりわけヘイト・スピーチ解消法の改正が望ましい。そこで，ある人が自己のマジョリティの属性をもつことを理由にマイノリティに対して差別表現が行われる場合，それは単

に蔑むだけでなく，二級市民扱いと社会からの排除の目的をもって発せられ，これにより差別意識を社会に定着させ，社会から排除する効果を生じさせようとする意味で，ヘイト・スピーチ解消法の改正が望ましい。このことの方が，保護法益の点でも現行の名誉毀損刑法と区別可能となる。

　上記でも示したが，あらためて平川の立法提案を示すことにする。

刑231条「人としての尊厳を害する表示により他人を侮辱したる者は，……の刑に処する。」

　これに対して，ヘイト・スピーチ解消法において，以下の規定を新たに制定することを提案する。

　まず，現行ヘイト・スピーチ解消法２条に関し，不当な言動に関する定義規定から禁止規定に改正する。そうすることで本法以外の法律や条例との関係で，当該法律又は条例の条文の文言解釈の際に，禁止規定が解釈指針となることを明確にすることができる。インターネット上のヘイト・スピーチ表現についてプロバイダーやソーシャルネットワーク運営会社に対する削除要請又はそれら自らの削除措置，地方自治体の公安委員会に対して，デモや街宣のための道路使用申請に対する許諾，また地方公共団体に対して，ヘイト・スピーチが発せられる可能性の高い集会のために公共施設を貸し出し申請に対する許諾を判断するための法的根拠をより明確にすることができる。そして，禁止規定に違反した重大なヘイト・スピーチについては刑罰を科すことで法益保護を図ることが可能になる。

第○条（人種差別及び排除扇動の禁止）
「人種差別撤廃条約の趣旨に反して，公然と，広く公共に対して認識可能な態様で，民族，世系又は出自等の属性を共通する集団に対して，その属性を理由に，差別的意識を助長し又は誘発する目的で，その生命，身体，自由，名誉又は財産に危害を加える旨を告知し，又は著しく侮蔑して，地域社会から排除することを扇動してはいけない。
(2)　公然と，広く公共に対して認識可能な態様で，言葉，文書，画像，挙動，

行動又は他の方法を用いて，上記に示した集団に対して，その属性を理由に，誹謗又は侮蔑してはいけない。」

第○条（属性を理由とする侮辱の処罰）
「人種差別撤廃条約の趣旨に反して，公然と，民族，世系又は出自等の属性を理由に，人に対して，生命，身体，自由，名誉又は財産に危害を加える旨を告知し又は侮蔑した者は，○○年以下の自由刑に処する。
人種差別撤廃条約の趣旨に反して，公然と，広く公共に対して認識可能な態様で，言葉，文書，画像，挙動，行動又は他の方法を用いて，上記の理由で，人に対して誹謗又は侮蔑した者も，同様とする。
(2) 前項の人には，民族，世系又は出自等の属性を共通する集団を含む。」[52)53)]

[注]
1) 人種差別撤廃条約第7回・第8回・第9回日本政府報告。
2) 人権教育啓発推進センター『ヘイトスピーチに関する実態報告書』（2016年）35頁。法務省ホームページ（http://www.moj.go.jp/JINKEN/jinken04_00108.html）。
3) 各自治体において被害実態などの人種差別の具体的な実態を含む「地域の実情」について，どのように認識しているか，また今後どのような方法で把握するかが問われる。「地域の実情」について，次のような点を考慮に入れるべきではないか
・在日コリアンの集住地区についての歴史や地域的な特色
－伝統産業の中で，在日朝鮮・韓国の人々が果たしてきた役割
・京都朝鮮学校襲撃事件と裁判判決
・国際都市や観光都市などの地域の特色（短期・中期・長期の各種滞在者の問題）
4) 5条に関連して，次のことを検討すべきである。
・既存事業で対応するのか，新規に相談体制を整備する予定があるのか
・人材確保と研修の体制はどうするのか
・相談事例の統計の集積とその活用はどのように考えているのか
・差別的言動に関する「紛争の防止」とあるが，どのような事実を「紛争」と捉えるのか
・個別対応として，どのような「防止」の体制を考えているか
－被害当事者がある場合の今後の防止策
－公的な施設の利用に関する防止策
－加害者に対する防止策
－民間の防止の取組に対する対応・支援策
・紛争防止のために警察との連携をどのように進めるか
・解決を図る体制
－何をもって紛争の「解決」と考えるか。どのように「解決」を図るのか
－被害者に対する援助体制は考えているのか
－加害者に対する対応をどのように考えるのか

終　章　人種差別表現と個人的連関

5)　参照，『ヘイトスピーチによる被害実態調査と人間の尊厳の保障』2015年度龍谷大学人権問題研究委員会助成研究プロジェクト報告書（2016年）。

6)　COUNCIL FRAMEWORK DECISION 2008/913/JHA of 28 November 2008.

7)　Laura Birkenstock, Die Umsetzung der Vorgaben des Rahmenbeschlusses 2008/913/JI vom 28.11.2008 zur strafrechtlichen Bekämpfung bestimmter Formen und Ausdrucksweisen von Rassismus und Fremdenfeindlichkeit, ZIS, 2010, 783ff.

8)　BGBl, 418, 2011.

9)・追加議定書4条（人種主義的および排外主義的動機に基づく脅迫）
　　1．各締約国は，権限なしに故意に行なわれる次の行為を国内法上の犯罪とするため，必要と考えられる立法上その他の措置をとる。
　　　　コンピュータ・システムを通じ，(i)人種，皮膚の色，世系，国民的若しくは民族的出身又は，これらのいずれかの要件の口実として用いられるときは，宗教によって特徴づけられる集団に属することを理由に，個人に対して，又は(ii)上記の要件のいずれかによって特徴づけられる人的集団に対して，国内法で定義される重大な犯罪を行なうと脅迫すること。
　　　・同5条（人種主義的および排外主義的動機に基づく侮辱）
　　1．各締約国は，権限なしに故意に行なわれる次の行為を国内法上の犯罪とするため，必要と考えられる立法上その他の措置をとる。
　　　　コンピュータ・システムを通じて，(i)人種，皮膚の色，世系，国民的若しくは民族的出身又は，これらのいずれかの要件の口実として用いられるときは，宗教によって特徴づけられる集団に属することを理由に，個人を，又は(ii)上記の要件のいずれかによって特徴づけられる人的集団を，公然と侮辱すること。

10)　民衆扇動罪の旧規定はつぎのとおりである。
　　「公の平和を乱し得るような態様で，
　　1　住民の一部に対する憎悪をかき立て若しくはこれに対する暴力的若しくは恣意的な措置を求めた者，又は
　　2　住民の一部を冒涜し，悪意で侮蔑し若しくは中傷することにより，他の者の人間の尊厳を害した者は，
　　　　3月以上5年以下の自由刑に処する。」

11)　Heribert Ostendorf, in: Nomos Kommentar zum StGB. 4.Aufl, 2013, S.683.

12)　「人種差別撤廃委員会の日本政府報告審査に関する最終見解に対する日本政府の意見の提出」（2001年）。

13)　団藤重光『刑法綱要各論〔第3版〕』（創文社，1990年）512頁。

14)　平川宗信『憲法的刑法学の展開』（有斐閣，2014年）271頁。

15)　平川宗信『名誉毀損罪と表現の自由』（有斐閣，1983年）169頁。

16)　平川・前掲注15）164頁。

17)　平川・前掲注15）165頁。処罰の範囲は，特に悪質な言論に限られるようにすべきであると思われる（171頁）。

18)　平川・前掲注15）173頁。

19)　平川・前掲注15）173頁。

20)　平川・前掲注15）173頁以下。

21)　平川・前掲注15）174頁。

22)　平川・前掲注15）175頁。

23)　平川・前掲注15）176頁。

24) 参照，遠藤も，「社会の歴史に照らして，最も傷つけられやすいマイノリティの成員に対して保障されなければなければなりません」，と説示する。

　　遠藤比呂通「寛容な社会とヘイトスピーチ」『ヘイトスピーチによる被害実態調査と人間の尊厳の保障』2015年龍谷大学人権問題研究委員会助成研究プロジェクト報告書（2016年）31頁。

25) 平川・前掲注15）178頁。

26) 平川・前掲注14）271頁。

27) 平川・前掲注14）271頁。

28) このことは，人種差別に必ずしも限定されない。女性や障害者に対する差別表現もあてはまる。

29) 平川宗信「差別表現と『個人の尊重』」部落解放研究所『憲法と部落問題』（部落解放研究所，1986年）279頁。

30) 平川・前掲注15）174頁。

31) 平川・前掲注15）23頁以下。

32) 京都地判平23年4月21日 LEX/DB【文献番号】25471643。

33) 参照，ジェレミー・ウォルドロン（谷澤正嗣・川岸令和訳）『ヘイト・スピーチという危害』（みすず書房，2015年）139頁以下。なお，これと逆に，小名木明宏は，差別表現の規制について，保護法益が社会的名誉でないとしつつも，これに対する刑罰との関係で，成熟した市民として差別を許容しないという考え方に対応したもの，すなわち，モラル違反程度のものが想定されるべきであろうとして，これに最適な構成要件が刑法231条の侮辱罪であると解する（小名木明宏「侮辱罪の被害者視点へのシフトについて」GEMC ジャーナル2009年度第3号（2010年）9頁）。モラル違反ということであれば，法とモラルを峻厳に区別する見地から，よりはっきりと刑法典からの排除を主張すべきではなかろうか。

34) 京都地判平25年10月7日判時2208号74頁。

35) 遠藤・前掲注24）32頁。

36) 遠藤・前掲注24）31頁。

37) ウォルドロン・前掲訳注33）70頁。

38) 遠藤・前掲注24）33頁。

39) BVerfGE 93, 266.

40) Markus Wehinger, Kollektivbeleidigung, 1994, S.17.

41) BGHSt 11, 207.

42) Rainer Zaczyk, in: Nomos Kommentar (Band2), 4.Aufl, 2013, S.1286f. Vgl. Eric Hilgendorf, in: Leipziger Kommentar, 12. Aufl, 2010, S.1250.

43) Zaczyk, a.a.O. S.1287.

44) Franz Riklin, in: Basler Kommentar (Strafrecht Ⅱ), 3.Aufl, 2013, S.1091.

45) BVerfGE 93, 266.

46) Wehinger, a.a.O. S.57.

47) Wehinger, a.a.O. S.59. 参照，櫻庭総「名誉に対する罪によるヘイト・スピーチ規制の可能性」金尚均編『ヘイト・スピーチの法的研究』（法律文化社，2014年）135頁。

48) BVerfG, Stattgebender Kammerbeschluss vom 17. Mai 2016 – 1 BvR 257/14.

49) 人間の尊厳の侵害である人種差別が行われた場合，違法性の算定においても考慮されるのであれば，名誉毀損に比してその侵害性は強いと評価しなければならない。

50) 各地の公安条例では，公安委員会は，集会，集団行進又は集団示威運動の実施を許可する

終　章　人種差別表現と個人的連関

に際して条件をつけることができる。その事項の一つとして，集会，集団行進又は集団示威
運動秩序保持に関する事項がある。これについてヘイト・スピーチ解消法に照らして「秩序
保持」を解釈することができる。集会などは合法的な手段で執り行われるべきであり，そう
すると本法で禁止されている表現行為をすることは，違法な手段を用いて集会が行われてい
ることを指しており，集会などの秩序を乱すことになる。

51) 参照，東京弁護士会『パンフレット・地方公共団体とヘイトスピーチ』(2015年)。

52) なお，現行刑法の侮辱罪を改正するのであれば，以下のような立法を提案する。

　　(刑231条) 人としての尊厳を害する表示により他人を侮辱したる者は，……の刑に処す
る。

　　(2) 前号の人には，国籍，民族，宗教，又は民族等の属性を共通する集団を含む。

53) なお，本来，ヘイト・スピーチとは，標的となった集団に対する攻撃を目的としているこ
とはもちろんであるが，(特定・不特定を問わず) 多数の人々への差別と排除の扇動と呼び
かけを主たる目的としている。(特定・不特定を問わず) 多数に向けられた差別・排除を呼
びかける扇動表現に対する規制としては，以下のように提案する。

・第〇条 (人種差別及び排除扇動の処罰)

　　「公然と，殊更に広く (特定・不特定を問わず) 多数の人々に対して認識可能な態様又は
方法で，民族，世系又は出自等の属性を共通する集団に対して，その属性を理由に，差別的
意識を助長し又は誘発する目的で，その生命，身体，自由，名誉又は財産に危害を加える旨
を告知し，又は著しく侮蔑して，地域社会から排除することを煽動した者は，……の刑に処
する。」

259

■著者紹介

金　尚均（キム　サンギュン）

龍谷大学法学部教授
1967年大阪生まれ。龍谷大学法学部助教授・龍谷大学法科大学院教授を経て，2017年4月より現職。
主要業績：『ドイツ刑事法入門』（法律文化社，2015年／共著）
　　　　　『ヘイト・スピーチの法的研究』（法律文化社，2014年）
　　　　　『刑罰論と刑罰正義』（成文堂，2012年／共編）
　　　　　『ドラッグの刑事規制』（日本評論社，2009年）
　　　　　『危険社会と刑法』（成文堂，2001年）

Horitsu Bunka Sha

差別表現の法的規制
── 排除社会へのプレリュードとしてのヘイト・スピーチ

2017年12月10日　初版第1刷発行

著　者　　金　　尚　均
発行者　　田　靡　純　子
発行所　　㈱式会社　法律文化社

〒603-8053
京都市北区上賀茂岩ヶ垣内町71
電話 075(791)7131　FAX 075(721)8400
http://www.hou-bun.com/

＊乱丁など不良本がありましたら，ご連絡ください。
　送料小社負担にてお取り替えいたします。

印刷：中村印刷㈱／製本：㈱藤沢製本
装幀：奥野　章
ISBN978-4-589-03887-6

Ⓒ2017 Kim Sangyun Printed in Japan

JCOPY　〈㈳出版者著作権管理機構　委託出版物〉
本書の無断複写は著作権法上での例外を除き禁じられています。複写される場合は，そのつど事前に，㈳出版者著作権管理機構（電話 03-3513-6969, FAX 03-3513-6979, e-mail: info@jcopy.or.jp）の許諾を得てください。

金 尚均編

ヘイト・スピーチの法的研究

A5判・198頁・2800円

ジャーナリズム，社会学の知見を前提に，憲法学と刑法学の双方からヘイト・スピーチの法的規制の是非を問う。「表現の自由」を思考停止の言葉とせず，実態をふまえて，冷静かつ建設的な議論の土台を提示する。

阪口正二郎・毛利 透・愛敬浩二編

なぜ表現の自由か
―理論的視座と現況への問い―

A5判・266頁・3000円

表現の自由は，なぜ・どのように保障されるべきなのかについて憲法学の成果をふまえ考察し，理論的視座と課題を明示する。ヘイトスピーチ・報道・性表現への規制や「忘れられる権利」などの新たな課題も含め，表現の自由を取り巻く現況を考察する。

石埼 学・遠藤比呂通編

沈 黙 す る 人 権

四六判・292頁・3200円

人権の定義・語り自体が人間を沈黙させる構造悪であることを指摘し，根底にある苦しみに寄り添い，その正体に迫る。言いたいことを言い出せない構造や日本社会の差別の現状を批判的に分析。人権〈論〉のその前に。

伊地知紀子・新ヶ江章友編

本当は怖い自民党改憲草案

四六判・248頁・2000円

もしも，憲法が改正されたらどのような社会になるのか?!　自民党主導による改憲が現実味をおびはじめるなか，私たちの生活にどのような影響がでるのか。7つのテーマ（章），全体像（オピニオン），重要ポイント（コラム）からシミュレーションする。

金 尚均・辻本典央・武内謙治・山中友理著

ドイツ刑事法入門

A5判・324頁・3800円

ドイツの刑事実体法と刑事手続法を中心に，刑罰の執行や犯罪予防システム，少年刑事司法も含め，簡潔・平易に解説した入門書。専門用語の日独対照表も収録し，ドイツ刑事法をはじめて学ぶ人の学修を手厚くサポート。

浅田和茂・上田 寛・松宮孝明・本田 稔
金 尚均編集委員

自由と安全の刑事法学
―生田勝義先生古稀祝賀論文集―

A5判・756頁・17000円

「自由」と「安全」をキーワードに、刑事法分野における基礎理論，解釈論を展開した意欲的な論文集。「自由と安全と刑法」，「現代社会と刑法解釈」，「人権保障と刑事手続」，「人間の尊厳と刑事政策」の4部から構成。

━━法律文化社━━

表示価格は本体（税別）価格です